中国新锐学者研究系列
精微致远

本专著的出版得到以下项目和机构的资助：

国家重点研发计划“中蒙农牧业供应链协作研究”（项目编号：2021YFE0190200）

国家自然科学基金项目“牧区现代化视域下草原畜产品绿色供应链利益联结机制研究”（项目编号：72163025）

内蒙古农业大学基本科研业务费项目“青年教师科研能力提升专项”（项目编号：BR220201）

内蒙古自治区直属高校基本科研业务费项目“畜牧业经济理论与政策创新团队”（项目编号：BR-3-19）

内蒙古农业大学基本科研业务费项目（项目编号：BR221042）

内蒙古乡村振兴战略研究基地

内蒙古农村牧区发展研究所

农产品供应链管理理论与实践研究

Research on the Theory and Practice of Agricultural Product Supply Chain Management

张建军 / 著

西安交通大学出版社
XI'AN JIAOTONG UNIVERSITY PRESS

图书在版编目(CIP)数据

农产品供应链管理理论与实践研究 / 张建军著. --西安：西安交通大学出版社，2025. 2. -- ISBN 978-7-5693-3952-9

Ⅰ. F724.72

中国国家版本馆 CIP 数据核字第 2025XV0276 号

书　　名　农产品供应链管理理论与实践研究
　　　　　NONGCHANPIN GONGYINGLIAN GUANLI LILUN YU SHIJIAN YANJIU
著　　者　张建军
策划编辑　祝翠华
责任编辑　刘莉萍
责任校对　魏　萍
封面设计　任加盟

出版发行　西安交通大学出版社
　　　　　（西安市兴庆南路 1 号　邮政编码 710048）
网　　址　http://www.xjtupress.com
电　　话　(029)82668357　82667874(市场营销中心)
　　　　　(029)82668315(总编办)
传　　真　(029)82668280
印　　刷　西安五星印刷有限公司

开　　本　700 mm×1000 mm　1/16　**印张**　15.125　**字数**　280 千字
版次印次　2025 年 2 月第 1 版　2025 年 2 月第 1 次印刷
书　　号　ISBN 978-7-5693-3952-9
定　　价　89.00 元

如发现印装质量问题，请与本社市场营销中心联系。
订购热线：(029)82665248　(029)82667874
投稿热线：(029)82665249
读者信箱：2773567125@qq.com

前 言

农产品供应链一头连接着消费者的“菜篮子”，一头连接着农牧民的“钱袋子”，是农牧业经济高质量发展的“助推器”。本书立足农产品的特点，结合供应链管理理论，围绕农畜产品供应链一体化、农畜产品绿色供应链管理、农畜产品供应链高质量发展以及农畜产品跨境供应链管理 4 个专题，深入研究和阐述农产品供应链管理的理论和实践。

全书分为 4 篇共 11 章，具体研究内容包括：第 1 章，畜产品供应链一体化理论框架、实践路径及运作模式；第 2 章，基于农商互联完善农畜产品供应链研究；第 3 章，畜产品绿色供应链的形成机理及优化；第 4 章，畜产品绿色供应链利益联结机制研究；第 5 章，考虑绿色度和生鲜度的农畜产品供应链决策优化及利益协调；第 6 章，畜产品四级绿色供应链最优绿色度决策及利益协调研究；第 7 章，畜产品绿色供应链风险管控研究；第 8 章，农畜产品生产基地优质高效转型研究：以杜蒙肉羊为例；第 9 章，畜产品供应链高质量发展的逻辑框架及实现路径；第 10 章，中蒙农牧业跨境供应链协作理论框架及实现路径；第 11 章，农产品跨境物流企业转型升级及政策保障研究。本书的部分研究成果已在相关期刊上发表，研究成果在一定程度上丰富和完善了农产品供应链管理理论。

本书的出版得到西安交通大学出版社，特别是祝翠华主任和刘莉萍编辑的大力支持，在此表示衷心的感谢。同时，感谢北京交通大学赵启兰教授，内蒙古农业大学乔光华教授、句芳教授、刘桂艳副教授等为本书的修改和完善提出的宝贵意见。本书参考和引用了大量国内外学术同仁的最新研究成果，在此一并向原作者表示感谢。同时，感谢内蒙古赛诺种羊科技有限公司等相关企业提供的数据资料。

另外，本书的出版得到国家重点研发计划“中蒙农牧业供应链协作研究”（项目编号：2021YFE0190200）、国家自然科学基金项目“牧区现代化视域下草原畜产品绿色供应链利益联结机制研究”（项目编号：72163025）、内蒙古农业大学基本科研业务费项目“青年教师科研能力提升专项”（项目编号：BR220201）、内蒙古乡村振兴战略研究基地、内蒙古农村牧区发展研究所、内蒙古自治区直属高校基本科研业务费项目“畜牧业经济理论与政策创新团队”(项目编号:BR-3-19),以及内蒙古农业大学基本科研业务费项目(项目编号:BR221042)等的资助,对以上相关项目和机构表示感谢。

在专著的形成过程中,博士研究生胡娟娟,硕士研究生王雅莉、王敏、马文龙、毛宇、宋晶、王媛媛等人在前期进行了深入调研以及数据等相关资料的收集、整理、校对以及部分模型的分析等工作,在此表示感谢。

张建军

2024 年 9 月

目　录

第 3 篇　农畜产品供应链高质量发展

第 4 篇　农畜产品跨境供应链管理

绪　论

农产品供应链作为农牧业发展的载体，其相关理论与实践的研究有助于更好地推动农牧业经济乃至地区经济的高质量发展。为有效解决地区农牧业经济发展问题，我们必须从供应链的视角进行整体审视。

2022 年 9 月 2 日修订通过的《中华人民共和国农产品质量安全法》对农产品的界定为“来源于种植业、林业、畜牧业和渔业等的初级产品”。这些产品是在农业活动中直接获得的，包括植物、动物、微生物及其产品。本书所提到的农产品即采用这一概念。

畜产品是农产品的一个类别，通常指通过人工饲养家畜和家禽所获得的肉、蛋、奶、毛、绒、皮等产品。本书所研究的畜产品主要是指畜牧业初级产品，包括牛羊肉、毛、皮、绒、乳制品等。

此外，本书还提到了一个概念即农畜产品，这是一个相对狭义的概念，主要是指种植业和畜牧业的初级产品，不包括林业和渔业的初级产品。

与农产品、畜产品、农畜产品关联的产业概念有三个，即农业、畜牧业和农牧业。2002 年底修订的《中华人民共和国农业法》对农业的概念界定为“指种植业、林业、畜牧业和渔业等产业，包括与其直接相关的产前、产中、产后服务”。畜牧业是农业的重要组成部分，与农业中的种植业并列为农业生产的两大支柱，主要指利用畜禽等已经被人类驯化的动物，通过人工饲养、繁殖，使其将牧草和饲料等植物能转变为动物能，以取得肉、蛋、奶、羊毛、羊绒、皮张等畜产品的生产部门。而农牧业作为农业（主要是指种植业）和畜牧业的统称，体现了种植业与养殖业的协同发展，其强调农业系统中植物生产与动物生产的互补性。

关于供应链和供应链管理的概念，本书采用《物流术语（GB/T 18354—2021）》标准中的定义，即供应链是指生产及流通过程中，围绕核心企业的核心产品或服务，由所涉及的原材料供应商、制造商、分销商、零售商直到最终用户等形成的网链结构。供应链管理是指从供应链整体目标出发，对供应链中采购、生产、销售各环节的商流、物流、信息流及资金流进行统一计划、组织、协调、控制的活动和过程。

具体到不同类型的产品（如农产品、畜产品、农畜产品），供应链及供应链管理的概念也相应不同。相较于工业品供应链，农畜产品供应链具有如下特点。

(1)产地方面。农村牧区是农畜产品的主要产地，且分布极其分散，大多距离中心城市较远，地理位置偏僻，交通欠发达，物流基础设施（特别是冷链物流基础设施）不足。我国农牧业的规模化程度较低，小农经济仍占主导地位，农村牧区的农畜产品加工业相对薄弱。所以，远距离、分散化、常温状态下的流通方式不可避免。

(2)产品方面。农畜产品具有生产周期长、易受自然灾害影响、鲜活易腐、易损耗、不耐贮运、流通半径小、标准化程度低、同质化严重、即时性刚需等特点。农畜产品的流通需要冷链，因此流通成本高。另外，农畜产品价格波动大，风险大，易受气候、市场行情影响，价格敏感度高，同一品类农畜产品价格往往在一天内会有不同程度的波动。同时，我国生鲜农畜产品种类多样，中间商难以全品种运输，这使得农畜产品供应链稳定性差，成本远高于其他产品。目前，我国农畜产品流通成本约占总成本的40％，而发达国家这一比例仅为10％。

(3)参与主体方面。农畜产品供应链的参与主体数量众多、组织化程度低、规模较小。特别是相较于工业品供应链的核心企业而言，农畜产品供应链的核心企业规模普遍偏小。此外，农畜产品供应链上游农牧户的年龄偏大，老龄化程度严重，缺乏组织性、计划性和市场性，难以与下游客户形成长期的战略合作伙伴关系。这种小规模生产式的农畜产品供应链体系决定了其供应链的不稳定性。在农畜产品供产销链条上，各主体均以各自利益最大化为出发点，竞争关系大于合作关系，这就使得供应链上下游业务活动协调难度大。

(4)流通环节方面。农畜产品供应链上下游的分散化和规模化不足问题客观上需要中间商的参与和整合，这直接导致流通环节的增加。另外，由于中间商多为个体户，其资金规模有限、风险承担能力弱，因此需要通过增加中间商的数量和层级来分散风险，这就使得农畜产品供应链的流通环节增多，整体链条过长。

(5)信息化方面。农畜产品供应链的信息化程度低，上下游之间信息的不对称、信任的缺失及孤岛效应导致沟通成本和时效成本增加。同时，由于农畜产品经过加工、包装和流通等环节，完整的质量溯源信息难以有效保存，一旦出现质量问题往往难以溯源，存在较大的安全隐患。另外，由于信息化程度低，市场价格传导机制受阻,农畜产品在流通中的价格波动无法及时传递至各级中间商,从而导致上游收购价高于下游销售价,增加市场风险。这种高风险状态又反过来迫使供应链引入更多中间商来分担风险,最终使信息化不足与供应链冗长的矛盾难以有效破解。

综上所述,农产品品种多样、产销地分散、参与主体规模小、流通环节冗长、信息化程度不足等特点,大大增加了全国范围内农产品流通的难度,也给供应链的整体运营管理带来较大困难。但在整个农产品供应链中,上游的农牧户希望增加收入,中游的加工和流通企业希望降低运营成本以提高利润,而终端的消费者则希望购买到性价比高的安全产品,这种多元化的价值诉求使得农产品供应链的管理尤为重要。

本书围绕农畜产品供应链一体化、农畜产品绿色供应链管理、农畜产品供应链高质量发展以及农畜产品跨境供应链管理 4 个专题展开研究。部分章节的研究特指畜产品,部分章节除畜产品外还包括狭义的农产品(即农畜产品),也有部分章节涉及广义的农产品概念。为此,本书的书名采用广义的农产品概念,以确保涵盖各章节的研究对象。

本书基于上述专题,系统研究了农产品供应链管理的理论和实践,在研究中既运用了供应链管理的基础理论,又通过农牧业全产业链各环节的深入调研,构建了符合实际的理论模型和概念模型。书中还辅以相关案例进行佐证,较好地实现了理论与实践的结合,所提出的农产品供应链管理理论和实施方案可为农牧业产业链相关市场主体的经营管理提供决策参考和实践借鉴。

第1篇

农畜产品供应链一体化

本篇共包含2章内容，分别是第1章：畜产品供应链一体化理论框架、实践路径及运作模式；第2章：基于农商互联完善农畜产品供应链研究。

供应链一体化是提升供应链绩效的重要途径。农畜产品供应链一体化是农畜产品供应链管理的重要目标，其实现有利于充分发挥农畜产品供应链的核心竞争优势，提升农畜产品产业的整体竞争力，推动农牧业经济的高质量发展。

因此，本篇首先以农产品中的畜产品为例，系统研究了畜产品供应链一体化的理论框架和实践路径，并进一步提出畜产品供应链一体化的运作模式，为推进畜产品供应链一体化目标的实现提供了可操作的实施方案。

农商互联可有效延伸农畜产品流通产业链、提升价值链、创新供应链，是实现农畜产品供应链一体化的重要依托。为此，本篇进一步探讨了基于农商互联完善农畜产品供应链的理论依据及政策建议。

第 1 章

畜产品供应链一体化理论框架、实践路径及运作模式

1.1 引言

建设国家重要农畜产品生产基地，是党中央赋予内蒙古自治区（简称内蒙古）的重要战略定位和重大政治责任。2020 年 5 月，内蒙古自治区党委、自治区人民政府印发的《关于加快推动农牧业高质量发展的意见》提出要建设优势特色农畜产品产业带。2021 年 11 月，中国共产党内蒙古自治区第十一次代表大会报告提出，要高起点谋划和推进农牧业发展，推动农畜产品生产基地优质高效转型。内蒙古东部五盟市地区（简称蒙东地区，包括呼伦贝尔市、兴安盟、通辽市、赤峰市和锡林郭勒盟）作为全国畜产品的主要供应区域和生产基地，迫切需要通过畜产品供应链的一体化运营来实现畜产品生产基地的优质高效转型，从而更好地助力地区经济的转型升级，推动畜牧业经济的高质量发展。

在供应链整合与一体化研究方面，国内外学者进行了深入探索。例如，Kumar 等人的研究指出，供应链的整合与一体化运营可有效提高产品质量和整个供应链的附加值[1]；于亢亢研究发现，供应链整合对纵向一体化有显著的直接作用，而纵向一体化可以通过降低监督、沟通、交换成本等提升供应链系统的质量管理水平[2]；Kang 等人提出和论证了供应链整合与一体化可实现供应链可持续发展的观点[3]；Wong 等人研究发现绿色供应链一体化和信息共享有利于改善供应链的成本效益[4]；周兴建等人指出，众包供应链一体化运营强调众包研发与供应链上下游的紧密结合，以此来实现创新价值[5]；赵晓飞和鲁楠的研究认为，农产品供应链整合对提高企业绩效具有积极影响[6]；祁峰和冯梦龙则进一步指出，完善农产品供应链和实现一体化运营，可以较好地提高全要素生产率，实现农牧业的高效运营[7]。

通过以上文献分析可得，国内外大多学者均提出了较为一致的观点，即供应链一体化管理可有效改善供应链绩效，提升供应链附加值。

以上研究成果为本章的深入研究奠定了重要基础，但这些研究成果均宏观地分析了供应链一体化的优势和作用，缺乏围绕供应链一体化理论框架来对某个具体的供应链一体化问题进行针对性的研究。

畜牧业是蒙东地区的优势特色产业。系统构建畜产品供应链一体化的理论框架，摸清蒙东地区畜产品供应链的一体化现状，有利于解决其在供应链一体化方面存在的主要问题，这对促进畜产品完整产业链的形成、充分挖掘畜产品产业优势、重塑畜产品价值链、提升畜产品产业附加值、实现畜产品供需的基本均衡等具有重要意义和价值。

1.2 畜产品供应链一体化理论框架

供应链一体化的运作可实现核心企业与上下游节点企业间的互惠合作与协调发展[8]。借鉴丁俊发关于供应链类型的划分标准[9]，本章认为畜产品供应链一体化主要包括畜产品企业供应链一体化、畜产品产业供应链一体化以及畜产品城市供应链一体化 3 个方面。

1.2.1 畜产品企业供应链一体化

畜产品企业供应链一体化是指以畜产品核心企业为主导，通过对上下游企业（如养殖、加工、流通等企业）及相关服务企业资源的整合与协同而形成的，满足客户需求的一体化功能网络结构。畜产品企业供应链一体化如图 1－1 所示。

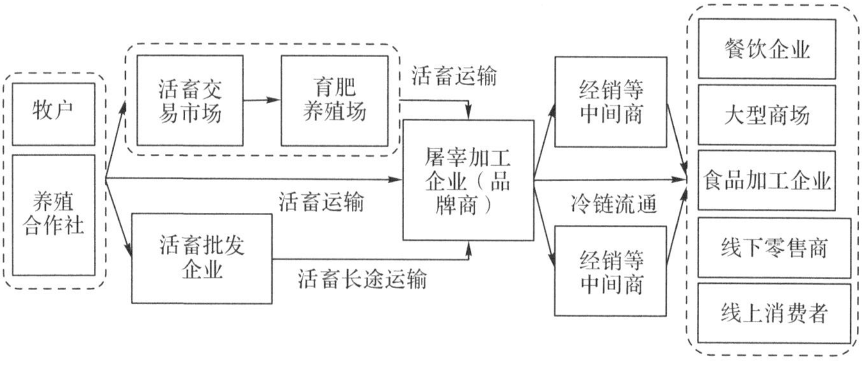

图 1－1　畜产品企业供应链一体化

畜产品企业供应链的主要参与主体包括上游养殖环节的分散牧户以及养殖合作社，承担活畜流通职责的活畜交易市场以及活畜批发商，承担活畜屠宰加工及商品化服务的屠宰加工企业（品牌商），承担畜产品流通交易环节的经销商以及畜产品的最终消费主体（包括餐饮企业、大型商场、食品加工企业、线下零售商以及线上消费者等）。畜产品企业供应链涵盖畜产品从牧场养殖到餐桌的整个过程，其一体化发展程度关系整个畜产品供应链各参与主体的利益，特别是上游分散牧户的经济收益以及下游消费者的客户价值和食品安全。同时，畜产品企业供应链一体化涉及供应链管理中整个环节的信息流、物流、资金流、商流以及服务流的协同整合，强调养殖供应体系、屠宰加工体系、流通渠道体系以及零售体系等的全方位交互协作。

1.2.2　畜产品产业供应链一体化

畜产品产业供应链一体化基于产业视角来审视畜产品供应链的一体化问题，核心是实现一二三产业的深度融合，打造集约高效的畜产品供应链网络体系。畜产品产业供应链一体化是指畜产品产业内部、不同产业（如养殖业、加工业、流通业、服务业等）或相关行业之间基于供需关系构成的具有链条绞合能力的一体化经济组织关系。畜产品产业供应链的一体化有助于形成相对完整的畜产品产业链，可以较好地引领和带动地区畜牧业经济的快速发展。

1.2.3　畜产品城市供应链一体化

畜产品城市供应链一体化基于县域的视角来审视畜产品供应链的一体化问题。畜产品供应链的实施需要以具体的项目为依托，包括养殖类项目、育肥类项目、流通类项目、加工类项目、物流服务类项目等；而项目的落地均应以县域为载体，且需要地方政府的大力支持。一个完整的畜产品供应链的形成亦需要地方政府在政策层面、技术层面等进行支持和引导，特别是在能耗双控方面给予优惠和支持。

畜产品城市供应链一体化是指支撑城市畜牧业养殖、屠宰加工、畜产品商贸流通以及居民生活消费的一体化供应链生态系统，是承载畜产品产业链的重要载体和平台，也是规范畜产品企业供应链一体化和产业供应链一体化的重要环节，其通过地区经济环境、政策环境、社会环境、技术环境、法律环境、绿色环境以及营商环境等因素作用于畜产品产业链，进而推动地区畜牧业的高质量发展。

1.2.4 三者之间的逻辑关系

畜产品企业供应链一体化、畜产品产业供应链一体化以及畜产品城市供应链一体化之间的逻辑关系如图 1－2 所示。

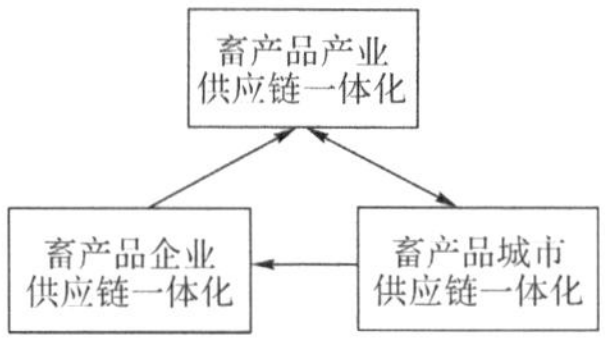

图 1－2 畜产品供应链一体化理论框架图

畜产品企业供应链一体化、畜产品产业供应链一体化与畜产品城市供应链一体化之间是“点—线—面”的关系。其中，畜产品企业供应链一体化是“点”，是畜产品产业供应链一体化的重要基础；畜产品产业供应链一体化是“线”，是引领畜产品产业发展的主线，也是实现畜产品产业高质量发展的重要途径；畜产品城市供应链一体化是“面”，为畜产品企业供应链一体化与畜产品产业供应链一体化的实现提供各种生产要素和政策支持，是支撑畜产品企业供应链一体化与畜产品产业供应链一体化的重要载体，而畜产品产业供应链一体化又反过来作用于畜产品城市供应链一体化，从而形成相互制约、相互促进、相互影响的畜产品供应链一体化生态系统。

只有实现了畜产品企业供应链一体化，整个畜产品供应链所涉及的市场主体才能得到丰富和完善，上下游之间的竞争合作关系和利益联结机制才能趋于成熟和稳定，畜产品产业供应链一体化才能逐步形成。而畜产品企业供应链一体化与畜产品产业供应链一体化的发展均应以城市为载体。因此，畜产品城市供应链一体化是畜产品企业供应链一体化与畜产品产业供应链一体化的重要支撑，我们应在畜产品企业供应链一体化及畜产品产业供应链一体化的基础上，深入研究城市供应链一体化问题，从而形成一个三者之间彼此作用、相互促进的畜产品供应链一体化研究框架。只有这样，我们才能对畜产品供应链一体化问题进行立体和系统的研究。

1.3 畜产品供应链一体化的现状及存在的主要问题

本章以蒙东地区作为研究对象。近年来，该地区各城市活畜出栏量均较高且逐年攀升。2022 年数据显示，蒙东地区牛羊出栏总数约 3500 万头（只），充分具备将畜牧业作为当地优势特色产业的基础条件。然而，畜产品供应链一体化管理方面存在的诸多问题，严重制约了该地区优势特色产业核心竞争力的提升。

蒙东地区畜产品供应链体系涵盖养殖、育肥、活畜交易、屠宰、加工、冷链流通以及零售等环节，横跨农业、工业和服务业（包括物流、零售、电商等领域）。当前存在的主要问题有产业对接不均衡，效率不匹配，畜产品从活畜的养殖到餐桌的消费整个供应链环节较多，成本较高等。

本章基于企业、产业和城市的三维视角，分别探究了畜产品供应链一体化存在的主要问题，具体体现在以下几个方面。

1.3.1　畜产品企业供应链一体化存在的主要问题

1. 养殖环节存在的主要问题

不同牧户在经营思维、客户资源、资金实力、养殖技术和理念等方面的差异导致养殖合作社形式的养殖比例偏低，畜产品规模化养殖程度不高，牧户在产业链当中处于弱势地位；牧户与合作社存在融资难且贵的问题；政府对牧户的补贴力度不足，部分补贴政策因没有落实到位，难以满足牧户的养殖需求。除此之外，当前养殖合作社在政策支持方面存在平均主义倾向，这种分配方式不利于合作社的健康发展。

2. 屠宰加工环节存在的主要问题

屠宰加工企业面临融资难、融资贵、羊源不足、羊源供应不稳定、间歇性停产等问题。屠宰加工规模存在供过于求以及布局不合理等问题。另外，部分企业构建了畜产品的全程可追溯体系，其中软件系统由政府提供，信息采集终端等硬件系统则由企业负责提供。然而，追溯系统上线增加了企业的运营成本，而可追溯畜产品的价格却没有得到市场的充分认可，因此企业的收益甚微，这在一定程度上降低了企业推广应用全程追溯系统的积极性。

3. 流通交易环节存在的主要问题

在蒙东地区，专门从事畜产品冷链物流的第三方物流组织较少，连贯成型的冷链物流体系也比较缺乏。大部分企业无法提供全程冷链物流服务，存在冷链物流专业化程度不高，个性化服务能力欠缺，物流标准落实不到位，以及物流作业效率较低等问题。同时，由于畜产品流通渠道层级较多，流通企业规模普遍较小，因此流通成本较高。

4. 畜产品品牌培育方面存在的主要问题

尽管蒙东地区畜产品品牌数量众多且品质较好，但普遍存在品牌知名度不高、市场认可度不足等问题，特别是缺乏具有较高市场影响力的大品牌，这在一定程度上制约了高端消费市场的开拓。同时，地方政府及相关屠宰加工企业对畜产品品牌宣传、推广及整合力度的不足，导致大部分消费者对优质畜产品品牌缺乏科学的认知，仅仅以价格作为考量因素来选择畜产品。

5. 畜产品供应链人才方面存在的主要问题

蒙东地区畜产品供应链体系建设涉及跨部门、跨职能、跨业态、跨行业的综合管理，因此对高端复合型人才的要求较高。然而现实情况是，大部分企业缺乏具备供应链一体化管理思维的人才。此外，地方政府相关部门的个别工作人员对牧户的基本生产生活状况不够熟悉，对畜牧业的发展规律把握不够深入，这种认知局限导致其对畜牧业的重视程度不够。

1.3.2 畜产品产业供应链一体化存在的主要问题

1. 冷链物流基础设施不足，渠道加价率高

蒙东地区冷链物流基础设施建设存在明显短板，尤其是产地冷库仓储设施建设不足，这就导致产地商品化处理和错峰销售能力不足。冷链设施的缺乏将直接导致畜产品在长距离运输过程中产生较大的损耗，这在一定程度上影响了畜产品的品质。冷链物流基础设施的薄弱也限制了其流通的区域和范围，表现为流通半径较小、环节较多、链条较长、从养殖端到零售终端的渠道加价率较高。

2. 物流专业化程度较低，个性化服务能力不足

目前，蒙东地区缺乏较大规模的冷链物流服务企业，冷链物流企业的专业化程度普遍较低，物流服务能力不足，尤其是个性化服务能力存在严重短缺。同时，大部分冷链物流企业多采用本地化运营，主要提供传统的仓储、运输等物流服务。此外，冷链物流企业与客户之间缺乏长期的合作关系，这就导致其难以准确把握客户需求，表现出服务水平低下、服务意识不强等情况，难以快速响应客户的个性化需求并提供个性化的增值服务。

3. 畜产品的供应和需求之间缺乏有效的协同

畜产品的主要供应者是分散的牧户，这些牧户普遍存在生产规模小、组织化程

度低、计划性不足和市场意识薄弱等问题，这就导致其难以与下游企业建立长期的战略合作关系。这种小规模生产式的畜产品供应链体系从根本上制约了供应链的稳定性。同时，在畜产品供产销链条上，各参与主体往往片面追求利益最大化，这使得供应链上下游业务活动协调困难甚至出现脱节现象，从而导致整个供应链缺乏有效的协同机制。

4. 畜产品产业与相关产业的融合度较低

蒙东地区畜产品产业链与信息技术产业及金融产业的融合程度较低，畜产品产业整体信息化水平不高，如饲养环节标准化及信息化程度不够，屠宰加工环节智能化及信息化程度不高，交易和流通环节的信息系统不兼容及信息不对称等。另外，畜产品产业与金融业的融合程度有待深入，基于畜产品供应链特点的专业化金融产品仍然缺乏。

1.3.3　畜产品城市供应链一体化存在的主要问题

1. 蒙东地区经济发展水平有待提高，产业结构有待优化

蒙东地区经济发展水平虽逐年增长，但仍有一定发展空间。蒙东地区第一产业比重明显高于内蒙古自治区的平均水平，而第二产业和第三产业发展水平整体偏低，均未达到自治区平均水平。蒙东地区仍主要依赖交通运输、批发零售、住宿餐饮等传统服务产业，科技、教育、文化、金融以及信息服务等新兴服务业发展相对缓慢，产业结构亟待优化升级。

2. 政策密集出台，但在政策细化及执行层面仍有不足

目前，尽管蒙东地区各城市均出台了较多促进城市畜产品供应链发展的政策，但部分政策在细化实施方案和具体执行环节仍有进一步完善的空间。例如，部分地区的休牧政策、牧业保险政策、畜产品流通的绿色通道政策、畜产品的检验检疫政策等有待进一步落实。同时，地区间政策存在的衔接不畅问题导致部分政策的社会经济效应尚未显现。

3. 供应链基础软硬件配套设施相对简单滞后

城市供应链一体化的实现有赖于城市基础软硬件配套设施（如物流园区、城市交通设施、信息化设施、制度规范、法治环境和营商环境等）的建设。当前，蒙东地区在这些方面仍有提升空间，特别是在畜产品供应链领域，信息化协同共享和智能化设备应用等方面还可以进一步加强。持续优化这些环节，将有助于更好地推动地区供应链一体化发展。

1.4 畜产品供应链一体化的实践路径

1.4.1 畜产品企业供应链一体化的实践路径

1. 树立典型示范合作社，总结其经营模式以供推广

在蒙东地区，合作社的比例较低，且不同合作社的经营管理绩效存在较大差异。整体来看，能够实现可持续盈利的合作社数量相对较少。另外，不同合作社的牧户在经营理念和方法上也存在一定的差异，因此他们需要学习先进合作社的做法，以少走弯路。基于此，地方政府应将经营较好的合作社作为典型案例，总结并推广其经营管理模式和成功经验，让更多的合作社受益。

2. 鼓励分散牧户彼此合作或加入合作社，实现养殖业的规模化

分散的牧户在整个供应链中处于弱势地位，其迫切需要通过联盟的方式来壮大自身实力，如通过彼此合作或加入合作社的形式来提高自身的经营水平和抵御风险的能力。因此，对于畜产品供应链上游的农牧户来讲，政府应积极引导其加入合作社，并加强对合作社的监督和管理，从而提升农牧户在整个畜产品供应链中的话语权和议价能力，壮大自身实力，保证自身收益，这样才能引导更多分散的牧户自觉主动加入合作社，从而实现养殖业的规模化、规范化和标准化发展。

3. 屠宰加工企业(品牌商)要逐步实现全产业链运营

屠宰加工企业的全产业链运营是一种比较好的模式，具有较强的风险抵御能力，能够在一定程度上应对羊源供应不足及上游牧户囤积活畜引发的价格波动问题，从而提升整个产业链的竞争优势。同时，全产业链运营模式还可以克服在生产淡季因业务领域较窄而被迫停产的经营困境。

4. 强化对畜产品供应链各参与主体的金融扶持力度

地方政府应建立牛羊肉产业专项资金储备机制，并设立产业发展基金，同时加大政策支持力度，协调金融机构简化贷款手续，支持农牧户、合作社、龙头企业以草牧场承包经营权、土地承包经营权、农牧民住房财产权等作为抵押物获取融资。此外，地方政府要联合金融机构在融资手续、成本、额度、抵押物要求等方面出台优惠政策，开发适应畜产品供应链特点的金融产品，逐步解决畜产品供应链中小企业的融资难题，推动畜产品供应链实现高质量发展。

5. 构建畜产品全产业链标准化体系，逐步建立统一的地区品牌

围绕畜产品供应链的特点，逐步构建覆盖本地特色优势畜产品养殖、屠宰加工、检验检测、分级、包装、冷链物流、批发零售等各环节的全产业链标准化体系，实现国家标准、地方标准与企业标准的有机结合，并推进标准落地实施。同时，地方政府应逐步对地区不同市场主体和行业协会已注册的畜产品品牌进行统一整合管理，重点培育若干地域特色突出，产品特性鲜明的区域公用品牌，从而形成具有市场影响力的地区品牌形象。

6. 加大畜产品供应链管理人才培养力度

畜产品供应链的高效管理离不开供应链管理人才的支撑。鉴于蒙东地区畜产品供应链管理人才的短缺，政府和相关企业要加大对供应链管理人才的引进和培养力度，通过与国内高校、供应链管理咨询公司和服务企业建立长期合作关系，开展系统的理论教育与实践培训，逐步构建结构合理的畜产品供应链管理人才梯队，弥补供应链管理人才不足的短板。

1.4.2　畜产品产业供应链一体化的实践路径

1. 加大冷链物流基础设施建设力度，大力发展畜产品冷链物流

2021 年 12 月 12 日，国务院办公厅印发的《“十四五”冷链物流发展规划》提到将布局 100 个左右的国家骨干冷链物流基地。2022 年 12 月 15 日，国务院办公厅印发的《“十四五”现代物流发展规划》进一步提出，要加快实施产地保鲜设施建设工程，提升城乡冷链设施网络覆盖水平。由此可见，国家已认识到农畜产品冷链物流建设的重要意义。蒙东地区各地方政府应大力支持畜产品流通企业、物流企业及屠宰加工企业（品牌商）推广现代冷链物流管理理念、标准和技术，建立覆盖畜产品加工、运输、储存、销售、配送等全过程的一体化冷链物流服务体系，切实保障畜产品品质，更好地支撑畜产品供应链一体化的深入发展。同时，各地方政府要积极争取国家相关项目支持，如畜产品产地冷藏保鲜整县推进试点项目等，通过逐步补齐冷链物流短板，全面提升畜产品从产地到销地的全程冷链物流服务质量。

2. 培育大型冷链物流服务企业，提升冷链物流服务水平

冷链物流服务是推动畜产品产业供应链一体化发展的重要基础，也是提升畜产品品质和品牌附加值的重要手段。鉴于蒙东地区畜产品冷链物流服务企业规模偏小、服务能力单一等问题，地方政府应出台相关优惠政策，如税收、金融、土地等

方面的倾斜政策,鼓励冷链物流服务企业进行跨区域运营,充分发挥规模经济优势,有效降低冷链物流服务成本。同时,地方政府应鼓励屠宰加工企业、畜产品流通企业、冷链物流服务企业等实现冷库和冷藏车等资源的共享共用,提升冷链物流资源利用效率,持续增强冷链物流服务企业的综合服务能力和个性化服务水平。

3.推动区域产业协同发展,构建共赢的供应链产业体系

结合蒙东地区各城市经济发展及优势产业现状,按照功能互补、产业联动、资源共享、供需协同的原则,以产业、功能、需求的优化配置为主线[10],科学确定各城市在畜产品产业供应链一体化建设中的功能定位。

目前,蒙东地区的锡林郭勒盟和呼伦贝尔市具备在实现保护草原生态环境的基础上大力发展养殖、屠宰加工、冷链流通的优势和条件,而赤峰市、通辽市、兴安盟则应着力推动农产品供应链与畜产品供应链的有机融合,在相关服务产业及政策的支持下逐步实现畜产品产业供应链一体化运营,如实现农产品与畜产品运输相结合,活畜的规模化养殖与扶贫开发相结合,上游的规模化养殖和流通与下游的规模化需求相结合,从而构建上下游共赢的供应链产业体系,不断提高整个畜产品产业链的运营效率。

4.实现畜产品产业与物流业及信息技术产业的融合发展

作为蒙东地区的优势特色产业,畜产品产业的快速健康发展必须依托物流服务与信息技术服务的强力支撑,并逐步实现服务化运营。这种服务化转型有利于促进产业供应链一体化目标的达成。因此,要围绕畜产品供应链的特点逐步完善物流服务和信息技术服务等供应链服务,实现畜产品产业与物流业以及信息技术产业等的融合发展[11],同时建立线上线下一体化的信息平台,实现畜产品产业链全程信息化和可视化管理,并通过信息数据驱动实现数据信息的有效传递和实时共享,切实解决信息不对称等问题,使养殖、贩运、屠宰、加工、流通、零售等各环节均实现盈利,从而全面提升蒙东地区畜产品产业的整体竞争优势。

1.4.3 畜产品城市供应链一体化的实践路径

1.持续优化蒙东地区产业结构,加大服务业对畜产品产业的支撑力度

鉴于蒙东地区第三产业发展仍有提升空间,对畜产品特色产业的支撑作用尚未充分发挥,该地区各城市应逐步优化产业结构,大力发展信息技术、金融服务、教育科技等现代服务业,并在此基础上逐步提升交通运输及仓储物流服务水平,切实

增强第三产业对畜产品供应链一体化建设的支撑作用,从而有效提升产业核心竞争力。

2. 加强政策之间的衔接,强化政策执行力度

尽管蒙东地区各城市均出台了较多促进城市畜产品供应链发展的政策,但在具体的政策落实方面还存在明显偏差,部分政策的社会经济效应还没有充分体现。因此,地方政府要围绕畜产品供应链全链条系统梳理现有政策,加强顶层设计和政策之间的衔接过渡,完善和优化营商环境,为农牧企业经营松绑,让农牧企业轻装上阵,减轻其制度性成本。同时,地方政府要强化政策的落实力度,建立政策后续效果评估机制,使出台的相关政策能够真正助力畜产品供应链的高质量发展。另外,地方政府要用好国家在农牧业生产经营方面的政策,积极联系符合条件的企业申报政府相关补贴和财政支持项目,通过为农牧企业提供一站式服务确保国家政策切实落地见效,更好助力地区畜产品供应链和畜牧业经济的高质量发展。

3. 加强畜产品供应链信息基础设施建设力度

畜产品供应链信息基础设施和信息平台的建设可有效提高供应链的运营效率和管理水平,从而实现畜产品供应链的高质量发展。因此,蒙东地区各城市要加大畜产品供应链信息基础设施建设力度,构建区域性畜产品供应链信息平台,实现畜产品信息、客户需求信息、活畜养殖信息、加工信息、流通交易信息、物流服务信息以及相关社会化服务信息等的全方位整合与共享,从而有效提升畜产品供应链各参与主体的运营效率及盈利水平,为畜牧业经济的长期繁荣和可持续发展提供有力支撑。

1.5　畜产品供应链一体化的运作模式

在分析畜产品供应链一体化的理论框架及其现存问题的基础上,我们从企业、产业和城市的三维视角提出了畜产品供应链一体化的具体实践路径。接着,我们将在此基础上进一步凝练畜产品供应链一体化的运作模式,以确保畜产品供应链一体化目标的落地实施。

1.5.1　品牌商主导的全产业链运作模式

品牌商主导的全产业链运作模式即品牌商通过控制上游的牛羊源来实现全产业链的运营管理及通过建立自有或合作养殖基地等方式将产业链条向上游养殖环

节延伸，同时通过直接设立销售门店或在批发市场、超市、菜市场等场所设立销售专柜等方式，向末端销售环节延伸产业链条，实现“养殖＋加工＋销售”等的一体化运营管理。该模式使企业既有自主品牌，又有稳定的、品质可控的高质量货源和完善的销售渠道，从而通过品牌溢价和产品品质实现盈利。相关研究表明，大型品牌企业主导的全产业链模式更具稳定性，其规模经济效益也较好。

1.5.2 合作社主导的运作模式

合作社主导的运作模式即合作社通过规模化养殖、专业化运营管理及科学分工来实现资源共享和规模经济效益，从而提高畜产品供应链的运营效率，增强各合作主体抵御风险的能力。此外，这种模式可以较好地从源头上把控畜产品数量及质量，通过品牌化运营培育合作社自有品牌，较好地解决畜产品数量、品质及品牌等问题，增强畜产品供应链的综合竞争力。

1.5.3 政府、企业、牧户联合的运作模式

政府、企业、牧户联合的运作模式即政府负责政策的引领带动和地方特色品牌的宣传与推广，企业负责品牌的开发、培育以及畜产品的精细加工及流通，牧户负责牛羊的科学化养殖等。

推动政府、企业和牧户的互联，有助于促进畜产品流通企业与牧户及养殖合作社进行全面、深入、精准对接，不断提高订单农业、产销一体、股权合作等长期稳定的畜产品流通模式在畜产品流通中的比重，打造上联养殖、下联消费，利益紧密联结，产销密切衔接且长期稳定的新型政、牧、商合作关系[12]，形成资源共享、互利共赢、符合畜产品流通需求的供应链运营管理模式。

1.5.4 第三方生鲜电商平台主导的运作模式

针对传统畜产品产业链较长且协同难度较大的问题，由于不同的供应链环节常存在信息屏蔽、价值垄断和成本虚高等现象，因此，政府亟须对畜产品供应链重新进行价值解构[13]，具体可通过引入第三方电商平台缩短产业链，减少中间环节，消除低附加值活动和信息不对称问题，实现供应链优化。

目前，以永辉彩食鲜、美菜、善之农、拼多多等为代表的第三方生鲜供应链平台已形成规模化运营模式。这些平台通过整合上游养殖基地资源，聚合下游中小商户订单，实现规模化集采集运，从而实现供需直接对接和有效协同。未来，随着蒙

东地区冷链物流服务体系的逐步完善，地方政府应积极引入成熟的第三方生鲜电商平台，构建以生鲜电商平台为主导的新型供应链体系。实践证明，对于平台供需两端集中度不高的行业（如畜产品行业）来讲，引入平台可最大限度地提高整个行业的运营效率，而这正是解决当前畜产品供应链效率较低问题的有效途径。

1.5.5　供应链服务平台企业主导的运作模式

随着市场竞争越来越激烈，传统畜产品供应链中价值垄断者的盈利能力也会逐渐下降，从而导致整个畜产品产业链竞争力弱化，产业优势难以凸显。引入供应链服务平台企业，打破传统的价值创造方式和价值分配体系[13]，可进一步激活畜产品供应链，优化行业生态环境。例如，引入怡亚通的供应链综合商业服务平台与畜产品产业无缝衔接，提供配套的供应链服务，可显著提高产业竞争力。怡亚通与地方政府及大型商贸流通企业共同打造的符合畜产品产业特点的供应链商业服务平台[14]，能够推动畜产品产业转型升级，增强核心竞争优势。

此外，推动地方大型畜产品流通企业逐步向生鲜供应链平台企业转型，建立专业化的畜产品供应链服务平台，整合多方合作资源形成供应链平台生态圈，可为畜产品供应链上的不同类型主体提供物流、金融、政务以及信息等一体化综合服务[15]，助力平台上的合作伙伴提高畜产品供应链管理效益，最终实现整个生态圈的共赢发展。

1.6　本章小结

本章基于企业供应链一体化、产业供应链一体化以及城市供应链一体化相结合的新视角，构建了畜产品供应链一体化研究框架，并深入分析了三个维度的内在逻辑关系，即畜产品企业供应链一体化、畜产品产业供应链一体化与畜产品城市供应链一体化之间是点线面的关系。其中，畜产品企业供应链一体化是“点”，是畜产品产业供应链一体化的重要基础；畜产品产业供应链一体化是“线”，是引领畜产品产业发展的主线；畜产品城市供应链一体化是“面”，是支撑畜产品企业供应链一体化与畜产品产业供应链一体化的重要载体。本章构建的畜产品供应链一体化研究框架为深入研究畜产品供应链一体化问题提供了理论基础。

在此基础上，本章围绕牛羊肉等畜产品的特点，立足畜产品供应链一体化研究框架的三个维度，以蒙东地区为研究对象，结合当地畜产品供应链发展现状，深入分析了蒙东地区畜产品供应链一体化存在的主要问题。随后,结合畜产品供应链一体化理论框架,本章提出了该地区畜产品供应链一体化的实践路径,并指出畜产品供应链一体化可采取的五种运作模式,即品牌商主导的全产业链运作模式,合作社主导的运作模式,政府、企业、牧户联合的运作模式,第三方生鲜电商平台主导的运作模式,以及供应链服务平台企业主导的运作模式。相关研究成果可为部分学者持续深入研究畜产品供应链一体化问题提供新的视角。

未来,我们可围绕以上五种模式的特点有针对性地进行案例研究,深入剖析每种模式的适用条件及可复制且可推广的经验与做法,同时结合每种模式的特点,立足供应链核心企业的类型,深入研究每种模式下各决策主体的最优决策以及不同决策主体间的利益协调和分配机制,从而推动畜产品供应链一体化实现长期协调与可持续发展。

第 2 章 基于农商互联完善农畜产品供应链研究

2.1 引言

农商互联是指农产品流通、加工企业与新型农业经营主体进行全面、深入、精准对接，通过发展订单农业、产销一体、股权合作等模式，构建上联生产、下联消费，利益紧密联结，产销密切衔接且长期稳定的新型农商关系[12]。农商互联可有效延伸农畜产品流通产业链、提升价值链、创新供应链。2018 年 5 月，商务部印发《关于推进农商互联助力乡村振兴的通知》，正式提出了农商互联的概念及意义。2019 年 5 月，财政部办公厅等部门联合印发《关于推动农商互联完善农产品供应链的通知》，提出要支持农产品流通企业与新型农业经营主体进行深入对接，构建利益紧密联结的农产品现代供应链体系。2021 年 9 月，商务部等部门出台《关于进一步推动农商互联助力乡村振兴的通知》，进一步提出要畅通农产品物流运输通道、健全农产品流通企业产销衔接机制等。由此可见，农商互联已得到国家的高度重视，成为推动农畜产品流通现代化的重要载体。深入开展农商互联，构建基于农商互联的农畜产品供应链模式，有利于提高农畜产品流通效率，实现线上线下资源的全面对接和深度融合。这一模式已成为助力乡村振兴、促进农民增收、推动农业农村现代化的重要途径，具有重要的研究价值。

2.2 农商互联相关文献综述

国内相关学者对农商互联模式进行了初步研究。例如，崔忠付阐明了通过加强农商互联，实现产销互联对提升农产品供应链价值的重要意义[16]；金阳提出在构建双循环的新发展格局中，要大力推动农商互联，丰富产销对接形式，提高农产品流通效率[17]。在此基础上，吴晶晶等人系统梳理了该模式的形成路径和运作机制，并进一步提出了优化该模式的政策建议[18]；丁宝成和孔令凤围绕生产、业务流程、物流服务和消费者四个维度构建了基于农商互联的农产品供应链绩效评价指标[19]；余波和尚晓凤的研究提出了提升农商互联不同主体间互动服务能力的具体对策[20]；王磊以"农超对接"①为例，分析了新零售驱动下农超对接的运作模式[21]；周涛等人进一步分析了农超对接下双渠道农产品供应链的协调机制[22]。

由此可见，相关学者主要从宏观视角出发，采用定性研究方法分析了农商互联的重要性，构建了基于农商互联的农产品供应链绩效评估体系，并提出了农商互联的优化对策和协调机制，这为本研究的深入开展提供了理论依据。但现有研究主要围绕农商互联本身，缺乏实证分析，尤其是使用多案例研究方法站在整个农产品供应链视角对基于农商互联完善农畜产品供应链的模式进行深入探析。本章在借鉴国内外相关学者研究成果的基础上，以内蒙古为例，采用多案例研究法，深入剖析了基于农商互联完善农畜产品供应链的典型案例，提炼出 6 种典型模式及其先进经验，进而提出相关政策建议。

2.3 农畜产品供应链运营情况

2.3.1 农畜产品产后预冷现状分析

预冷是指农畜产品从初始温度(30 ℃左右)迅速降至所需要的终点温度(0 ℃～15 ℃)的过程，主要适用于果蔬、肉类等易腐农产品。农产品采收后，必须在贮藏运输前尽快除去其本身所带的田间热，将其温度降至适宜的低温。这样在后续的流通阶段中，只需较低的冷却能力或一般的隔热措施即可实现减缓农产品呼吸、保持其生鲜度和品质的目标。农畜产品产后预冷是农畜产品低温冷链流通中必不可少的环节，而产地预冷库的建设则是实现农产品源头预冷的重要载体。

①农超对接指农产品生产者(如农户、合作社)直接将产品供应给超市或零售企业，减少中间流通环节，从而降低成本、保障新鲜度，并提高收入。

调研发现，乌兰察布市的农户通过建造马铃薯窖可在一定程度上实现马铃薯的产后预冷。另外，内蒙古中加农业生物科技有限公司建立了储量约 1 万吨的马铃薯冷藏仓库。由于企业本身的种植面积和订单种植面积较大(约 5333 公顷)，因此大部分马铃薯均能在产后得到及时预冷，从而有效延长了储存时间，并在一定程度上保证了农产品的品质。而其余的农产品，如玉米、葵花、番茄等其他农产品因缺乏产地冷藏仓库，无法实现产后预冷。

对于畜产品而言，牛羊肉在加工后均有排酸和预冷环节，这能够较好地在源头上保证畜产品的品质；而猪肉的预冷环节则相对缺乏，冷鲜肉市场占比较低。

总之，绝大部分的农产品缺乏产后预冷环节，而畜产品的产后预冷环节则相对完善。内蒙古赤峰市松山区、乌兰察布市四子王旗和巴彦淖尔市乌拉特前旗等地被列入 2021 年国家农产品产地冷藏保鲜整县推进试点，其中四子王旗已完成 22 个农产品产地冷藏保鲜库建设。未来，内蒙古自治区农产品产后预冷能力将得到进一步加强。

2.3.2　农畜产品产后分级和包装现状分析

农畜产品产后分级和包装是实现农畜产品高效流通和提升农产品附加值的重要前提，有利于实现对农畜产品的精细化管理并提升农畜产品品质。同时，产品分级和包装的过程本身也是农畜产品初加工和品质控制的过程，可以筛选出优质农畜产品，从而实现优质优价，如对瓜子进行分级和包装可将优质瓜子的市场销售价格提升至约 10 元/千克，这就是分级和包装的优势。

调研显示，在订单农业模式下，农畜产品产后分级和包装效果较为理想。按照订单农业中对农畜产品质量的要求可满足下游生产加工企业或商贸流通企业的需求。例如，马铃薯的分级和包装可在产地或产地冷仓内按照订单协议完成；葵花、五原黄柿子、玉米等产品的分级和包装则主要在生产加工企业或流通企业内部进行。目前，大部分农畜产品已能够实现有效的分级和包装。

2.3.3　农畜产品产后加工现状分析

农畜产品产后加工既包括初加工也包括深加工。农畜产品产后初加工不仅包含烘干、储藏等环节，而且涉及产后净化、分等分级、烘干、预冷、保鲜、包装、储藏等多个环节，由此方可在后续的流通过程中很好地控制农畜产品的质量。

调研发现，大部分农畜产品的产后全环节加工比例不高，仅有简单的初加工环节，深加工环节明显不足，这制约了农畜产品供应链标准化水平的提升。例如，马铃薯、贝贝南瓜、玉米等产品基本只进行包装、分级等初加工，深加工环节相对较少。四子王旗的马铃薯年种植面积约4万公顷，而全旗仅有5家淀粉加工厂，且主要以小薯为原料进行淀粉加工，尚无薯条、薯片、全粉等深加工企业。此外，产地分选、清洗、包装及净菜等初加工环节也相对滞后，大量鲜薯以初级农产品的形式进入市场，这就导致市场竞争力弱，难以实现优质优价。

2.3.4 农畜产品冷链物流现状分析

目前，内蒙古自治区农畜产品产地冷链流通基础设施建设较为薄弱，尤其是产地仓冷库建设不足，这就导致产地商品化处理和错峰销售能力明显欠缺。同时，在农畜产品的跨区域干线运输方面，冷链物流设备和工具也相对缺乏。相比之下，销地仓冷库、零售点冷柜等设施设备则相对完善，基本能满足农畜产品冷链仓储和流通需求。调研发现，在农畜产品销地，大多农畜产品流通经营主体基于对流通成本的考虑，在城市配送环节没有采用冷链运输和配送设备，而是选择常温配送。例如，大多经营主体通过地区批发市场采购后，使用常温配送设备完成农畜产品的配送。

由于农畜产品配送通常在每天的清晨时分进行，此时外界温度相对较低且交通顺畅，因此配送的时效性相对较好，产品损耗和腐败问题相对较少。与冷链流通模式相比，这种常温配送模式下的农畜产品损耗成本要远远低于采用冷链所增加的新物流成本。因此，这种配送模式具有一定的市场优势。

2.3.5 农畜产品流通渠道现状分析

调研发现，农畜产品加工企业、品牌商等均通过线上和线下的双渠道来进行农畜产品销售。其中，线上渠道主要包括天猫、京东、拼多多等综合电商平台、直播带货平台以及企业自建的微信平台等；线下渠道主要包括企业的直营店、超市、经销商渠道以及合作的大客户渠道等，如内蒙古旭一牧业有限公司为西贝餐饮集团、西京宾馆等大客户进行供货。但鉴于线上渠道销售价格较高，且冷链物流服务质量难以保证，目前线上销售畜产品的比例不足5%；线上销售农产品的比例不足10%，涉及的产品包括巴彦淖尔三胖蛋食品有限公司的瓜子、四子王旗景欣农业股份有限公司的鹦鹉世家瓜子、内蒙古恒丰食品工业（集团）股份有限公司的系列面食产品、内蒙古河套酒业集团股份有限公司的相关产品、内蒙古旭一牧业有限公司的牛肉产品等。另外，大部分企业仅将线上销售渠道视为企业品牌宣传窗口，并没有将其作为主要的销售渠道进行专业化运营。

2.3.6　农畜产品全产业链标准体系建设现状分析

根据《农业农村部关于开展现代农业全产业链标准化试点工作的通知》，农业全产业链标准化体系主要包括产地环境、品种种质、投入品管控、产品加工、储运保鲜、包装标识、分等分级等内容。建立农畜产品标准化体系的根本目的在于对农畜产品进行严格的质量控制，以确保农畜产品的质量。

调研表明，目前农畜产品全产业链的标准体系主要依靠整个农畜产品供应链的核心企业来推进，即核心企业通过制定高于行业的标准或依据国家相关标准等来推动产业链上下游企业按照标准进行生产，确保原材料、半成品和产成品等符合相关标准要求，从而在一定程度上提高整个农畜产品供应链的全链条标准化水平。

2.4　基于农商互联的农畜产品供应链结构模型

基于农商互联的农畜产品供应链结构模型如图 2 - 1 所示。基于农商互联的农畜产品供应链包含多种农商互联主体和农商互联形式。这里的“农”主要包括农牧户、合作社、农业产业化龙头企业、家庭农场等；“商”主要包括农产品冷链物流服务商、品牌商、大型批发企业（含产地批发市场和销地批发市场）、加工企业、线下零售终端（如生鲜店、超市及农贸市场等）和线上零售终端，如企业对顾客电子商务（business to customer，B2C）企业、线上线下商务（online to offline，O2O）企业等。

从图 2 - 1 中可得，农商互联形式既包括农牧户、合作社、农业产业化龙头企业、家庭农场等与农畜产品供应链末端（线下零售终端、线上零售终端）所形成的农商互联形式，又包括其与农畜产品供应链中间商（品牌商、大型批发企业、加工企业）所形成的农商互联形式，且在不同形式的农商互联中均有冷链物流服务商的参与。

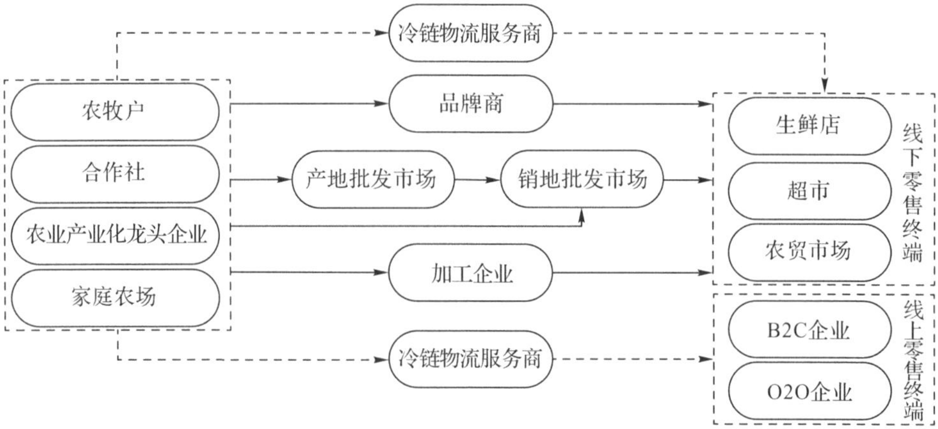

图 2-1　基于农商互联的农畜产品供应链结构模型

2.5　基于农商互联完善农畜产品供应链的模式及先进经验

为深入了解农商互联形式及其在农畜产品供应链中的模式及先进经验，本研究以内蒙古①为例，选取内蒙古西部的巴彦淖尔市（优势特色农畜产品产区），中部的呼和浩特市（农畜产品流通枢纽区）、乌兰察布市（优势特色农畜产品产区），以及东部的通辽市、兴安盟、呼伦贝尔市（规模化农畜产品产区）等地区作为调研样本地区，并采用案例研究法对基于农商互联完善农畜产品供应链的模式进行了系统分析。巴彦淖尔市农牧业总产值在内蒙古西部地区排在首位；呼和浩特市和乌兰察布市农牧业总产值在呼包鄂乌地区②具有领先地位；通辽市和呼伦贝尔市农牧业总产值位居内蒙古东部地区前两位。以上地区具有较强的代表性，相关调研数据和案例资料可在较大程度上反映农商互联完善农畜产品供应链发展的基本情况。

2.5.1　种养结合的全产业链农商互联完善农畜产品供应链模式

1. 典型案例：金草原的全产业链案例

内蒙古金草原生态科技集团有限公司（简称金草原）是一家集订单种植、饲料

---

①2022年，内蒙古粮食产量排名全国第六，牛羊肉产量排名全国第一，牛奶产量排名全国第一。因此，以内蒙古为例具有较强的典型性和代表性。

②呼包鄂乌地区指呼和浩特市、包头市、鄂尔多斯市、乌兰察布市四市所在区域的简称。

加工、种畜繁育、牛羊谷饲、屠宰加工、销售、冷链物流、有机肥生产于一体的科技型全产业链企业。公司通过流转农户土地种植玉米，并与周边农户签订玉米种植协议来进行饲料加工；同时将羊的粪便加工成有机肥进行还田，实现种养结合以及一二三产业融合发展，构建农牧业循环经济链条，与农牧户形成稳定的利益联结机制。金草原始终坚持通过科技成果的研发及转化促进畜产品生产，提升畜产品品质，形成了“整合科研＋独立科研＋基层科研”的三层级全产业链科研体系。

2. 先进经验

金草原以科技创新支撑农牧业全产业链运营，更好地凸显了产业可持续发展的优势。经调研发现，科技创新是金草原的核心能力。以此为依托，金草原稳步推动肉羊产业向标准化、智能化、品牌化、健康化发展，持续打造“羊产业科技型育繁养一体化服务平台”，这正是金草原成功实施全产业链一体化运营模式的关键所在。

2.5.2　品牌商与农畜产品加工企业合作的农商互联完善农畜产品供应链模式

1. 典型案例：天赋河套区域公用品牌与农牧企业合作案例

天赋河套是巴彦淖尔市由政府背书的农牧产品区域公用品牌，于 2018 年 7 月完成商标注册。目前，该品牌已授权多家企业，并与内蒙古自治区药品监督管理局共同成立了天赋河套标准化检测检验机构，旨在遵循自然生态法则，按照精深细分的加工流程，通过智能化仓储物流体系，将巴彦淖尔绿色、有机、高端的农畜产品精准供应到一线高端市场，实现以天赋河套品牌为引擎的优质农畜产品的溢价增值。

在农畜产品供应链的流通成本方面，天赋河套建立的仓储、干线、支线、配送一体化物流体系可在一定程度上降低被授权企业的流通成本。同时，政府引进了盒马生鲜、京东物流等企业入驻，这些企业基于大数据、移动互联、智能物联网等先进技术构建了相对完整的供应链体系。在农畜产品销售方面，政府构建了自身的线上销售平台，积极支持被授权企业开展线上销售业务，从而促进了天赋河套品牌授权产品的线上推广和农畜产品销售量的快速增长，提高了品牌知名度。

2. 先进经验

天赋河套品牌最大的优势就是由政府主导、国有企业运营，这种模式能够调动大量的行政和市场资源，延长区域公用品牌价值链，提升地域农畜产品整体形象。严格的质量标准和完善的质量追溯体系进一步推动了区域公用品牌的全面升级。

另外,天赋河套区域公用品牌通过线上营销与线下营销相结合,促进了品牌的成长和企业产品销售量的增长,降低了企业的宣传成本和物流成本,带动了合作企业相关产品的销量增长。

2.5.3 基于电商产业园带动的农商互联完善农畜产品供应链模式

1.典型案例:A电子商务产业园案例

A电子商务产业园成立于2016年,是集电子商务公共服务、中小企业公共服务、众创空间于一体的国家级电子商务产业园,截至2021年6月累计入驻孵化企业48家,入驻办公企业18家,农牧业企业达80%,孵化成功率达90%。该产业园主要帮助企业通过线上渠道销售农畜产品,同时建立了农产品质量追溯体系,为消费者提供产品源头追溯和真伪查询服务。另外,产业园可为入驻的农牧企业提供金融、保险、快递、摄影摄像、美工编辑、信息咨询、代运营、商标注册、软件注册等配套服务。

2019年末,A电子商务产业园开始运营仓储物流分拨中心。该中心通过冷冻库、冷藏库等设施为农牧企业提供完善的冷链物流服务,并构建了相对完善的县乡村三级物流服务体系,有效解决了电商发展"最后一公里"的配送难题。

2.先进经验

地区特色农畜产品供应链可采取电商产业园主导的模式来运营。通过电商带动特色农畜产品销售,从而带动上游农牧户的种植和养殖业发展,这是一种比较典型的模式。地区特色农畜产品本身具有较强的地域优势和不可替代性,具备规模化外销的比较优势,因此可依托电商产业园区提供的配套硬件设施(如创客工位、路演大厅、美工摄影棚、网红直播间、洽谈室、会议室、孵化中心等)和软件服务(如电商人才培训、O2O展示体验服务、品牌营销服务、物流服务、农产品质量追溯服务等),通过线上电商渠道进行销售,联合上游订单农业与下游快递、冷链物流企业,实现整个农畜产品供应链的一体化运营。

2.5.4 基于"互联网+"农产品批发市场的农商互联完善农畜产品供应链模式

1.典型案例:B生鲜电商平台公司的"互联网+"农产品批发市场案例

B生鲜电商平台公司于2014年成立,依托农贸市场和种植、养殖基地,运用互联网和人工智能等高新技术,自主研发了生鲜电商平台和供应链管理系统,并建立了配套的分拣中心和物流配送中心。平台上线的产品达 6000 余种，包括蔬菜水果、肉禽蛋品、米面粮油、调味品等，实现市内 12 小时内配送到家。公司与 200 余家农畜产品商家、农副产品基地和大棚种植户建立了合作，服务餐饮企业达 4000 多家。

公司通过打造绿色生鲜电商平台，实现产品从田头到舌头产业链的网络交易，并采取“基地＋农贸市场＋互联网信息化平台＋B(business，企业)端客户＋冷链配送＋品牌化”的一站式运营模式和冷链配送体系，保证生鲜产品的品质，同时通过与上游农产品批发市场和下游大型 B 端客户的合作，帮助大型 B 端客户降低采购成本 15％以上。

2. 先进经验

这种模式围绕客户需求进行个性化包装和集约化运输，解决了生鲜产品运输过程中的满载率不足和迂回运输等问题，降低了整个运输过程中的能耗，同时实现了基于订单农业的产销高效衔接，一定程度上减少了由于供需之间信息不对称而产生的大量社会库存。另外，此模式通过供、产、加、销一条龙的产业化运作，实现了农畜产品的半加工和深加工，大大提高了农畜产品的附加值，进而实现了农业增效、农民增收、农畜产品增值的目标。

2.5.5　基于大型龙头企业带动的农商互联完善农畜产品供应链模式

1. 典型案例：C 淀粉厂案例

C 淀粉厂成立于 2000 年，主要从事马铃薯加工业务，日加工能力达 900 吨。2021 年，该企业通过与农户合作的方式从山西引进优质种薯 600 多吨，其中企业垫资 80％，农民自筹 20％，共带动当地 18 个行政村约 800 户农户种植加工专用薯，总种植面积约 267 公顷。企业设定 0.8 元/千克的保护价，通过签订协议的方式来保障农民的收益。加工薯每公顷产量约为 6 万千克，种植成本约为 1.5 万元/公顷，当地农民的收入约为 3 万元/公顷。龙头企业的带动有效提高了农民的收入水平。

2. 先进经验

大型农牧业龙头企业的带动可更好地实现农商互联和产销对接，保障农畜产品供应链的可持续发展。若农畜产品的种植户和养殖户缺乏大型合作社和龙头企业的带动，将很难对接下游的销售渠道，也很难保证收入。因此，整体来看，缺乏龙头企业的带动将导致农畜产品供应链很难形成一个紧密的、可持续的农商互联模式和利益联结机制，也很难促进当地农牧业经济的快速发展和农牧户的持续增收。

2.5.6 基于政府主导的农商互联完善农畜产品供应链模式

1.典型案例：农副产品网络销售平台（扶贫832电商平台）

2019年，财政部、国务院扶贫开发领导小组办公室（现国家乡村振兴局）与中华全国供销合作总社等部门联合推出了“脱贫地区农副产品网络销售平台”（通常被称为“832平台”），即涵盖832家贫困旗县农副产品的网络销售平台。该平台于2020年1月正式开通运营，其通过政策引导、对口帮扶和政府采购政策的支持等，运用市场化机制，逐步引导政府类采购单位与贫困地区进行有效对接，联合带贫能力强的农牧龙头企业、家庭农牧场、合作社等市场主体与各级预算单位和非政府采购单位，促进贫困地区特色农畜产品销售。

2.先进经验

这种模式基于上级政府主导，企业和地方政府共同参与，有效实现了农商互联和产销对接，促进了贫困地区农畜产品的销售。具体表现为：通过上级政府主导、地方政府背书的方式确保贫困旗县农畜产品的质量；同时借助政府主导作用，实现贫困地区农牧企业等供应商与对口支援政府类采购单位建立农商互联，带动特色农畜产品销售，进而提升农牧户收入水平。另外，在这种模式下，平台通过对物流服务商进行遴选和监管，采用冷链物流外包方式解决了农畜产品流通问题，既提高了物流服务质量，又促进了农畜产品供应链的快速发展。

2.6 基于农商互联完善农畜产品供应链的政策建议

调研发现，虽然不同类型的农商互联完善农畜产品供应链模式已有一些成熟做法和可借鉴经验，但也存在一些共性的问题。为进一步完善农畜产品供应链，推动农牧业经济高质量发展，我们应从以下几个方面进行优化。

2.6.1 构建农畜产品全产业链标准化体系

在农畜产品全产业链标准化体系建设方面，要以产品为主线，紧紧围绕农畜产品的特点，构建全要素、全链条、多层次的现代农业全产业链标准体系，按照行业、链条和区域构建结构合理、协调配套的标准体系。

同时，要重点围绕流通环节，持续深入推进商贸物流标准化进程，即根据农畜产品的特点，对农畜产品实现标准化分类及单元化包装，制定储运保鲜、包装标识、分等分级等关键环节的标准，同时实现农畜产品物流全过程的单元化作业，包括分拣、装卸、搬运、入库、上架保管、出库、配送等环节，使农畜产品在流通过程中不再发生挤压、拆分、倒箱等问题，这样既可保证生鲜农畜产品的品质，又可大幅降低生鲜农畜产品的损耗。

2.6.2 优化农牧业营商环境，为农牧企业发展营造良好政策环境

调研显示，调研地区农牧产业链的营商环境问题比较突出，如种植和养殖企业的贴息贷款、生产经营业务的相关补贴、死猪无害化处理补贴等存在延迟发放，尤其是财政相对困难的旗县，这严重影响了农牧企业的正常生产经营活动。因此，地方政府要围绕农畜产品供应链全链条梳理相关政务服务内容，完善和优化营商环境，为农牧企业经营松绑，让农牧企业轻装上阵，减轻制度性成本。另外，地方政府要充分利用国家关于农牧业生产经营的政策，积极联系符合条件的企业申报政府相关补贴和财政支持项目，通过为农牧企业提供一站式服务，确保国家政策落实到位，更好地助力地区农畜产品供应链完善和农牧业经济高质量发展。

2.6.3 建立和完善农畜产品产地预冷体系

产地仓建设是农畜产品供应链的起点和数字化的源点，更是目前农畜产品供应链的短板。农畜产品供应链的整体流通环节较多，而各个环节都有物流、仓储等方面的成本支出。同时，产地冷链仓储设施建设的缺乏，导致农畜产品的“最初一公里”难以实现冷链流通，这不仅阻碍了标准化进程，也影响了品牌建设。

因此，整合和完善农畜产品供应链必须从源头做起，大力开展农畜产品产地市场冷链物流基础设施建设，配备预冷库及清洗、分级、包装、烘干等商品化设施，从源头推进农畜产品的标准化与商品化进程，有效降低采后损失，提高附加值。

2.6.4 引导农牧户加入合作社，壮大新型农业经营主体实力

调研显示，在目前的农商互联模式中，商户（如农畜产品加工企业、品牌商、销售企业等）主要倾向于与合作社、大型家庭农场等新型农业经营主体进行合作，以保证采购农畜产品的规模，降低产品供应不确定性带来的经营风险和交易成本。因此，上游农牧户间的联盟与合作对农商互联双方均有利，而上游分散的小规模农

牧户则很难和下游的经销商、加工企业等形成紧密的利益联结机制和可持续的农商互联关系，这就导致其收益难以得到保障。

目前，农民专业合作社不规范的现象仍存在。由于生产主体的组织化及规模化程度偏低，大部分农牧业资源掌握在散户手中，这种分散经营模式难以形成规模效应。因此，对于农畜产品供应链上游的农牧户，政府应积极引导其加入合作社[23]，并加强对合作社的监督和管理，通过提升组织化程度来增强农牧户在整个农畜产品供应链中的议价能力，帮助其壮大实力并保障收益。

2.6.5 拓展线上销售渠道，构建全渠道农畜产品供应链体系

调研发现，大部分地区农畜产品产销信息存在的不对称和不透明等问题造成农畜产品多层次批发流转，这不仅推高了流通成本，更造成农牧户利润低，农畜产品销售难及销售价格低等市场风险。

围绕这一问题，我们可采取“产地仓＋电子商务＋冷链物流＋前置仓＋全渠道”的农畜产品供应链模式。该模式通过线上电商平台和物流服务实现农畜产品从产地到消费者的全渠道直连，即通过产地仓连接上游农畜产品，通过前置仓或线下零售点连接末端消费者，通过冷链物流体系连接产地仓与前置仓，实现特色农畜产品冷链物流网络和线上线下渠道的全覆盖，从而降低流通成本，缩短农畜产品供应链，带动特色农畜产品的销售。

2.6.6 基于农商互联特点，完善农畜产品供应链利益联结机制

科学合理的农畜产品供应链利益联结机制的构建有利于调动各参与主体的积极性，增强供应链的整体竞争力，实现农畜产品供应链的可持续发展。在利益联结机制的设计方面，要充分考虑第三方物流服务商的参与[24]，同时针对不同农商互联模式的特点、运营管理模式以及各参与主体在整个供应链中的主从地位等设计具有针对性的、能最大限度保证农畜产品供应链上游农牧户收益的利益联结机制。

同时，政府应加大对规模养殖场、育肥场、活畜交易市场、种羊场及加工类企业等的资金扶持力度，带动农牧户发展优质良种产业，与种植和养殖户签订保护价收购合同，鼓励大型种植和养殖（育肥）企业与农牧民合作建设标准化规模养殖（育肥）场，支持农牧民以草场（耕地）经营权入股或以出租草场（耕地）的方式与企业进行合作，最终形成紧密型利益共同体。

2.6.7　培育壮大核心企业，带动农畜产品供应链持续健康发展

调研发现，不论采用哪种农商互联模式，完善农畜产品供应链的核心都在于发挥核心企业的带动作用。这些核心企业可能是品牌商、加工企业、冷链物流服务企业、合作社、电商平台，它们主导着供应链全过程的运营和管理。因此，要强化核心企业的带动作用，使企业与农牧民形成风险共担、利益共享的产业联合体；要逐步培育和壮大核心企业，引领配套企业跟进服务，逐步延长农牧业产业链条，提升品牌影响力和产品附加值。核心企业的引领可推动整个农畜产品供应链向中高端延伸，创造更大的经济收益，更好地惠及上游农牧户，从而实现供应链的可持续发展。

2.7　本章小结

首先，本章结合供应链管理理论及农商互联的内涵，构建了基于农商互联的农畜产品供应链结构模型；其次，本章采用多案例研究法深入剖析了基于农商互联完善农畜产品供应链的典型案例，系统凝炼出六种基于农商互联完善农畜产品供应链的模式及其先进经验，包括种养结合的全产业链农商互联完善农畜产品供应链模式、品牌商与农畜产品加工企业合作的农商互联完善农畜产品供应链模式、基于电商产业园带动的农商互联完善农畜产品供应链模式、基于“互联网＋”农产品批发市场的农商互联完善农畜产品供应链模式、基于大型龙头企业带动的农商互联完善农畜产品供应链模式，以及基于政府主导的农商互联完善农畜产品供应链模式。最后，本章提出基于农商互联完善农畜产品供应链的相关政策建议，包括构建农畜产品全产业链标准化体系；优化农牧业营商环境，为农牧企业发展营造良好政策环境；建立和完善农畜产品产地预冷体系；引导农牧户加入合作社，壮大新型农业经营主体实力；拓展线上销售渠道，构建全渠道农畜产品供应链体系；基于农商互联特点，完善农畜产品供应链利益联结机制；培育壮大核心企业，带动农畜产品供应链持续健康发展。

第2篇

农畜产品绿色供应链管理

本篇共包含5章内容，分别是第3章：畜产品绿色供应链的形成机理及优化；第4章：畜产品绿色供应链利益联结机制研究；第5章：考虑绿色度和生鲜度的农畜产品供应链决策优化及利益协调；第6章：畜产品四级绿色供应链最优绿色度决策及利益协调研究；第7章：畜产品绿色供应链风险管控研究。

为推动畜牧业经济的可持续发展，我们亟须构建兼具生态效益与经济效益的畜产品绿色供应链体系，从而提升整个畜牧业经济的竞争力。因此，本篇首先揭示畜产品绿色供应链的形成机理并提炼其优化路径；其次，深入研究畜产品绿色供应链利益联结机制，为草原畜产品绿色供应链的有效运行提供保障，促进草原畜牧业的绿色化发展；再次，分别研究设计三级和四级畜产品绿色供应链利益协调分配机制，实现利益的合理分配；最后，以畜产品中的羊肉为例，从风险防控的视角系统梳理影响畜产品绿色供应链的风险因素，并提出管控风险的具体策略，为畜产品绿色供应链的持续健康发展提供理论支撑与实践指导。

第 3 章 畜产品绿色供应链的形成机理及优化

3.1 引言

全面推进乡村振兴既是国家针对当前国内外形势作出的重大战略部署，又是新时代新征程农业农村现代化的主攻方向。牧区现代化作为农业农村现代化的重要组成部分，是针对草原牧区生态环境脆弱特质，有效缓解生态环境保护与产业经济发展间矛盾的重要手段。加快牧区现代化进程是提升畜产品附加值、增加牧民收入的重要举措，也是实现畜牧业经济与生态效益耦合发展的必然选择[25]。

草原畜牧业现代化是牧区现代化的重要内容，其核心是对传统畜牧业发展模式进行全面绿色化变革，建立健全绿色低碳循环经济发展体系，促进畜牧业绿色可持续发展。这一转型迫切需要加快畜禽养殖、屠宰加工、畜产品流通以及消费等整个链条的绿色化转型，构建新型畜产品绿色供应链。绿色供应链是实现生态文明建设与绿色低碳发展的重要机制[26]，其将绿色环保理念融入传统供应链，更加重视环境保护和资源高效利用，追求经济效益与生态效益的协同提升。绿色发展与畜牧业供应链发展不是矛盾对立的关系，而是辩证统一的关系。近年来，党中央、国务院高度重视绿色供应链的构建工作，并将农牧业绿色供应链相关工作纳入重要战略部署。2017 年 10 月，国务院办公厅印发的《国务院办公厅关于积极推进供应链创新与应用的指导意见》明确提出要构建绿色供应链。2018 年 4 月，商务部、生态环境部等八部门联合发文，将构建绿色供应链列为重点任务。2021 年 9 月，农业农村部、国家发展和改革委员会等六部委联合印发《“十四五”全国农业绿色发展规划》，提出要大力推进农业绿色供应链的构建。党的二十大报告指出：“必须牢固树立和践行绿水青山就是金山银山的理念，站在人与自然和谐共生的高度谋划发展。"由此可见，农牧业绿色供应链的构建已得到国家的高度重视。然而，目前，我国畜产品供应链的绿色化转型还存在明显的短板与不足，主要表现在绿色发展理念和意识淡薄，体制机制创新不足，畜牧业生态化刚刚起步，环保立法执法不到位等。这些问题已成为制约我国畜牧业经济绿色发展的主要因素。

为实现畜牧业经济的绿色和可持续发展，构建兼具生态与经济效益的草原畜产品绿色供应链，提升整个畜牧业经济的整体竞争力迫在眉睫。其中，深入揭示畜产品绿色供应链的形成机理，系统凝练畜产品绿色供应链的优化路径，是构建和完善畜产品绿色供应链的首要任务，其可为畜产品供应链的绿色转型提供坚实的理论和实践指导，进而更好地助力牧区现代化战略的推进和实施。基于此，系统研究草原畜产品绿色供应链的形成机理和优化路径具有重要的理论和实践价值。

3.2 畜产品绿色供应链相关文献综述

与本研究主题相关的文献主要包括两个部分：一是草原畜牧业发展；二是畜产品绿色供应链。本节主要围绕这两个方面进行文献梳理与评述。

3.2.1 草原畜牧业发展方面

本章基于供应链视角，结合畜牧业的特点，重点围绕畜禽养殖、畜产品精深加工、畜产品流通等主要环节对草原畜牧业研究的现状进行梳理。

在畜禽养殖方面，众多学者在草牧场利用方式、畜牧业生产经营方式、养殖废弃物资源化利用[27]等方面展开了研究。在此基础上，张清源和赵建分析了促进畜牧业绿色可持续发展的必要性和紧迫性，并提出加强畜禽废弃物资源化利用是实现畜牧业绿色化的根本途径[28]；郭强等分析了草原畜牧业生产方式转变过程中面临的挑战，并提出畜牧业生产模式绿色化的具体路径[29]；贾云飞等人的研究发现，我国畜牧业的绿色发展仍存在生产模式与绿色发展不协调，绿色生产技术研发滞后，产品结构不合理等问题[30]。

在畜产品精深加工方面，学者们对畜产品加工业的发展模式、产业结构及产业体系优化措施等展开了广泛研究。部分学者将绿色理念融入畜牧业精深加工的相关研究中，如塔娜和图雅基于畜牧业供给侧结构性改革视角，探索如何通过科技创新调整畜产品供需结构，提高绿色畜牧业发展水平，实现草原牧区的可持续发展[31]；张颖分析了整合互联网思维的畜产品产业链，并围绕企业活力和竞争力分析了草原绿色畜产品加工业健康发展的路径[32]；刘欣雨等人深入探讨了农畜产品加工业存在的问题，并提出提高农畜产品加工转化率和自主创新能力，进而实现产业绿色转型的对策建议[33]。

在畜产品流通方面，学者们主要聚焦于农畜产品流通模式与流通效率等研究，如刘桂艳等人提出构建以“牧户或合作社＋屠宰加工企业”为供应联合体的双网联动型畜产品流通模式[34]；李美羽和王成敏基于“互联网＋”背景，探索了优化农畜产品流通渠道模式的对策[35]；袁学国等人指出冷链物流具有提高农畜产品质量、提升产品流通效率的重要作用[36]。在此背景下，赵淑雯运用统计学方法实证研究了生鲜农畜产品物流效率的影响因素，提出了提升物流效率和完善农畜产品冷链物流体系的措施[37]；罗来根等人将云技术应用于冷链物流体系，提出了通过营造云技术适配环境和完善冷链物流政策助推农畜产品物流环节，从而实现绿色化的对策[38]；吕利平和马占峰探索了影响农畜产品供应链绿色创新发展的重点要素，并从产品流通周期的视角提出供应链的优化路径[39]。

整体而言，学者们已逐步关注到畜禽养殖、畜产品精深加工及畜产品流通环节绿色发展的趋势，并对不同环节绿色发展的重要性达成共识，但对畜牧业不同环节绿色转型及发展的研究还处于初级阶段，研究视角较为单一且侧重于畜牧业产业链上单个环节的绿色化研究，缺乏从整个供应链的视角对畜牧业的绿色转型和优化问题进行系统且深入的机理研究。

3.2.2　畜产品绿色供应链方面

关于畜产品绿色供应链的研究，本节主要从绿色供应链及畜产品绿色供应链两个方面进行梳理。

1. 绿色供应链的相关研究

1996 年，美国密歇根州立大学在“环境负责制造”的研究中首次正式提出绿色供应链的概念；Beamon 提出绿色供应链是将再制造、回收和再利用等活动纳入传统供应链[40]；Srivastava 认为绿色供应链管理是在产品整个生命周期过程中综合考虑环境管理因素[41]。国内学者但斌和刘飞提出绿色供应链是以绿色制造理论和供应链管理技术为基础，在供应链中综合考虑环境影响和资源效率，并以产品从原料、生产、加工、流通、使用到回收处理过程中对环境影响最小和资源利用率最高为目的[42]。由此可知，国内外学者一致认为，绿色供应链本质上是在传统供应链管理中融入环保意识与资源高效利用理念，通过企业协作实现供应链管理和绿色发展目标协同。在绿色供应链概念研究的基础上，学者们对绿色供应链运作管理[43]、经济效益[44]及流通模式[45]等进行了持续探索。

2.畜产品绿色供应链的相关研究

在绿色供应链研究的基础上，学术界首先对林业、建筑业等产业的绿色供应链进行了广泛研究。相比较而言，畜产品绿色供应链的研究起步较晚，主要涵盖绿色设计、绿色投入、生态养殖、绿色流通、绿色销售和绿色消费等环节[46]。现有研究发现，畜产品绿色供应链存在激励机制不健全、信息不对称、效率低下、终端质量缺乏保障、整个供应链的协调能力有待提高等问题[24,47]。因此，部分学者开始关注如何有效促进畜产品绿色供应链的高效运营，并基于不同视角初步探索畜产品绿色供应链的影响因素与形成机理。

在影响因素方面，Zhu 等人从压力视角考虑，提出促使企业实施绿色供应链管理的因素主要包括消费者、市场、供应商与内部资源[48]；张璇等基于利益主体视角，将影响绿色供应链管理实践的因素分为社会系统、生产系统、消费系统和环境系统[49]。在形成机理方面，Tseng 等人的研究发现农畜产品绿色供应链的形成与实施需要供应链节点企业通力合作[50]；吴绒和白世贞构建了农产品绿色供应链协同模型并揭示了其形成机理[51]。此外，部分学者将政策背景引入畜产品绿色供应链的研究中，如毛涛在“双碳”目标的战略背景下，探讨绿色供应链管理实践的影响因素，提出供应链上大中小企业协同减碳的新模式[52]。然而，现有文献对畜产品绿色供应链的影响因素与形成机理缺乏全面且系统的探索，特别是缺乏从利益相关者视角，结合供需两端及外部环境因素进行整合性考量的研究。因此，现有文献对畜产品绿色供应链形成机理及规律的认识还不够全面。

综上所述，当前文献对绿色供应链的概念及企业实施绿色供应链的必要性已基本达成共识。畜产品绿色供应链的研究文献主要聚焦于畜产品绿色供应链现状、绿色供应链运营管理及绿色供应链的影响因素等方面，鲜有文献系统且全面地探究畜产品绿色供应链的驱动因素、形成机理及优化路径。据此，本章在牧区现代化大背景下，深入分析草原畜产品绿色供应链的驱动因素，并剖析各驱动因素促使畜产品绿色供应链形成的逻辑机理及其作用，从而提出畜产品绿色供应链运营的优化路径。这一研究成果对实现我国草原畜牧业的高效、协调发展具有重要意义。

3.3　草原畜产品绿色供应链形成的驱动因素

深入剖析影响畜产品供应链绿色转型的因素，是揭示畜产品绿色供应链形成机理的关键。本节基于利益相关者理论，系统梳理和总结畜产品绿色供应链形成的驱动因素，包括以企业与产业为主的内部驱动因素和以社会公众与政府为主的外部驱动因素。内部驱动因素和外部驱动因素彼此相互影响、相互促进，共同作用于畜产品的传统供应链，进而促进畜产品绿色供应链的形成，如图 3－1 所示。

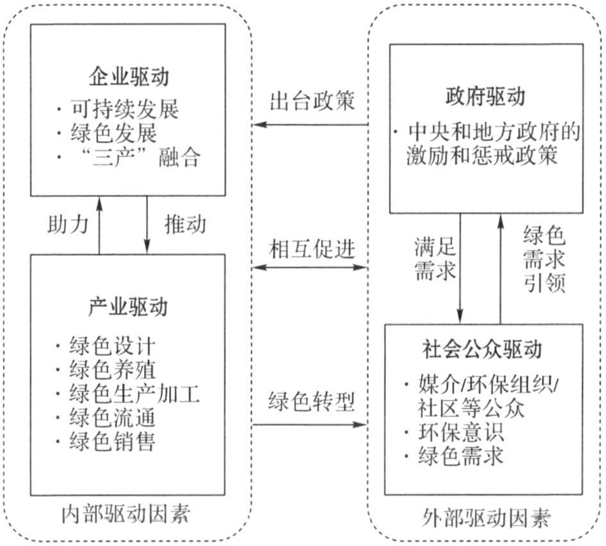

图 3－1　草原畜产品绿色供应链形成的驱动因素及其关系

3.3.1　企业驱动因素

畜产品供应链内的各个参与企业通过其在供应链所处环节和功能的绿色化转型可最终实现整个畜产品供应链的绿色化。供应链的绿色化是全流程和全环节的绿色化，需要畜产品供应链上所有企业的参与。由于供应链上核心企业对绿色供应链的构建与实施起着决定性作用，因此要重点发挥畜产品供应链上核心企业的带动作用，进而引领整个供应链的绿色转型。例如，在中国工业和信息化部发布的“2021 年度绿色供应链管理企业名单”上，成功上榜的内蒙古蒙牛乳业(集团)股份有限公司充分发挥龙头核心优势，通过制定供应商行为准则与 ESG[environment（环境）、social（社会）和 governance（治理）]准入要求，推进供应链各环节协同并进，覆盖从产品生产流通到最终消费回收的全过程，最终实现资源利用效率最高与环境影响最小。由此可见，企业驱动即企业的绿色化转型，特别是核心企业的绿色化引领，是畜产品绿色供应链形成的直接驱动因素。这一过程需要企业内部资源的支持、上下游合作伙伴的协作、绿色发展理念的指引、绿色技术的加持，更需要企业具备较强的环保节约意识和绿色创新能力。

3.3.2 产业驱动因素

实现畜牧产业的绿色化和生态化是牧区现代化的必然要求，也是加快整个畜产品供应链绿色转型的重要手段。绿色化和生态化是畜牧产业的重要发展方向，坚持畜牧产业生态化发展是生态环境保护的基本保障[53]。因此，我们必须摒弃破坏生态环境的传统产业发展模式。

近年来，我国草原畜牧业发展模式逐步优化，产业结构不断优化，生产能力持续提升。畜牧业绿色发展的不断推进促使畜产品供应链内的绿色设计、绿色养殖、绿色生产加工、绿色流通和绿色销售环节逐步融合和高效衔接，从而推动畜产品供应链上下游资源的循环利用，加速畜产品绿色供应链的形成。由此可见，畜牧产业是推动畜产品绿色供应链发展的重要因素。

3.3.3 社会公众驱动因素

2021 年 10 月 26 日，国务院发布的《2030 年前碳达峰行动方案》指出，调动公众参与绿色低碳行动的积极性与转变公众消费模式和价值观念是实现产业绿色变革的重要动力，这揭示了社会公众与畜产品供应链绿色转型升级之间的逻辑关系。事实上，早在 2015 年《环境保护公众参与办法》的颁布就已经凸显了社会公众在推动产业绿色化转型中的重要地位。相关研究表明，社会公众绿色价值观导向下的绿色产品需求与企业绿色采购行为具有显著的正相关关系，可有效促进供应链内各企业开展绿色生产活动[54-55]。周艳菊等人的研究指出，消费者环保意识的提升将带动企业建立绿色供应链，并推动上下游企业实现绿色运营[56]。随着社会公众环保意识的不断增强，其在环境治理和绿色发展工作中将发挥更加积极的作用。因此，社会公众也是畜产品绿色供应链形成的重要影响因素之一。

3.3.4 政府驱动因素

政府在畜产品绿色供应链的形成过程中扮演着不可或缺的重要角色，其通过发挥职能可以对市场机制无法解决的供应链等公共产品进行有效干预。邵必林和胡灵琳指出，政府制定恰当的补贴政策是引导供应链绿色化转型的重要举措[57]。近年来，我国相继出台《畜禽规模养殖污染防治条例》《内蒙古自治区草畜平衡和禁牧休牧条例》《水污染防治行动计划》等一系列政策法规，通过强化牲畜粪污治理、转变畜牧业生产方式及控制源头碳排放等措施，为畜产品供应链绿色转型提供了制度保障。此外，地方政府积极引导供应链中各利益主体树立绿色生态文明理念，及时总结与推广各地在绿色畜牧业试点发展中积累的丰富经验，这亦是支撑畜产品供应链进行绿色化转型的重要举措。

需要指出的是，内外部驱动因素不是完全独立的，而是一个相互联系、相互作用的整体。企业绿色转型升级可助力畜牧产业的绿色发展，而畜牧产业的绿色发展也有助于推动和保障企业绿色转型；社会公众的环保诉求促使政府出台相关政策，这些政策又进一步引导畜牧产业的绿色发展，并从外部来约束和激励畜产品供应链相关企业进行绿色创新转型。同时，政府的绿色发展导向将不断增强社会公众的环保意识，而公众的绿色需求反过来又可推动企业与产业的绿色转型步伐，从而形成良性循环。

3.4 牧区现代化视域下草原畜产品绿色供应链的形成机理

为进一步明晰内外部驱动因素与畜产品供应链绿色化转型之间的内在逻辑，揭示牧区现代化发展背景下草原畜产品绿色供应链的形成机理，本节围绕牧区现代化战略的本质，结合内外部驱动因素对畜产品绿色供应链形成的驱动作用，构建了草原畜产品绿色供应链的形成机理模型（见图 3－2）。该模型表明，企业通过绿色技术创新等从供给侧提供绿色转型的内生动力，畜牧产业通过产业融合和产业集聚从供给侧指引企业绿色转型的方向，社会公众通过环境关注与环境监督从供需两端激发企业的绿色潜能，政府则通过政策制定和体制创新从供需两端激励和保障企业的绿色行为。这些因素协同作用，有效破解了供应链绿色转型的瓶颈问题，最终推动草原畜产品绿色供应链的形成。

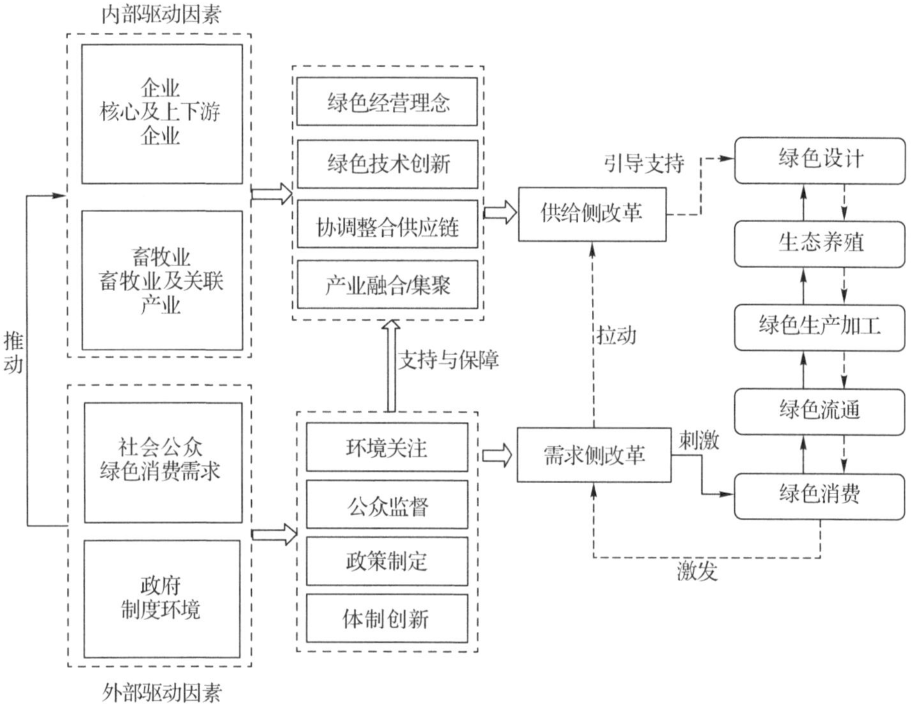

图 3－2　草原畜产品绿色供应链的形成机理模型

3.4.1　企业通过绿色技术创新等从供给侧提供绿色转型的内生动力

畜产品供应链绿色转型是供应链上所有节点成员为适应畜牧业绿色发展要求而对供应链结构和流程进行的优化升级，其实施主体是企业，特别是处于主导地位的核心企业。核心企业主要通过绿色经营理念、绿色技术创新、协调整合供应链和产业融合/集聚为供应链绿色转型提供内生动力。

随着牧区现代化战略的推进，供应链内核心企业首先要强化绿色发展意识，将绿色经营理念有效地融入原料供给、畜禽养殖、屠宰加工、流通销售及回收处理等环节，为整个供应链系统的绿色变革奠定思想基础。

同时，为摆脱我国畜产品长期处于低端锁定状态的发展困境，核心企业应主动实施创新驱动发展战略，不断提升畜产品开发能力和绿色技术创新能力，并引领上下游企业共同进行绿色转型，提升资源利用率，为供应链绿色升级提供技术支撑，从而打通供应链转型升级的通道。

绿色供应链的运作效率、市场竞争力与执行力主要取决于其核心企业协调整合供应链的能力。因此，核心企业应通过组织协调供应链上下游企业的绿色资源[58]，整合并共享人才、知识、技术等各种要素资源，并发挥协调能力，促使绿色供应链中企业的有效协同，实现“1＋1＞2”的协同效应[59]，最终提升畜产品绿色供应链的快速响应能力、高效协作能力及共同抵御风险的能力，更好地保障畜产品供应链的绿色发展。

3.4.2　畜牧业通过产业融合和产业集聚从供给侧指引企业绿色转型的方向

在推进牧区现代化战略的进程中，产业融合和产业集聚是畜牧产业发展的必然趋势。畜牧业产业融合是一种将畜禽养殖外部高度关联的分工转化为畜产品供应链内部的组织行为，以从养殖到消费的全产业链发展模式为表现形式，本质是实现畜产品供应链各参与主体的深度合作。畜牧产业的持续绿色发展加速了关联产业融合的进程，促使畜产品供应链各参与主体在绿色技术、绿色产品、绿色流通等环节的协作联动，有效引领企业绿色转型的方向。

同时，强化主体融合并深化供应链内企业在绿色技术和信息沟通等方面的合作，可以推动成员企业实现绿色协同创新，显著提升畜产品供应链系统的绿色协调能力。此外，畜牧产业借助特色产业集群优势，对畜产品供应链内的资本、人力、信息、技术以及资源等要素进行优化配置，实现资源整合与结构重塑，清除制约供应链高效运作的体制障碍，保障畜产品供应链绿色创新变革的顺利进行，这对实现畜产品供应链绿色转型和长期协调发展具有关键作用。

3.4.3　社会公众通过环境关注与公众监督从供需两端激发企业的绿色潜能

社会公众作为激发畜产品供应链内主体绿色行为的动力源泉，主要从环境关注与公众监督两方面发力。对于环境关注，其体现在个体对生态保护的认知和行为。《“美丽中国，我是行动者”提升公民生态文明意识行动计划（2021—2025）》指出，生态文明建设的重要组成部分是提高社会公众参与积极性和提升公众绿色素养。随着公众绿色环保意识与绿色素养的提高，公众会更加倾向购买具有绿色环保特征的畜产品。同时，随着传统消费结构逐渐向绿色消费转变，绿色产品占据市场主导地位，并将直接推动畜产品企业开展绿色化生产和高附加值产品生产，从而达到树立符合公众期望的企业形象与提高企业核心竞争力的目的。值得注意的是，巨大的绿色畜产品消费需求也进一步加强了供应链上下游企业间的协调合作，因为供应链上的任何一方都难以独立满足公众的绿色需求，只有积极寻求沟通与合作才能确保绿色畜产品的有效供给。

此外，公众监督是环境监督的重要组成部分。当畜产品供应链相关企业一味追求利润而忽视环境保护问题时，公众将通过媒体等渠道形成的舆论压力会迫使企业进行绿色创新。由此可见，社会公众既通过绿色消费拉动畜产品需求侧的绿色化改革，又通过监督支持和保障畜产品供应链供给侧绿色化改革的顺利开展，从而促进畜产品绿色供应链的形成。

3.4.4 政府通过政策制定和体制创新从供需两端激励和保障企业的绿色行为

政府作为宏观经济发展的主导力量，其政策是发挥关键性导向作用的重要载体。新制度理论认为，政策制度为绿色供应链的形成和发展提供了强大的推动力，主要包括激励性政策（如融资支持、税收优惠及绿色补贴等）和约束性政策（如严格的环境法律法规及行政处罚等）两方面。一方面，由于畜产品具有易腐性、季节性与原料性等特殊的市场特征，政府通过绿色补贴和降低税率等奖励性政策可以有效降低企业生产成本与运营风险，增强企业的风险应对能力，从而提高畜产品供应链内企业进行绿色转型的意愿。另一方面，政府通过行政处罚等惩罚性措施可约束畜产品企业的非绿色生产行为，进而提升整个畜产品供应链的绿色度。基于此，政府部门通过多种政策手段的协同效应，从需求侧调控和激励供应链内主体的绿色行为，促使其顺利完成绿色转型，可为畜产品绿色供应链的形成提供坚实的保障。

此外，改革创新、完善体制是实现企业绿色发展的关键一招。因此，政府可通过完善体制、坚持绿色导向、树立绿色发展观和政绩观等方式促进企业实现绿色和可持续发展。同时，政府亦可通过绿色生态的宣传与引导提高供应链终端消费者的绿色认知，扩大绿色消费需求，进而促使畜产品企业从供给侧进行绿色创新，更好地助力畜产品绿色供应链的形成。

3.4.5 内外部驱动因素从供需两端联合驱动畜产品绿色供应链的形成

草原畜产品绿色供应链的形成是内部驱动因素和外部驱动因素共同作用的结果。值得注意的是，在畜产品供应链绿色化转型的过程中，上述内外部驱动因素不仅各自发挥作用，而且通过彼此的交互和协同来产生联合效应。

内外部驱动因素联合作用主要聚焦于两个方面：一是畜产品供应链的供给端改革，二是畜产品供应链的需求端改革。在畜产品供应链供给端，内部驱动因素通过强化绿色发展意识、绿色技术创新及加强企业间协作来提高绿色畜产品的供给质量与效率，并通过支持和引导畜产品企业进行绿色实践，推动上下游供应商实现从绿色生产加工、绿色流通到绿色消费的整体升级。在畜产品供应链需求端，外部驱动因素从绿色发展与消费需求发力，逆向推动畜产品供应链内企业进行绿色变革，拉动畜产品供应链供给侧进一步实现绿色化升级。正是这种内外部驱动因素的有机协同，促成了稳定、高效和可持续的畜产品绿色供应链体系的形成。

3.5　草原畜产品绿色供应链的优化路径

从草原畜产品绿色供应链的驱动因素及形成机理的研究中可得，在牧区现代化视域下，草原畜产品绿色供应链的形成是内外部驱动因素促进畜产品供应链各环节完成绿色转型升级的过程。为确保草原畜产品绿色供应链的长期协调和可持续发展，更好地实现牧区现代化战略目标，本节将从绿色发展环境营造、绿色技术创新体系构建、绿色供应链信息化平台建设以及政府政策保障等方面提出草原畜产品绿色供应链的优化路径，如图3-3所示。

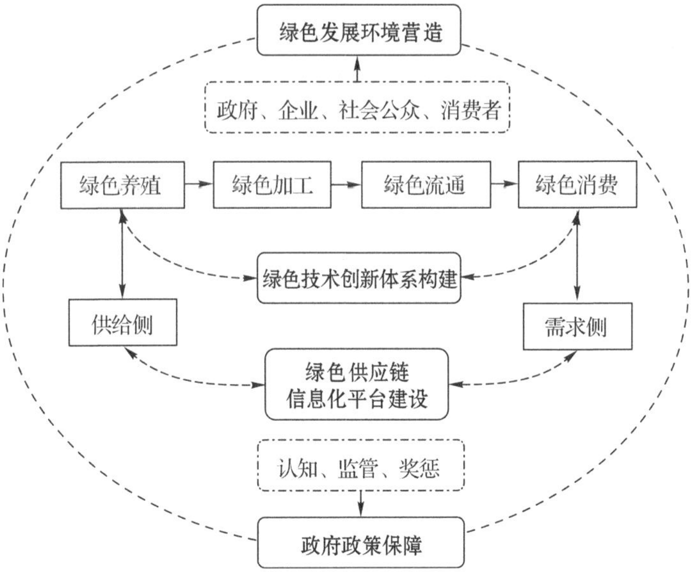

图3-3　草原畜产品绿色供应链的优化路径

3.5.1 营造畜产品供应链绿色发展环境

现阶段,我国绿色供应链的实施存在政府推力不足、市场动力不足、公众引力不足三大问题,其主要原因在于思想认识不统一、绿色发展理念不深入、成熟的绿色发展大环境尚未形成[60]。因此,构建畜产品绿色供应链亟须营造绿色发展环境。政府、企业、社会公众及消费者应不断转变发展思维和消费理念,坚持绿色化发展和绿色化消费理念。首先,政府应结合畜牧业特点动态调整和完善供应链绿色发展的政策体系,强化牧区现代化背景下畜牧业绿色转型政策体系的针对性、动态性和时效性,为畜产品供应链的市场主体创造绿色发展的政策环境。同时,政府要围绕体制机制创新,全面且系统地梳理与畜产品绿色供应链运营相关的制度和方案,从全产业链运营的整体视角,系统优化和完善相关制度,为畜牧业的绿色化转型营造良好的制度环境。其次,企业应围绕产品生产树立全生命周期的绿色经营理念和发展意识,特别是核心企业应及时调整发展理念,进而带动其上下游企业形成全链条的绿色发展体系。最后,社会公众和消费者应加强对绿色供应链的认知,强化对企业绿色行为的监督,树立绿色消费理念,以自身绿色消费意识拉动企业绿色化转型。

3.5.2 构建畜产品供应链绿色技术创新体系

畜产品供应链绿色化和生态化的实现,离不开绿色技术创新的支撑。畜产品绿色供应链涉及畜禽养殖、屠宰加工、物流运输、消费终端以及粪污资源化回收利用等所有环节的绿色化改造,这极大增加了畜产品绿色供应链整合与协调的难度。因此,企业尤其是核心企业亟须从整个供应链视角构建绿色技术创新体系,包括畜禽绿色养殖技术体系、绿色屠宰加工体系、绿色冷链物流技术体系、绿色营销技术体系以及资源综合回收利用技术体系等。同时,政府应出台和完善绿色技术创新政策,建立绿色技术创新机制,引领企业向绿色技术投资、向绿色资源发力,从而提高企业的绿色生产力。另外,政府应与各相关企业、高校等相互协作,整合绿色技术资源、人力资源和数据资源,加快解决绿色技术"卡脖子"难题,从而持续推动畜产品绿色供应链的优化升级。

3.5.3 加强畜产品绿色供应链信息化平台的建设

加强信息化建设、实现信息共享是提高畜产品绿色供应链运营效率的关键。

信息化平台的建设有助于实现绿色畜产品全生命周期的信息共享、信息溯源和实时监管,特别是与绿色技术、绿色行为相关信息的记载和共享。信息化平台建设可从两个方面发力:一方面,加大物联网、大数据、人工智能和区块链等信息技术在整个畜产品绿色供应链中的运用,通过信息技术构建信息结构合理、信息时效性强、信息资源丰富的供应链信息化数据平台;另一方面,加大畜产品供应链及关联产业内各主体的信息资源整合与协调力度,打通从畜禽养殖到流通消费的全链条信息数据,将畜产品供应链中涉及的农牧户、屠宰加工企业、流通企业、中间商以及销售企业等多个市场主体的相关信息整合进畜牧业供应链信息化平台,完成对畜产品绿色供应链全链条的实时监督与可视化管理[23],进而实现全链条数据的即时性、动态性、共享性和开放性,有效提升整个畜产品绿色供应链的运营和监管效率。

3.5.4 加大政府政策的引领和保障力度

相关研究表明,政府出台的环境保护法律法规与政策是成功推行绿色供应链转型的重要因素。现阶段,我国在优化绿色供应链管理过程中仍存在监督管理体制不配套、政策体系不完善、环境保护法规建设滞后等问题。因此,政府相关部门应强化对绿色供应链的认知,加大政策的引领和保障力度。首先,要转变只关注畜产品供应链末端绿色环境治理的片面认知,从整个供应链一体化和畜产品全生命周期的高度来系统推动畜产品绿色供应链的治理。其次,要进一步完善畜产品绿色供应链发展的环保政策,并将政策实施与监管相结合,加强对企业污染行为的惩罚力度,尤其是要提高畜禽养殖废弃物处理标准,从畜产品供应链源头实现绿色治理。最后,应结合畜产品供应链市场主体的特点和行为,逐步建立畜产品供应链不同运作环节的绿色绩效评价体系,提高畜产品供应链各市场主体绿色经营的积极性和主动性。在此基础上,政府可依据绿色评价结果设置财政补贴、税收优惠等激励性政策,从而更好地引导与支持企业进行绿色化转型,为畜产品绿色供应链的持续优化提供坚实的政策保障。

3.6 本章小结

本章基于利益相关者理论,系统探索了牧区现代化视域下草原畜产品绿色供应链形成的驱动因素,深度揭示了其形成机理,并在此基础上提出了草原畜产品绿色供应链优化的具体路径,主要研究结论如下。

第一，草原畜产品绿色供应链的驱动因素包括以企业与产业为主的内部驱动因素和以社会公众与政府为主的外部驱动因素。在畜产品供应链绿色化转型的过程中，内外部驱动因素不是完全独立的，而是相互联系、相互作用的整体。

第二，结合内外部驱动因素对畜产品绿色供应链形成的驱动机制，构建了草原畜产品绿色供应链的形成机理模型，即企业通过绿色技术创新等从供给侧提供绿色转型的内生动力，畜牧业通过产业融合和产业集聚从供给侧指引企业绿色转型的方向，社会公众通过环境关注与公众监督从供需两端激发企业的绿色潜能，政府通过政策制定和体制创新从供需两端激励和保障企业的绿色行为，助力草原畜产品绿色供应链的形成。

第三，围绕绿色发展环境营造、绿色技术创新体系构建、绿色供应链信息化平台建设以及政府政策保障提出草原畜产品绿色供应链的优化路径。首先，营造畜产品供应链绿色发展环境，根植绿色发展理念；其次，构建畜产品供应链绿色技术创新体系，加强绿色供应链信息化平台建设，加快解决绿色技术“卡脖子”和供需不匹配难题；然后，加强畜产品绿色供应链信息化平台的建设，提升运营和监管效率；最后，加大政府政策的引领和保障力度，全力疏通畜产品供应链绿色转型堵点，助推畜产品绿色供应链提质增效。

未来，我们应立足牧区现代化目标，结合草原畜产品绿色供应链的具体案例，深入探究其在发展过程中存在的主要问题，并结合本章路径优化部分提出更加具体的政策措施。同时，在形成机理的研究基础上，我们可围绕价值链理论，基于博弈理论与结构方程模型（structure equation modeling，SEM）等多种研究方法，深入探究畜产品绿色供应链的价值分布、竞合关系与利益联结机制等，从而进一步完善畜产品绿色供应链的理论体系，更好地助力牧区现代化目标的实现。

第 4 章 畜产品绿色供应链利益联结机制研究

4.1 引言

2022 年,《中共中央 国务院关于做好 2022 年全面推进乡村振兴重点工作的意见》提出,加快扩大牛羊肉和奶业生产,深入推进草原畜牧业转型升级。按照该文件决策部署,农业农村部进一步明确草原畜牧业产业化、规模化、标准化发展的目标任务。但是,在向产业化与规模化转型的过程中,内蒙古草原畜牧业仍存在生态环境脆弱、农畜产品企业加工能力不足及牧民增收缓慢等诸多问题[61],这些问题已严重制约了草原畜牧业的健康发展。为摆脱草原牧区发展过程中面临的困境,2020 年内蒙古自治区人民政府正式提出实施牧区现代化战略。牧区现代化坚持以“生态优先、绿色发展”为导向,紧密结合牧区特点和实际,是乡村振兴战略在牧区的具体实践。加快构建草原畜产品绿色供应链,特别是围绕畜牧业产业特色和绿色发展要求,构建合理的畜产品供应链利益联结机制,对提升草原畜产品绿色供应链可持续发展能力,实现牧区现代化具有重要意义。

构建合理稳定的供应链利益联结机制是畜产品产业化经营的核心,也是实现畜产品供应链一体化和整个畜牧业产业链有效运行的关键[23]。相关研究表明,畜牧业产业化的两个本质特征是产业链的构建和利益联结机制的设计,其中最重要的就是利益联结机制的设计。草原畜牧业产业化问题和矛盾的焦点在于利益联结机制存在的缺陷。利益联结与协调机制问题不仅是畜产品供应链可持续发展的主要障碍[62],也是畜产品供应链中较敏感的社会问题[63]。在牧区现代化视域下,绿色发展因素的介入导致供应链内各主体的利益关系发生重大转变,使得以往的利益联结机制逐渐出现难以调和的缺陷，也使得新的利益联结机制的构建更加复杂。同时，相较于传统供应链，绿色供应链管理需要供应链内节点企业具有较强的创新能力、信息化水平以及合作能力，这就对整个供应链内各节点企业之间的利益联结和协调提出了更高要求。

综上，绿色发展因素的介入使得畜牧业利益联结机制的重构非常必要[64]，而明晰利益联结的影响因素，揭示不同影响因素之间的作用关系及其对利益联结的影响机理，是重构合理且稳定的利益联结机制的重要前提。基于此，在牧区现代化视域下，围绕草原畜牧业产业特色，研究绿色发展理念下草原畜产品绿色供应链利益联结的影响机理，对实现牧区现代化具有重要的研究意义和价值。

同时，草原畜产品绿色供应链利益联结机制的构建区别于以往仅考虑经济效益的情况，本章将生态效益与经济效益相结合，旨在构建符合生态优先及绿色发展理念的畜产品绿色供应链利益联结机制。因此，研究成果可丰富基于绿色发展理念的畜产品供应链利益联结理论体系，更好地保障草原畜产品绿色供应链的有效运行，促进草原畜牧业的绿色化发展，提高牧民收入，从而实现牧区经济效益与生态效益的双赢。

4.2 利益联结相关文献回顾

国内外学者在完善农牧业利益联结机制方面进行的持续探索主要集中在利益联结机制的方式、影响因素、构建建议等方面。

学术界最早从农业产业化相关主体之间展开研究，研究主要集中在农牧户与龙头企业的关系上，但并未直接提出利益联结机制的概念，直到学者杨先芬在农业产业化组织利益分配机制研究中首次提出利益联结机制的表述[65]。随后，围绕农牧户利益联结机制的理论研究逐渐增多。当前，学术界将利益联结方式主要概括为合同联结、股份联结和合作联结[66]。

在利益联结影响因素研究方面，学者兰勇等人以家庭牧场与农业企业为研究视角，发现违约成本、联结农户数量、风险资金、担保金额和二次收入占比是影响主体间利益联结机制有效性的主要因素[67]；邵琰等人通过对常熟市农民专业合作社进行研究，发现制度建设对于构建紧密型利益联结具有重要的作用[68]；何薇和朱朝枝基于多元利益视角，运用逻辑回归分析方法，分别从农户和企业的视角提出影响利益联结方式选择的因素[69]；葛鹏飞等人以草原牧区牧户、合作社和龙头企业为研究对象，以产业链整体为研究视角，研究发现牧民文化程度、主体生产经营规模和合作认知对彼此间的利益联结行为影响较大[70]；葛鹏飞等人进一步指出，草原畜牧业产业链主体对畜产品物流方式和分销渠道的选择也将影响利益联结机制的构建[71]。

在构建利益联结机制的政策措施和联结绩效方面，文明等人的研究认为，培育壮大家庭牧场，构建牧民合作社与龙头企业紧密联系的利益联结机制，能够为内蒙古牧区草原畜牧业经营主体的发展营造良好的外部环境[72]；钱淼和马龙波进一步指出，应以合作社为纽带构建农企利益联结机制，并通过案例分析法验证了此种模式的有效性[73]；兰岚提出了农产品供应链利益联结机制的构建措施，强调要重点协调农户与合作社之间以及农户与经营大户之间的利益分配[63]；王乐君等人提出了新型农业经营主体与小农户利益联结机制的构建建议，如改善农业生产条件、稳定农村基本经营制度以及推进适度规模经营等[74]；阮荣平等人调查了全国新型农业经营主体的辐射带动状况，并分析了新型农业经营主体与农户利益联结机制的构建效果。研究显示，大部分新型农业经营主体已经与农户建立了利益联结机制，但受制于农业经营主体辐射带动能力的不均衡，利益联结机制的可持续性存在较大差异[75]。

综上，现有研究主要基于农牧户、企业等单一主体或两个主体进行利益联结机制的分析，而基于供应链整体视角进行系统分析的文献较少。利益联结在供应链中形成了利益链，但仅关注供应链中的部分参与主体难以得出较科学的研究结论。同时，在模型构建和实证研究中，以往文献重点关注经济类影响因素，强调经济效益，而弱化了绿色发展因素，一定程度上忽视了生态效益，这影响了研究成果的实践性和可推广性。

基于此，本章立足利益相关者理论及绿色供应链理论，将绿色发展理念纳入其中，构建了草原畜产品绿色供应链利益联结影响因素的概念模型。此外，本章以内蒙古为研究对象，选取全部牧区现代化试点旗县和部分非试点旗县，调研收集了358 份草原畜产品绿色供应链参与主体的微观数据，系统研究利益联结影响因素之间的作用关系，深入揭示各影响因素对草原畜产品绿色供应链利益联结的影响机理，并提出构建合理利益联结机制的对策建议。

4.3 理论基础与模型构建

4.3.1 基本理论假设

利益联结的形成与构建是一个复杂的过程，受多方面因素的影响，且各因素的影响机理与作用程度存在差异。本章基于利益相关者理论及绿色供应链理论，围绕草原畜产品绿色供应链的特点，结合已有研究和实地调研情况，将绿色因素纳入研究框架，经过模型变量优化筛选，构建了由公共政策效应、绿色经营状况、合作意愿、决策行为特征以及流通特征等5个潜变量构成的利益联结影响因素指标体系。公共政策效应包括政策满意度、政策投入力度、政策宣传力度及政策认知程度4个显变量指标。本章提及的公共政策主要指在绿色供应链体系下促进草原畜牧业绿色发展的相关政策。绿色经营状况主要包括绿色认知程度、绿色经营状况、绿色投资力度、绿色经营规模、绿色成本感知、盈利水平6个显变量指标。合作意愿主要包括现有契约关系、合作预期认知和合作满意度3个显变量指标。决策行为特征主要包括市场认知程度、市场信息获取渠道和交易频率3个显变量指标。流通特征主要包括销售渠道稳定性、物流便捷程度和冷链物流认知3个显变量指标。利益联结主要包括利益联结方式、利益协调途径、利益分配主导权和利益分配认知4个显变量指标。同时，设定潜在变量与观测变量之间的关系，并提出相关研究假设。

1. 公共政策效应

政府制定的各项公共政策与畜产品绿色供应链上的经营主体的潜在利益密切相关，是草原畜牧业绿色发展的重要导向，其投入力度、宣传力度和满意度等均对供应链上各利益主体的绿色经营状况具有显著影响。同时，政府通过颁布政策影响绿色经营主体对市场信息的掌握程度、信息来源渠道以及彼此间的合作意愿。相较于普通的供应链主体，获得政策补贴和扶持的畜产品企业、合作社和牧民具有更高的生产积极性，更倾向于寻求彼此合作，以增强合作的紧密程度。许佳彬等人的研究认为，激励性环境规制和约束性环境规制均对农业绿色生产政策认知和农业绿色生产意愿具有显著正向调节效应[76]。张建军提出要通过政策制定来构建全链条、端到端的绿色供应链，从而提升整个供应链的绿色化水平[77]。王乐君等人的研究表明，政府出台的多种形式扶持政策是小规模农户及合作社发展的重要保障,税收减免、财政补助和风险防控对农户完成基础设施建设、提高生产积极性、降低灾害风险损失具有重要作用[74]。杜运伟和景杰的研究表明,政府政策导向对农户绿色行为起到规范与约束作用[78]。Huttunen 和 Peltomaa 的研究结果表明,与绿色生产相关的政府补贴政策对农户绿色生产转型具有显著的正向影响[79]。李欣蕊等人认为政策激励是主体合作意愿的重要影响因素[80]。根据以上观点,提出以下假设。

H1a:公共政策效应对绿色经营状况具有正向影响。

H1b:公共政策效应对合作意愿具有正向影响。

H1c:公共政策效应对决策行为特征具有正向影响。

2. 绿色经营状况

草原畜产品绿色供应链内各参与主体的绿色经营状况对其现有契约关系、合作预期认知及合作满意度具有重要影响,同时会影响其决策行为特征以及畜产品的流通特征。作为理性经济主体,各利益主体会综合考虑预期收益与成本投入。当决策选择有利于自身收益时,各利益主体就会表现出积极的行为和态度,从而提高行为意愿。方莹的研究发现,企业为了实现绿色经营与可持续发展目标,必须加强与绿色供应商的合作[81]。杨晨瑶等人运用二分类 Logit 模型分析现代农业生产体系行为,结果表明,价值认知水平和资本禀赋对农业生产行为具有正向影响[82]。张康洁等人分析发现,经营主体的绿色生产行为对产业市场交易模式、纵向合作模式等组织模式的选择具有重要影响[83]。根据以上观点,提出以下假设。

H2a:绿色经营状况对合作意愿具有正向影响。

H2b:绿色经营状况对决策行为特征具有正向影响。

H2c:绿色经营状况对流通特征具有正向影响。

3. 合作意愿

主体间合作关系的紧密程度、合作预期认知及评价对供应链各主体选择利益联结方式具有显著影响。葛鹏飞等人的研究发现,合作关系的紧密程度和对未来合作关系的认知影响产业链各主体对利益联结机制的选择[71]。石敏等人基于微观农户视角,通过相关模型发现农户的合作意愿、合作行为与契约选择意愿之间具有显著相关性[84]。田露和张越杰运用结构方程模型进行研究,发现产业链上养牛专业户、养殖场、屠宰加工企业等主体间的合作意愿直接决定着肉牛产业链组织效率的高低和各环节衔接的紧密程度[85]。根据以上观点,提出以下假设。

H3:合作意愿对利益联结具有正向影响。

4.决策行为特征

畜产品供应链上各主体对市场的认知程度、市场信息获取渠道及交易频率直接影响着畜产品的流通特征及其利益联结方式。葛鹏飞等人指出产业链各主体的行为方式不仅直接影响彼此间的合作方式,还会影响畜产品的物流特征[71]。李孝忠等人的研究发现,农户对市场的认知程度对其生产决策行为具有显著影响[86]。钟颖琦等人基于计划行为理论的拓展研究发现,农户对合作社的认知程度与其合作形式存在显著相关性[87]。根据以上观点,提出以下假设。

H4a:决策行为特征对流通特征具有正向影响。

H4b:决策行为特征对利益联结具有正向影响。

5.流通特征

经营主体对冷链物流的认知、物流便捷程度及其销售渠道稳定性不仅影响未来合作方式的选择,也关系主体间利益联结机制的构建。畜产品的流通便捷性越高,社会化物流服务程度越高,物流服务供需双方的合作意愿就越高,这有助于降低整个供应链的物流成本[88]。海峰和高悦凯认为,农业产业链构建的关键在于解决物流问题,通过打通农产品加工、储存、运输和销售的产业链条,加强彼此间的联系,进而实现产业链整合[89]。姜天瑞等人对合作社促农增收效应的实证分析发现,农户个体特征、合作社参与度、种植情况和物流服务等因素对农民增收具有重要作用,因此推动合作社积极融入产业链,能够有效保障农户参与农业产业链的利益分配[90]。根据以上观点,提出以下假设。

H5a:流通特征对合作意愿具有正向影响。

H5b:流通特征对利益联结具有正向影响。

4.3.2 模型构建

本章采用结构方程模型分析利益联结的影响机理。结构方程模型整合了因子分析和路径分析两种统计方法,通过检验模型中显变量、潜变量、干扰变量间的关系,获得自变量对因变量影响的直接效果、间接效果或总效果。结合研究假设以及结构方程模型原理,本章构建了如图 4-1 所示的结构方程概念模型。

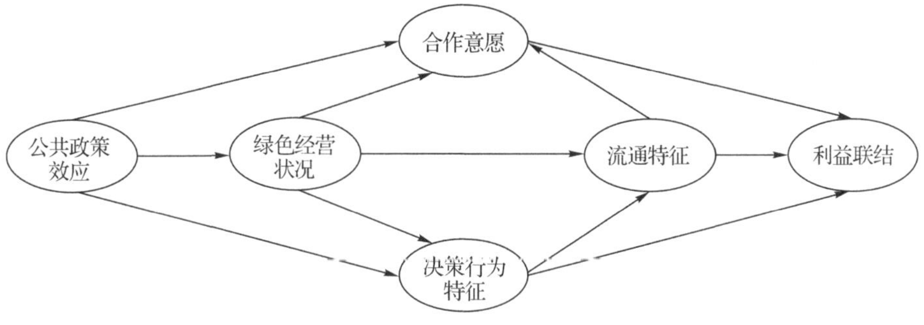

图 4-1　结构方程概念模型

4.4　数据来源及量表设计

4.4.1　数据来源及样本描述

本章所用数据来源于调研团队于 2022 年 7 月、2023 年 2 月和 3 月对内蒙古自治区四子王旗、察哈尔右翼中旗、阿鲁科尔沁旗、乌拉特中旗、新巴尔虎右旗及阿巴嘎旗 6 个畜牧业旗县开展的实地调查和访谈。调研区域覆盖内蒙古 4 个牧区现代化试点旗县以及 2 个非试点旗县。围绕草原畜产品绿色供应链的构成特点，调研团队选取具有代表性的牧户、合作社及龙头企业作为调研对象，确保样本的科学性和合理性，且全部覆盖畜产品绿色供应链各参与主体。经过样本核实与数据清洗（剔除信息不全面和逻辑矛盾的样本），最终获得 305 份有效样本。参考葛鹏飞等学者的研究方法，本研究采用五分制量表将供应链上不同参与主体的调查结果纳入模型中[71]。

1. 样本牧户特征分析

本章调研牧户的基本特征表现为：调研牧户以户主为主，因为同其他人员相比，户主更加熟悉家庭生产经营状况，其中 67.54% 为男性。在年龄结构上，35～<45 岁的牧民经营者占比最多，为 35.08%，45～<55 岁的牧民占比位列第二，为 30.82%。结合实地调研情况不难看出，政策扶持力度较大的旗县牧民年轻化趋势愈加明显。在牧民的学历程度上，初中学历的牧民占比最多，为 39.02%。在外出务工经历方面，没有外出工作经历的牧民占比达到 60.98%。在养殖年限方面，5～<15年和 15～<25 年阶段的人数占比较大，分别为 25.90% 和 23.93%。

在社会经历方面，普通牧民和拥有多种社会身份(如党员、合作社成员、示范户等)的牧民占比相近，分别为52.46%和47.54%。在加入生产合作组织方面，为扩大生产、提高市场竞争力，本次调研的样本牧户更加倾向于建立稳定的合作关系，加入专业合作社、企业、联户经营、家庭牧场的比例达到46.56%。样本牧户特征分布如表4-1所示。

表4-1 样本牧户特征分布

变量	类别	人数/人	占比/%
性别	男	206	67.54
	女	99	32.46
年龄/岁	<25	1	0.33
	25～<35	31	10.16
	35～<45	107	35.08
	45～<55	94	30.82
	≥55	72	23.61
学历程度	小学及以下	81	26.56
	初中	119	39.02
	高中	30	9.84
	大专	56	18.36
	本科及以上	19	6.23
外出务工经历	有	119	39.02
	无	186	60.98
收入来源	仅养殖收入	142	46.56
	多种收入来源	163	53.34
养殖年限/年	<5	51	16.72
	5～<15	79	25.90
	15～<25	73	23.93
	25～<35	64	20.98
	≥35	38	12.46

续表

变量	类别	人数/人	占比/%
社会经历	普通牧民	160	52.46
	多种社会身份	145	47.54
加入生产合作组织	专业合作社	64	20.98
	企业	5	1.64
	联户经营	23	7.54
	单户经营	163	53.44
	家庭牧场	50	16.39

2.样本合作社特征分析

本次调研合作社的基本特征表现为：按经营类型划分，接受调研的合作社中，牲畜统一养殖占比为76.90%，提供购买生产资料服务占比为3.80%，养殖和加工销售一体化占比为19.20%。在组建方式方面，能人或大户带动和嘎查党支部领办是合作社组建的主要方式，分别占调研数据的42.30%和38.50%。在成立资金来源方面，“自筹＋政府项目资金”的方式占比最大，为57.70%。在运营模式方面，“党支部＋合作社＋企业”运营模式占比为64.20%。但合作社运营规模整体偏小，注册资金200万元以下的占比为34.60%，成员人数46人及以上仅占15.40%，辐射带动能力有限。样本合作社特征分布如表4-2所示。

表 4-2　样本合作社特征分布

变量	类别	占比/%
经营类型	牲畜统一养殖	76.90
	养殖和加工销售一体化	19.20
	提供购买生产资料服务	3.80
组建方式	能人或大户带动	42.30
	嘎查党支部领办	38.50
	龙头企业带动	3.80
	普通牧民自发组建	15.40

续表

变量	类别	占比/%
成立资金来源	社员自筹	23.10
	自筹＋政府项目资金	57.70
	自筹＋政府资金＋企业投入	19.20
运营模式	合作社＋牧民	26.90
	党支部＋合作社＋企业	64.20
	合作社＋牧民＋企业	7.70
	合作社＋牧民＋家庭牧场	1.20
成员人数/人	≤15	30.70
	16～30	26.90
	31～45	26.90
	≥46	15.40
注册资金/万元	＜200	34.60
	200～＜400	30.80
	400～＜600	15.40
	600～＜800	11.50
	≥800	7.70

3.样本龙头企业特征分析

本次调研企业的基本特征表现为：按性质划分，接受调研的企业中，私营企业占比为94.40%，国有企业占比为5.60%。在成立年限方面，5～＜10年的企业占比最大，为47.10%。在区域类别方面，国家级、省级、市级、县级分别占11.80%、29.40%、23.50%和35.30%。在经营类型方面，畜产品龙头企包括生产养殖、屠宰加工、一体化经营等多经营类型。其中，一体化经营类型的企业占比最大，为33.30%；生产养殖企业和屠宰加工企业占比分别为22.20%和11.10%。此外，结合草原畜产品绿色供应链的特殊构成，本章对提供兽药、饲草料、农机设备等服务的龙头企业也进行了调研，其占比为16.70%。在注册资金方面，500万元以上的企业数量占调研企业总数的70%以上。同时，市场占有程度主要有比较高和非常高两种类别，占比总和达到77.80%。样本龙头企业特征分布如表4-3所示。

表 4-3　样本龙头企业特征分布

变量	类别	占比/%
性质	私营企业	94.40
	国有企业	5.60
成立年限/年	<5	17.60
	5～<10	47.10
	10～<15	23.50
	≥15	11.80
区域类别	国家级	11.80
	省级	29.40
	市级	23.50
	县级	35.30
经营类型	生产养殖企业	22.20
	屠宰加工企业	11.10
	一体化经营	33.30
	销售企业	16.70
	兽药、饲草料、农机设备等服务企业	16.70
注册资金/万元	<500	29.40
	500～<1000	35.30
	≥1000	35.30
市场占有程度	一般	22.20
	比较高	42.50
	非常高	35.30

4.4.2　变量选择与赋值

结合利益联结影响因素指标体系的概念模型，同时借鉴葛鹏飞等人的调研设计方案，本节拟采用利克特(Likert)五分制量表来对相关显变量的题项进行分段量化[71,91]。变量设定及赋值情况如表 4－4 所示。

表 4－4　变量设定及其赋值情况

<table>
<tr><th>潜变量</th><th>显变量</th><th colspan="2">变量赋值</th></tr>
<tr><td rowspan="4">公共政策效应</td><td>政策满意度</td><td colspan="2">非常不满意＝1，不满意＝2，一般＝3，满意＝4，非常满意＝5</td></tr>
<tr><td>政策投入力度</td><td colspan="2">非常小＝1，小＝2，一般＝3，大＝4，非常大＝5</td></tr>
<tr><td>政策宣传力度</td><td colspan="2">非常小＝1，小＝2，一般＝3，大＝4，非常大＝5</td></tr>
<tr><td>政策认知程度</td><td colspan="2">非常不了解＝1，不了解＝2，一般＝3，了解＝4，非常了解＝5</td></tr>
<tr><td rowspan="13">绿色经营状况</td><td>绿色认知程度</td><td colspan="2">非常不了解＝1，不了解＝2，一般＝3，了解＝4，非常了解＝5</td></tr>
<tr><td rowspan="3">绿色经营规模</td><td colspan="2">牧民：草地面积（＜46.7 公顷＝1，46.7 公顷～＜93.3 公顷＝2，93.3 公顷～＜140.0 公顷＝3，140.0 公顷～＜186.7 公顷＝4，≥186.7公顷＝5）</td></tr>
<tr><td colspan="2">合作社：注册资本金（＜100 万元＝1，100 万元～＜300 万元＝2，300 万元～＜500 万元＝3，500 万元～＜700 万元＝4，≥700 万元＝5）</td></tr>
<tr><td colspan="2">龙头企业：年销售额（＜100 万元＝1，100 万元～＜300 万元＝2，300 万元～＜500 万元＝3，500 万元～＜700 万元＝4，≥700 万元＝5）</td></tr>
<tr><td rowspan="3">绿色投资力度</td><td colspan="2">牧民：品种改良率（＜25％＝1，25％～＜50％＝2，50％～＜75％＝3，75％～＜90％＝4，90％～100％＝5）</td></tr>
<tr><td colspan="2">合作社：品种改良率（＜25％＝1，25％～＜50％＝2，50％～＜75％＝3，75％～＜90％＝4，90％～100％＝5）</td></tr>
<tr><td colspan="2">龙头企业：现代机械设备及废污处理投入（＜100 万元以下＝1，100 万元～＜300 万元＝2，300 万元～＜500 万元＝3，500 万元～＜700 万元＝4，≥700 万元＝5）</td></tr>
<tr><td rowspan="3">绿色经营状况</td><td>牧民：畜产品销售收入占总收入比例</td><td rowspan="3">＜25％＝1，25％～＜50％＝2，50％～＜75％＝3，75％～＜90％＝4，90％～100％＝5</td></tr>
<tr><td>合作社：畜产品收购量（收入）占总收购量（收入）比例</td></tr>
<tr><td>龙头企业：畜产品销售额占总销售额比例</td></tr>
<tr><td>绿色成本感知</td><td colspan="2">明显提高＝1，提高＝2，一般＝3，减少＝4，明显减少＝5</td></tr>
<tr><td>盈利水平</td><td colspan="2">明显减少＝1，减少＝2，一般＝3，增加＝4，明显增加＝5</td></tr>
</table>

续表

<table>
<tr><th>潜变量</th><th>显变量</th><th colspan="2">变量赋值</th></tr>
<tr><td rowspan="3">合作意愿</td><td>现有契约关系</td><td colspan="2">市场交易＝1，口头协议＝2，年度订单＝3，签订合同＝4，股份分红＝5</td></tr>
<tr><td>合作预期认知</td><td colspan="2">非常不同意＝1，不同意＝2，无所谓＝3，同意＝4，非常同意＝5</td></tr>
<tr><td>合作满意度</td><td colspan="2">非常不满意＝1，不满意＝2，没感觉＝3，满意＝4，非常满意＝5</td></tr>
<tr><td rowspan="7">决策行为特征</td><td rowspan="5">市场认知程度</td><td>受访者对畜产品价格未来走势的判断及原因</td><td rowspan="5">都回答清楚得 5 分，回答四个得 4 分，回答三个得 3 分，回答两个得 2 分，回答一个得 1 分</td></tr>
<tr><td>受访者面对市场价格波动时的表现</td></tr>
<tr><td>对现有利益分配方式的评价及原因</td></tr>
<tr><td>对市场经营环境的预测</td></tr>
<tr><td>对利益协调的评价及原因</td></tr>
<tr><td>市场信息获取渠道</td><td colspan="2">面谈＝1，电话和传真＝2，电邮或网上交易平台＝3，参考资料＝4，其他＝5</td></tr>
<tr><td>交易频率</td><td colspan="2">非常不频繁＝1，不频繁＝2，一般＝3，频繁＝4，非常频繁＝5</td></tr>
<tr><td rowspan="3">流通特征</td><td>销售渠道稳定性</td><td colspan="2">非常不稳定＝1，不稳定＝2，一般＝3，稳定＝4，非常稳定＝5</td></tr>
<tr><td>物流便捷程度</td><td colspan="2">非常不便捷＝1，不便捷＝2，没感觉＝3，便捷＝4，非常便捷＝5</td></tr>
<tr><td>冷链物流认知</td><td colspan="2">非常不重要＝1，不重要＝2，无所谓＝3，重要＝4，非常重要＝5</td></tr>
<tr><td rowspan="4">利益联结</td><td>利益联结方式</td><td colspan="2">非常不紧密＝1，不紧密＝2，一般＝3，紧密＝4，非常紧密＝5</td></tr>
<tr><td>利益协调途径</td><td colspan="2">法院协商＝1，不了了之＝2，通过双方协商＝3，通过工会组织协商＝4，通过政府、工会、雇主三方机制协商＝5</td></tr>
<tr><td>利益分配主导权</td><td colspan="2">全靠市场决定＝1，企业自主决定＝2，双方协商决定＝3，严格按合同办事＝4，通过中介组织分配＝5</td></tr>
<tr><td>利益分配认知</td><td colspan="2">非常不合理＝1，不合理＝2，一般＝3，合理＝4，非常合理＝5</td></tr>
</table>

4.5 实证研究

4.5.1 信度和效度分析

1. 信度分析

采用 SPSS 24.0 软件分析得出，公共政策效应等 6 个潜变量的克龙巴赫 α 系数大多在 0.7～0.9，且量表总体的克龙巴赫 α 系数为 0.943，这说明本章研究所使用的数据具有较好的内部一致性和稳定性。利益联结量表信度分析结果如表 4－5 所示。

表 4－5 利益联结量表信度分析结果

潜变量	克龙巴赫 α 系数	项数
公共政策效应	0.846	4
绿色经营状况	0.884	6
合作意愿	0.827	3
决策行为特征	0.880	3
利益联结	0.866	4
流通特征	0.769	3

2.效度分析

本章主要通过结构效度、聚合效度和区别效度进行效度分析。首先，经计算可得，本章分析的 KMO(Kaiser-Meyer-Olkin)检验值为 0.946，巴特利特(Bartlett)球形检验的近似卡方值为 4808.114，自由度(degree of freedom，DF)为 253，显著度(Sig.)＝0.000(非常显著)，这说明问卷具有较好的结构效度。其次，由表 4－6可知，各个维度的平均方差提取值(average variance extracted，AVE)值均达到了 0.5 以上，组合信度(composite reality，CR)值均达到 0.7 以上，这说明各个维度均具有良好的组合效度。最后，潜变量间的相关性系数绝对值均小于潜变量 AVE 平方根(即矩阵中对角线加粗标出的数值)，这说明模型具有较好的区别效度。区别效度检验结果如表 4－7 所示。

表 4－6 利益联结量表收敛效度和组合信度分析

潜变量	测量题项符号	因子载荷系数	AVE 值	CR 值
公共政策效应	X11	0.772	0.578	0.846
	X12	0.772		
	X13	0.732		
	X14	0.764		
绿色经营状况	X21	0.794	0.567	0.886
	X22	0.745		
	X23	0.778		
	X24	0.782		
	X25	0.575		
	X26	0.819		

续表

潜变量	测量题项符号	因子载荷系数	AVE 值	CR 值
合作意愿	X31	0.762	0.609	0.824
	X32	0.768		
	X33	0.810		
决策行为特征	X41	0.864	0.705	0.877
	X42	0.833		
	X43	0.821		
流通特征	X51	0.688	0.526	0.768
	X52	0.724		
	X53	0.761		
利益联结	X61	0.897	0.617	0.865
	X62	0.756		
	X63	0.748		
	X64	0.730		

表 4－7　区别效度检验结果

潜变量	潜变量的区别效度结果					
	公共政策效应	绿色经营状况	合作意愿	决策行为特征	利益联结	流通特征
公共政策效应	**0.760**					
绿色经营状况	0.515	**0.753**				
合作意愿	0.611	0.636	**0.780**			
决策行为特征	0.634	0.454	0.598	**0.840**		
利益联结	0.660	0.504	0.621	0.646	**0.786**	
流通特征	0.524	0.461	0.574	0.469	0.522	**0.725**

4.5.2　结构方程模型结果检验和分析

1. 模型拟合度分析

经计算可得，各项拟合优度指标的实测结果均满足参考标准，如表 4－8 所示。

指标的量化可行度较高，实际观察数据与模型之间的适配度较好。

表 4-8 模型拟合优度指标的实测结果

拟合优度指标	指标含义	评价标准	模型拟合值	拟合情况
CMIN/DF(Chi-square/degree of freedom)	卡方自由度比	<3	1.474	理想
RMSEA(root mean square error of approximation)	近似均方根误差	<0.08	0.036	理想
IFI(incremental fit index)	增量适合度指标	>0.9	0.978	理想
TLI(Tucker-Lewis index)	Tucker-Lewis(库克-刘易斯)指标	>0.9	0.974	理想
AGFI(adjusted goodness of fit index)	调整的拟合度指标	>0.9	0.908	理想
NFI(normed fit index)	标准拟合度指标	>0.9	0.934	理想

2.实证结果分析

(1)假设检验。利用 AMOS 24.0 软件对本研究的假设进行检验，计算出模型的标准化路径系数及显著性水平，如表 4-9 所示。其中，非标准化系数用于判断路径系数的显著性，而标准化路径系数的大小用于判断其影响程度。

表 4-9 结构模型的标准化路径系数及显著性水平检验

假设	路径	非标准化系数	p	标准化路径系数	是否成立
H1a	公共政策效应→绿色经营状况	0.663	***	0.594	成立
H1c	公共政策效应→决策行为特征	0.642	***	0.712	成立
H2b	绿色经营状况→决策行为特征	0.072	0.134	0.090	不成立
H2c	绿色经营状况→流通特征	0.294	***	0.337	成立
H4a	决策行为特征→流通特征	0.468	***	0.432	成立
H1b	公共政策效应→合作意愿	0.356	***	0.362	成立
H2a	绿色经营状况→合作意愿	0.316	***	0.360	成立
H5a	流通特征→合作意愿	0.318	***	0.316	成立
H5b	流通特征→利益联结	0.112	0.185	0.096	不成立
H3	合作意愿→利益联结	0.455	***	0.394	成立
H4b	决策行为特征→利益联结	0.552	***	0.438	成立

注：*** $p<0.001$。

从输出结果来看，理论模型的 11 个路径假设关系中，除“绿色经营状况→决策行为特征”“流通特征→利益联结”两条路径假设关系不显著外，其余路径均通过了显著性检验。

公共政策效应正向影响供应链上经营主体的绿色经营状况（$p<0.001$），标准化路径系数为 0.594，假设 H1a 成立。这与学者杜运伟和景杰的研究结果一致[78]。公共政策以生态优先、绿色发展为导向，通过宣传、投入资金等方式不断提高经营主体的绿色经营意识，促进主体增加绿色投资力度、扩大绿色经营规模。实地调研情况也证实了这一结论：为走好草原畜牧业绿色高质量发展之路，政府优先落实示范点企业、合作社和牧户的农牧业支持保护补贴、农牧业生产资料购置补贴和税收优惠等政策，这为生产养殖主体加强基础设施建设、购置机械化及智能化设备、改良畜种等提供了重要的支持和保障。公共政策效应对合作意愿具有显著的正向影响（$p<0.001$），标准化路径系数为 0.362。这表明相关政策的扶持与宣传会直接促进经营主体寻求多方面合作以实现自身利益最大化，因此假设 H1b 得到验证。公共政策效应对决策行为特征的标准化路径系数为 0.712，具有显著的正向影响（$p<0.001$），假设 H1c 得到验证。这说明，在政府相关政策的引导和支持下，经营主体对于市场经营环境有较为清晰的认知，获取市场信息的渠道也更加多元化，并且积极寻求与其他主体建立紧密的利益联结关系。同时，根据标准化路径系数可知，公共政策效应对决策行为特征的影响程度更大。

绿色经营状况对主体合作意愿的标准化路径系数为 0.360，p 值达到显著性水平。这表明供应链利益主体的绿色生产经营状况对主体间合作方式的选择、合作预期的判断以及合作主体的评价具有正向影响，假设 H2a 得以验证。一方面，各利益主体的绿色生产经营状况推动其摒弃传统市场交易模式，选择横向和纵向合作模式，以降低畜产品绿色供应链的交易成本；另一方面，各利益主体倾向于选择紧密协调的合作方式，以更好地满足自身的绿色发展需求，从而不断提升其市场占有率和竞争力。以龙头企业为例，绿色经营理念的宣传有利于提升企业形象和声誉，提高企业的市场竞争力和生产积极性，从而激励其不断创新生产方式和合作方式。因此，主体绿色经营状况的好坏对草原畜产品绿色供应链上的主体合作意愿具有明显的促进作用。绿色经营状况正向影响主体的流通特征（$p<0.001$），标准化路径系数为 0.337，假设 H2c 得到验证。这表明当前畜产品绿色规模扩大及经营主体绿色认知程度的提升对畜产品流通方式提出了更高要求，对绿色发展理念下冷链物流的需求更高，各经营主体也更加重视其冷链物流体系的建设，以实现收

益最大化。其中,主体绿色经营状况对合作意愿的影响程度更大。但绿色经营状况对决策行为特征影响的 p 值未通过显著性检验,假设 H2b 不成立。这与 Ge 的研究结论不一致,可能是由畜牧业生产的特殊性决定的,即畜牧业生产经营在很大程度上受草原生态环境等自然条件的限制,绿色经营状况的变化短时间内可能并不会影响主体对市场的认知程度。尤其对牧民来讲,其市场交易行为并不会因绿色因素的加入而在短期内发生显著变化。

利益主体的合作意愿对畜产品绿色供应链的利益联结具有显著的正向影响($p<0.001$),标准化路径系数为 0.394,假设 H3 成立。草原畜产品绿色供应链上各利益主体现有契约关系、合作预期收益判断及合作满意度情况在一定程度上制约着供应链整体利益联结方式的选择。各利益主体通过比较合作与单独经营的风险与收益,认识到合作的必要性,从而不断增强合作意愿,以期通过建立紧密型利益联结来降低交易成本和风险,获得更高收益。

决策行为特征对流通特征和利益联结均具有显著的正向影响,假设 H4a 和 H4b 得到验证。牧民、合作社及龙头企业等绿色供应链上的利益主体根据市场价格趋势、营商环境预期以及政府政策导向开展畜牧业生产经营活动。尤其是在当前畜牧业绿色发展的政策背景下,各主体为实现自身利益最大化,不断尝试拓宽销售渠道、改进产品流通方式,最大限度地降低经营成本和风险,从而倾向于形成不同的利益联结关系。

流通特征对合作意愿具有显著的正向作用,标准化路径系数为 0.316,假设 H5a 得以验证。然而,流通特征对利益联结的直接影响未通过显著性检验,假设 H5b 不成立。这与 Ge 的研究结论不完全一致,可能是由草原牧区特殊的地理位置决定的。以牧民经营主体为例,地处偏远地区的牧民会基于物流运输的便利程度和成本压力选择与其他组织合作,所以流通特征对合作意愿具有正向影响。但长期来看,随着牧区物流基础设施条件的改善,牧民可能更倾向于选择自营物流,对构建利益联结的动力不足,因此流通特征对利益联结的作用并不明显。

(2)各影响因素对利益联结的影响机理。为进一步分析各影响因素对利益联结的影响机理,本章运用 AMOS 24.0 中的 Bootstrap 程序对各路径的中介效应进行显著性检验(本章构建的结构方程模型为链式多重中介模型)。其中,将各因素对利益联结的影响路径标记为 m1(公共政策效应→合作意愿→利益联结)、m2(公共政策效应→绿色经营状况→合作意愿→利益联结)、m3(公共政策效应→绿色经营状况→流通特征→合作意愿→利益联结)、m4(公共政策效应→绿色经营状况→

利益联结)、m5(公共政策效应→绿色经营状况→流通特征→合作意愿→利益联结)、m6(公共政策效应→绿色经营状况→流通特征→利益联结)、m7(公共政策效应→决策行为特征→流通特征→合作意愿→利益联结)、m8(公共政策效应→决策行为特征→流通特征→利益联结)、m9(公共政策效应→决策行为特征→利益联结)、m10(公共政策效应→绿色经营状况→决策行为特征→利益联结)。利益联结机制的整体效应分析结果见表 4-10。其中,m1、m2、m3、m7、m9 路径显著,其余间接影响路径不显著,这与假设 H5b、H2b 不成立的结论一致。同时,在所有路径中,公共政策通过决策行为特征间接影响利益联结的程度更大。

表 4-10　利益联结机制的整体效应分析结果

影响路径	非标准化系统	下限	上限	P	间接效应占比/%
m1	0.162	0.031	0.415	0.002	21.01
m2	0.096	0.026	0.18	0.002	12.45
m3	0.028	0.004	0.11	0.004	3.63
m4	0.022	−0.041	0.09	0.34	
m5	0.003	−0.004	0.018	0.422	
m6	0.003	−0.009	0.015	0.657	
m7	0.043	0.009	0.128	0.004	5.58
m8	0.034	−0.057	0.135	0.34	
m9	0.354	0.143	0.62	0.001	45.91
m10	0.026	−0.038	0.103	0.419	
m11(总效应)	0.771	0.634	0.951	0.001	

根据研究假设及中介路径的实证结果分析可知:①合作意愿直接正向显著影响利益联结,具体原因在 4.5.2 小节已分析,此处不再赘述。②流通特征虽然不能直接影响利益联结,但可通过合作意愿间接正向影响利益联结,即经营主体的畜产品流通特征状况越好,其越愿意以纵向协作方式开展合作,这也就越有利于利益联结关系的形成。③决策行为特征不仅能够直接影响利益联结,还可通过流通特征来改变合作意愿,从而间接影响利益联结机制的形成。当主体决策行为特征状况越好,即对畜产品市场信息和需求的认知越清晰时,越能促进畜产品销售渠道和流通方式的多样化选择,从而通过合作来降低生产成本和流通成本,并通过建立合理

且稳定的利益联结关系实现整体利益最大化。④绿色经营状况可通过两条路径间接影响利益联结。一是通过彼此间的合作意愿间接影响利益联结。随着绿色发展理念的深入，供应链内各参与主体更加重视合作对象的绿色经营状况，其绿色经营规模、绿色投入程度等情况将直接影响对合作对象预期利益判断，从而影响整体利益联结。二是通过流通特征来改变合作意愿，从而间接影响利益联结。基于畜产品的特殊性，经营主体绿色经营状况越好，越愿意改变其畜产品流通特征，从而影响合作参与意愿，最终影响整体利益联结机制的形成。⑤公共政策效应可通过五条路径间接影响利益联结。一是通过合作意愿间接影响利益联结，间接效应占比为 21.01%。二是通过决策行为特征间接影响利益联结，间接效应占比达到 45.91%，这说明公共政策效应通过影响决策行为特征对利益联结的影响作用最强。三是借助决策行为特征影响主体的流通特征，并改变利益主体的合作意愿，从而间接影响利益联结，间接效应占比为 5.58%。四是通过改善主体的绿色经营状况来提升主体的合作意愿，从而间接影响利益联结，间接效应占比为 12.45%。五是在改善绿色经营状况的基础上提升主体的畜产品流通特征，从而影响合作意愿，并间接影响利益联结的构建，间接效应占比为 3.63%。

4.6 管理启示

基于各影响因素的作用方向、作用程度、作用路径及相关研究结论，为构建合理的利益联结机制，实现畜产品绿色供应链的长期协调和可持续发展，进而推进牧区现代化进程，特提出如下管理启示。

(1)规范主体合作行为，提升合作意愿。研究结果表明，现有契约关系是合作意愿中影响利益联结最显著的因素，而规范主体合作行为是建立长久稳定契约关系的重要前提。因此，绿色供应链上各参与主体应坚持利益共享、风险共担的合作原则，树立整体利益最大化的目标，打破供应链内规模较大主体“一言堂”现象，实现经营利润的合理分配，从而改善合作评价，增强合作意愿，建立稳定的利益联结关系。

(2)完善市场体系建设，稳定流通渠道。由实证结果可知，牧区畜产品流通特征虽不能直接影响利益联结，但可通过合作意愿间接影响利益联结。因此，政府应重视草原牧区畜产品市场体系的建设，优化畜产品流通环境，拓宽和稳定畜产品销售渠道。一是要重点培育全链条社会化服务组织，为牧民提供全方位服务；二是要健全和完善畜产品生产、流通和销售等过程中的信息收集和发布制度，为牧民提供更加准确、有效、及时的市场交易信息，从而更好地引导畜产品的生产与流通，形成稳定的利益联结机制。

(3)培育利益主体市场意识，提高市场认知程度。实证结果显示，主体的市场认知程度对其利益联结具有显著的正向影响。因此，政府应加大对供应链参与主体的市场认知培训力度，引领市场主体特别是处于劣势地位的牧民及时掌握市场需求和价格等信息，提高其对畜产品交易市场环境、产品价格走势的认知和判断，让其在市场波动中作出理性选择，增强利益联结的可持续性。

(4)强化主体绿色发展认知，扩大绿色经营规模。在牧区现代化战略推进过程中，绿色发展成为草原畜牧业未来发展的必然趋势。各经营主体只有充分认识到绿色发展的必要性和紧迫性，才能不断扩大其绿色经营规模，改善供应链内各经营主体的绿色经营环境，为形成合理稳定的利益联结机制奠定坚实基础，从而提升草原畜产品绿色供应链的整体竞争力和可持续发展能力。

(5)加大政策宣传力度，凸显公共政策效应。政府要通过线上线下等多种渠道积极宣传生态优先、绿色发展的理念，同时通过加大政策扶持力度，强化绿色经营导向，解决实际经营困难。另外，政府也要激励各主体转变传统经营理念和模式，增强合作意识，促进绿色供应链利益联结机制的形成。

4.7　本章小结

根据实证研究可知，在牧区现代化战略实施过程中，公共政策效应、绿色经营状况、决策行为特征、合作意愿、流通特征等潜变量均以直接或间接方式不同程度地影响草原畜产品绿色供应链的利益联结，且各潜变量之间存在复杂的相互作用关系。本章的主要研究结论如下。

(1)合作意愿对利益联结机制具有显著的正向影响。其中，合作意愿中现有契约关系指标的影响程度最高。这是因为供应链上各参与主体间的现有契约关系直接影响着其对建立新型利益联结机制的接受程度。现有契约关系越稳定且合理，主体对合作关系的认知和判断就越清晰，也就越能认识到合作的重要性，进而增强合作意识，促进草原畜产品绿色供应链利益联结机制的形成。

(2)流通特征对利益联结的直接影响不显著，但可通过合作意愿间接正向影响利益联结。其中，流通特征中影响程度最大的是销售渠道的稳定性。供应链上各主体销售渠道的稳定程度和物流便捷程度直接影响畜产品的流通成本。为降低成本和风险，市场主体会倾向于与其他主体建立合作关系，实现利润最大化，从而间接促进利益联结关系的形成。

(3)决策行为特征不仅可直接正向影响利益联结，还可通过畜产品流通特征影响主体合作意愿，从而间接正向影响利益联结。其中，市场认知程度是决策行为特征中最显著的影响指标。这意味着随着主体决策行为特征的变化，尤其是市场认知程度的提高，其对畜产品经营环境及未来趋势的研判和评价会更趋客观。这种市场意识的提升会提高其对畜产品新型流通方式的认识，稳定畜产品销售渠道，强化合作意愿，从而促进利益联结机制的形成。

(4)绿色经营状况虽不能直接影响利益联结，但可借助中介因素由两条路径间接影响利益联结：一是通过影响合作意愿间接影响利益联结；二是通过影响流通特征来改变合作意愿，从而间接影响利益联结。其中，绿色经营规模是主体绿色经营状况中最显著的影响指标。

(5)公共政策效应虽不能直接影响利益联结机制，但可通过绿色经营状况、合作意愿、决策行为特征、流通特征等因素从五条路径间接影响利益联结。在五条影响路径中，公共政策效应通过决策行为特征对利益联结产生的间接影响最大。其中，公共政策效应中政府投入力度和政策宣传力度是该变量中影响程度最大的因素，也是强化草原畜产品绿色供应链利益联结关系的重要途径。

第 5 章 考虑绿色度和生鲜度的农畜产品供应链决策优化及利益协调

5.1 引言

为完善农畜产品供应链，实现农牧业经济的快速发展，我国商务部和各级地方政府相继出台了通过农商互联完善农产品供应链的相关政策，促进了订单农业、股权合作、产销一体化等农业生产经营模式的发展，一定程度上缓解了农畜产品产销对接难的问题[92]。但鉴于农畜产品具有易损耗、价值稳定性差、流通成本高等特点，第三方物流(the third party logistics，TPL)服务企业参与整个农畜产品供应链的运营已迫在眉睫[93]，这使得多主体参与下的农畜产品供应链协调运营管理面临较大挑战，其中利益协调机制是农畜产品供应链协调运营管理的核心[94]。据统计，农畜产品从上游种植和养殖环节到消费市场存在较大的价格差，这也从侧面说明农畜产品供应链存在利益分配不均衡、不合理、不科学的问题。

此外，随着居民收入水平和生活水平的不断提高，农畜产品的质量安全也越来越受到消费者的重视[95]。消费者日益关注影响农畜产品质量安全的产品绿色度和生鲜度。如何在保证农畜产品绿色度和生鲜度的同时，实现整个农畜产品供应链的利益协调，是值得学术界深入研究的重要问题。农畜产品供应链各参与主体之间利益的合理分配是降低农畜产品流通成本、促进农畜产品供应链持续协调发展的关键[96]。因此，如何围绕农畜产品供应链的生产经营模式，结合农畜产品本身的特点，建立 TPL 参与下考虑产品绿色度和生鲜度的农畜产品供应链利益协调机制，从而实现农畜产品供应链各参与主体利益的合理分配，使农畜产品供应链联盟关系长期、稳定、协调发展，并最大限度地保障上游农牧户的利益，是亟待解决的重要课题。

5.2 利益协调相关文献回顾

国内外学者围绕农畜产品的特点，研究了不同情形下利益协调契约的设计问题。例如，Yan 等人研究了制造商公平偏好情形下生鲜农产品供应链中制造商和零售商的产品生鲜度决策，并设计了收益共享利益协调契约[97]；Moon 等人设计了收益共享和投资成本共担的混合契约，实现了由制造商和零售商构成的两级生鲜农畜产品供应链利益协调[98]；熊峰等人通过构建“合作社＋核心企业”的两级生鲜农产品供应链，研究了供应链成员的保鲜投入决策，并探讨了成员偏好对收益共享契约协调效果的影响[99]。在此基础上，周艳菊等人进一步构建了由合作社、农产品加工商和电商平台构成的三级农产品供应链，分析了消费者扶贫偏好对供应链总利润的影响，并采用两部制契约实现供应链利益协调[100]。部分学者研究了需求不确定情形下的利益协调机制，如 Zhou 等人设计了通过选择契约来实现需求不确定情形下两级生鲜农产品供应链的利益协调和信息共享[101]；另一些学者则研究了信息不完全情形下的利益协调机制，如杨亚等人设计了通过回购契约来实现生产商隐瞒新鲜度信息情况下生鲜农产品供应链的利益协调[102]。同时，也有学者建立了线性规划模型来研究农产品供应链利益协调问题，如 Mason 等人构建了由生产商和服务商组成的两级生鲜农产品供应链，采取线性规划模型研究拍卖机制对供应链利益协调有效性的影响等[103]。此外，部分学者分析了双渠道农产品供应链的利益协调，如冯春等人分析了零售商主导下的农产品双渠道供应链利益分配问题[104]；Yan 等人构建了由供应商和零售商组成的双渠道生鲜农产品供应链，并设计了收益共享契约来实现产品需求随生鲜度变化情形下的供应链利益协调[105]。

近年来，部分学者将第三方物流服务企业引入生鲜农产品供应链，研究其协调问题。例如，冯颖等人通过构建由供应商、零售商和 TPL 服务商组成的三级农产品供应链，在随机产出与随机需求情形下设计产品批发价格及物流服务价格契约以实现供应链利益的协调[106]；Ma 等人在信息不对称情形下，结合生鲜农产品易腐性的特点，研究了物流服务商参与的三级生鲜农产品供应链的利益协调[93]；Qiu 等人则研究了农产品生鲜度和物流过程中数量损失对三级农产品供应链协调的影响[107]。

国内外学者针对农畜产品供应链利益协调的相关研究成果为本研究奠定了重要基础，但现有研究对 TPL 服务商参与下农畜产品供应链利益协调重要性的认识不足。TPL 服务商作为农畜产品供应链的重要参与主体，其参与下的农畜产品供应链利益协调研究具有重要价值[106]。海峰和高悦凯的研究发现，农业产业链构建的关键在于解决物流问题[89]，这凸显了物流服务在农畜产品供应链构建与协调中的重要作用。此外，国内外学者在农畜产品供应链利益协调方面重点考虑了产品的生鲜度问题，而对影响农畜产品品质的绿色发展因素考量不足。本章在借鉴国内外相关学者研究成果的基础上，深入研究 TPL 参与下考虑产品绿色度和生鲜度的农畜产品供应链利益协调问题。这一研究对于促进供应链各参与主体形成稳定的协调发展关系，进而完善农畜产品供应链具有重要价值。

5.3　研究问题及研究假设

5.3.1　研究问题

本章构建的三级农畜产品供应链结构模型如图 5－1 所示。其中，农畜产品供应商负责农畜产品的种植和养殖以及初级产品的提供，农畜产品加工企业负责农畜产品的初级加工、深加工以及销售，而 TPL 服务商则负责提供农畜产品冷链物流服务，确保产品的生鲜度和质量，以满足下游消费者对高品质农畜产品的需求。

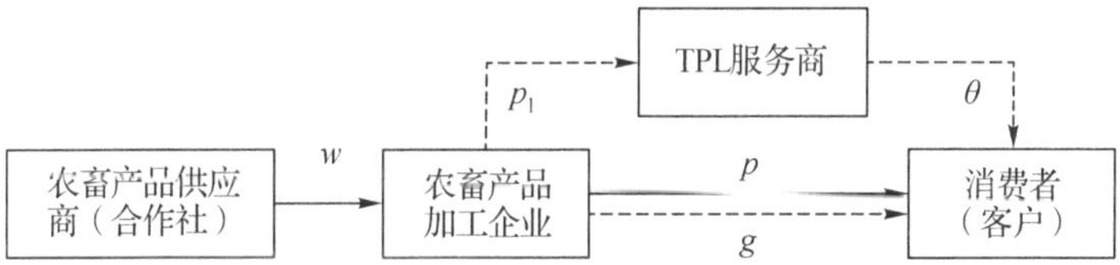

图 5－1　三级农畜产品供应链结构模型

假设在销售季到来前，农畜产品加工企业根据终端消费者的需求量和绿色度要求，向上游的农畜产品供应商下达数量为 q 的订单。农畜产品供应商根据农畜产品加工企业的订单量进行生产，之后按单位批发价格 w 将产品出售给农畜产品加工企业。农畜产品加工企业根据消费者对绿色度 g 的要求进行加工后，以零售价格 p 销售给终端消费者。同时，农畜产品加工企业委托 TPL 服务商提供相关冷链物流服务，单位物流服务价格为 p_1，TPL 服务商通过提供高质量的冷链物流服务来确保产品的生鲜度水平 θ。消费者可根据农畜产品零售价格 p、产品绿色度 g、生鲜度 θ 等因素综合衡量自身的购买决策。

5.3.2 研究假设

本章假设参与农畜产品供应链运营和决策的三个主体均为风险中性且完全理性，且各决策主体之间信息对称，即不同主体之间的成本信息、资源信息、投入信息等要素完全透明，不存在私人信息。

对于整个农畜产品供应链来讲，产品需求量不仅受零售价格的影响，而且受产品绿色度和生鲜度的影响。因此，本章假设农畜产品市场需求量函数为：$q=a-kp+\eta g+\mu\theta$；同时假设客户对农畜产品的需求量与农畜产品加工企业的产品订购量一致。其中，a 为农畜产品的市场规模，k 为产品零售价格敏感系数，η 为产品绿色度敏感系数，μ 为产品生鲜度敏感系数。

同时，根据农畜产品供应链的实际运营情况可得，农畜产品的绿色度水平和生鲜度水平分别由农畜产品加工企业和 TPL 服务商决定。绿色度水平和生鲜度水平越高，则其成本也越大。借鉴相关文献研究，本章假设农畜产品绿色度成本和生鲜度成本分别为：$c(g)=\frac{1}{2}r_{\mathrm{m}}g^2$，$c(\theta)=\frac{1}{2}r_{\mathrm{l}}\theta^2$。

基于农畜产品供应链结构图，本章构建了 3 种决策模式下的博弈模型。模型中相关参数、利润函数以及决策变量等的说明如表 5-1 所示。

表 5-1　模型中相关参数、利润函数与决策变量说明表

项目	符号	说明
参数	c_{n}	农畜产品供应商的边际供应成本
	c_{m}	农畜产品加工企业的边际加工成本
	c_{l}	TPL 服务商的边际物流服务成本
	a	市场容量
	k	产品零售价格敏感系数
	η	产品绿色度敏感系数
	μ	产品生鲜度敏感系数
	r_{m}	农畜产品加工企业的产品绿色度成本系数
	r_{l}	TPL 服务商的产品生鲜度成本系数

利润函数	Π_n	农畜产品供应商的利润函数
	Π_m	农畜产品加工企业的利润函数
	Π_l	TPL 服务商的利润函数
	Π_p	农畜产品供应商和农畜产品加工企业的利润函数
	Π	供应链的总利润函数
决策变量	p	产品零售价格
	w	产品批发价格
	p_l	TPL 服务商提供的物流服务价格
	g	产品绿色度水平
	θ	产品生鲜度水平

基于以上研究假设，可得农畜产品供应链中各决策主体的利润函数以及供应链的总利润函数等。其中，农畜产品供应商、农畜产品加工企业以及 TPL 服务商分别用下标 n、m 以及 l 来表示。

$$\Pi_n=(w-c_n)(a-kp+g\eta+\theta\mu)$$

$$\Pi_m=(p-w-c_m-p_l)(a-kp+g\eta+\theta\mu)-\frac{1}{2}r_m g^2$$

$$\Pi_l=(p_l-c_l)(a-kp+g\eta+\theta\mu)-\frac{1}{2}r_l\theta^2$$

$$\Pi=(p-c_n-c_m-c_l)(a-kp+g\eta+\theta\mu)-\frac{1}{2}r_m g^2-\frac{1}{2}r_l\theta^2$$

5.4　三种决策模式下各决策主体的最优决策分析

目前，我国农畜产品供应链中存在多种生产经营模式，如订单农业模式、股权合作模式、产销一体化模式以及全产业链运营模式等。在订单农业模式和股权合作模式中，由于参与主体间的合作关系不紧密，本质上均属于分散决策模式，即供应链中的各参与主体均独立进行利润最大化的最优决策，其中股权合作模式是分散决策模式下的一种特殊利益联结方式。产销一体化模式属于合作决策模式，常见的情形是农畜产品供应商与生产加工企业进行产销一体化合作。全产业链运营模式则属于集中决策模式，即供应链上的各个决策主体同属一家企业，其通过产业链的纵向整合实现全产业链的一体化运营。

本章将围绕以上三种决策模式，即集中决策模式、合作决策模式和分散决策模式，深入分析农畜产品供应商主导下各决策主体的最优决策及利润情况。其中，集中决策模式采用上标 c 来表示，合作决策模式采用上标 cd 来表示，分散决策模式采用上标 dd 来表示，最优决策模式采用上标 * 来表示。

5.4.1 集中决策模式

若整个农畜产品供应链采取集中决策模式，则此时的总目标为供应链总利润最大化，决策变量为产品零售价格 p、产品绿色度 g 以及产品生鲜度 θ。首先，计算农畜产品供应链总利润函数 Π 关于这三个决策变量的二阶偏导数，其 Hessian(海塞)矩阵如下：

$$\boldsymbol{H}(p,g,\theta)=\begin{bmatrix}\frac{\partial^2\Pi}{\partial p^2} & \frac{\partial^2\Pi}{\partial p\partial g} & \frac{\partial^2\Pi}{\partial p\partial\theta}\\ \frac{\partial^2\Pi}{\partial g\partial p} & \frac{\partial^2\Pi}{\partial g^2} & \frac{\partial^2\Pi}{\partial g\partial\theta}\\ \frac{\partial^2\Pi}{\partial\theta\partial p} & \frac{\partial^2\Pi}{\partial\theta\partial g} & \frac{\partial^2\Pi}{\partial\theta^2}\end{bmatrix}=\begin{bmatrix}-2k & \eta & \mu\\ \eta & -r_{\mathrm{m}} & 0\\ \mu & 0 & -r_{\mathrm{l}}\end{bmatrix}$$

$$D_1=-(-2k)=2k>0$$

$$D_2=\begin{vmatrix}-2k & \eta\\ \eta & -r_{\mathrm{m}}\end{vmatrix}=2kr_{\mathrm{m}}-\eta^2>0$$

$$D_3=-\begin{vmatrix}-2k & \eta & \mu\\ \eta & -r_{\mathrm{m}} & 0\\ \mu & 0 & -r_l\end{vmatrix}=2kr_{\mathrm{m}}r_{\mathrm{l}}-r_{\mathrm{l}}\eta^2-r_{\mathrm{m}}\mu^2>0$$

根据 Hessian 矩阵负定条件可得，当 $2kr_{\mathrm{m}}-\eta^2>0$ 且 $2kr_{\mathrm{m}}r_{\mathrm{l}}-r_{\mathrm{l}}\eta^2-r_{\mathrm{m}}\mu^2>0$ 时，存在最优决策。令 $\frac{\partial\Pi}{\partial p}=0,\frac{\partial\Pi}{\partial g}=0,\frac{\partial\Pi}{\partial\theta}=0$，可得：

$$\theta^{\mathrm{c}^*}=\frac{\mu r_{\mathrm{m}}(a-kc_{\mathrm{n}}-kc_{\mathrm{m}}-kc_{\mathrm{l}})}{2kr_{\mathrm{m}}r_{\mathrm{l}}-r_{\mathrm{l}}\eta^2-r_{\mathrm{m}}\mu^2}$$

$$p^{\mathrm{c}^*}=\frac{k(c_{\mathrm{n}}+c_{\mathrm{m}}+c_{\mathrm{l}})+\eta g^{\mathrm{c}^*}+\mu\theta^{\mathrm{c}^*}+a}{2k}$$

$$g^{\mathrm{c}^*}=\frac{\mu\eta r_{\mathrm{m}}r_{\mathrm{l}}(a-kc_{\mathrm{n}}-kc_{\mathrm{m}}-kc_{\mathrm{l}})}{\mu r_{\mathrm{m}}(2kr_{\mathrm{m}}r_{\mathrm{l}}-r_{\mathrm{l}}\eta^2-r_{\mathrm{m}}\mu^2)}$$

将以上最优解代入农畜产品供应链利润函数中，可得整个供应链的最优利润如下：

$$\Pi^{c^*}=(p^{c^*}-c_n-c_m-c_l)(a-kp^{c^*}+g^{c^*}\eta+\theta^{c^*}\mu)-\frac{1}{2}r_m g^{c^{*2}}-\frac{1}{2}r_l\theta^{c^{*2}}$$

5.4.2 合作决策模式

若农畜产品供应商与农畜产品加工企业合作，从而形成产销一体化模式，则可得合作体的利润函数、TPL 服务商的利润函数以及供应链的总利润函数，其中，农畜产品供应商和农畜产品加工企业形成的合作体用下标 p 表示。

$$\Pi_p^{cd}=(p-c_n-c_m-p_l)(a-kp+g\eta+\theta\mu)-\frac{1}{2}r_m g^2 \tag{4-1}$$

$$\Pi_l^{cd}=(p_l-c_l)(a-kp+g\eta+\theta\mu)-\frac{1}{2}r_l\theta^2 \tag{4-2}$$

$$\Pi^{cd}=(p-c_n-c_m-c_l)(a-kp+g\eta+\theta\mu)-\frac{1}{2}r_m g^2-\frac{1}{2}r_l\theta^2 \tag{4-3}$$

合作决策模式下的决策顺序为：首先，农畜产品供应商和农畜产品加工企业合作体决策农畜产品的零售价格 p 和绿色度水平 g；其次，TPL 服务商决策物流服务价格 p_l 和生鲜度水平 θ。采用逆序归纳法，将合作决策模式下 TPL 服务商的利润函数 Π_l^{cd} 对 θ 和 p_l 求一阶导数，其 Hessian 矩阵如下：

$$\boldsymbol{H}(\theta,p_l)=\begin{bmatrix}\dfrac{\partial^2\Pi_l^{cd}}{\partial\theta^2} & \dfrac{\partial^2\Pi_l^{cd}}{\partial\theta\partial p_l}\\ \dfrac{\partial^2\Pi_l^{cd}}{\partial p_l^2} & \dfrac{\partial^2\Pi_l^{cd}}{\partial p_l\partial\theta}\end{bmatrix}=\begin{bmatrix}-r_l & \mu\\ \mu & -k\end{bmatrix}$$

当满足 $kr_l-\mu^2>0$ 时，Hessian 矩阵负定，说明最优解存在且唯一。

令 $\dfrac{\partial\Pi_l^{dd}}{\partial\theta}=0$，$\dfrac{\partial\Pi_l^{cd}}{\partial p_l}=0$，联立求解可得：

$$p_l^{cd}=\frac{r_l(a-kp+g\eta)}{kr_l-\mu^2}+c_l \tag{4-4}$$

$$\theta^{cd}=\frac{\mu(a-kp+g\eta)}{kr_l-\mu^2} \tag{4-5}$$

将式(4－4)和(4－5)代入(4－1)，求 Π_p^{cd} 对 p 和 g 的一阶导数，其 Hessian 矩阵如下：

$$\boldsymbol{H}(p,g)=\begin{bmatrix}\dfrac{\partial^2\Pi_p^{cd}}{\partial p^2} & \dfrac{\partial^2\Pi_p^{cd}}{\partial p\partial g}\\ \dfrac{\partial^2\Pi_p^{cd}}{\partial g\partial p} & \dfrac{\partial^2\Pi_p^{cd}}{\partial g^2}\end{bmatrix}=\begin{bmatrix}\dfrac{-2k^2r_l(2kr_l-\mu^2)}{(kr_l-\mu^2)^2} & \dfrac{k^2r_l^2\eta+kr_l\eta(2kr_l-\mu^2)}{(kr_l-\mu^2)^2}\\ \dfrac{k^2r_l^2\eta+kr_l\eta(2kr_l-\mu^2)}{(kr_l-\mu^2)^2} & \dfrac{-2r_l^2\eta^2k-r_m(kr_l-\mu^2)^2}{(kr_l-\mu^2)^2}\end{bmatrix}$$

同理可得，当满足 $2(2kr_1-\mu^2)(2r_1^2\eta^2k+r_m(kr_1-\mu^2)^2)-r_1\eta^2(3kr_1-\mu^2)^2>0$ 时，Hessian 矩阵负定，说明最优解存在且唯一。

令 $\frac{\partial \Pi_l^{cd}}{\partial p}=0$，$\frac{\partial \Pi_p^{cd}}{\partial g}=0$，联立求解可得：

$$p^{cd^*}=\frac{\omega_1 g^{cd^*}-\omega_3+k\eta\xi c_n}{\omega_2} \tag{4-6}$$

$$g^{cd^*}=\frac{\omega_2\omega_5+\omega_3\omega_4+(k^2\xi\omega_2-k\eta\xi\omega_4)c_n}{\omega_1\omega_4-\omega_2^2} \tag{4-7}$$

其中，$\xi=\frac{r_l}{kr_l-\mu^2}$，$\omega_1=2k\xi^2\eta^2+r_m$，$\omega_2=2k^2\eta\xi^2+k\eta\xi$，$\omega_3=-2k\eta\xi^2a-(c_m+c_l)k\eta\xi$，$\omega_4=2k^2\xi(1+k\xi)$，$\omega_5=2k^2\xi^2a+k\xi a+(c_m+c_l)k^2\xi$。

将式(4-6)和(4-7)代入式(4-4)和(4-5)中可得：

$$p_l^{cd^*}=\frac{r_l(a-kp^{cd^*}+g^{cd^*}\eta)}{kr_l-\mu^2}+c_l \tag{4-8}$$

$$\theta^{cd^*}=\frac{\mu(a-kp^{cd^*}+g^{cd^*}\eta)}{kr_l-\mu^2} \tag{4-9}$$

将式(4-6)、(4-7)、(4-8)和(4-9)分别代入式(4-1)、(4-2)和(4-3)中，可得各决策主体的最优利润如下：

$$\Pi_p^{cd^*}=(p^{cd^*}-c_n-c_m-p_l^{cd^*})(a-kp^{cd^*}+g^{cd^*}\eta+\theta^{cd^*}\mu)-\frac{1}{2}r_m g^{cd^*2}$$

$$\Pi_l^{cd^*}=(p_l^{cd^*}-c_l)(a-kp^{cd^*}+g^{cd^*}\eta+\theta^{cd^*}\mu)-\frac{1}{2}r_l\theta^{cd^*2}$$

$$\Pi^{cd^*}=(p^{cd^*}-c_n-c_m-c_l)(a-kp^{cd^*}+g^{cd^*}\eta+\theta^{cd^*}\mu)-\frac{1}{2}r_m g^{cd^*2}-\frac{1}{2}r_l\theta^{cd^*2}$$

5.4.3 分散决策模式

分散决策模式即农畜产品供应链中的三个决策主体互不合作。此时，在农畜产品供应商主导下的决策顺序为：首先，农畜产品供应商决策农畜产品的批发价格 w；其次，农畜产品加工企业决策农畜产品的零售价格 p 和绿色度水平 g；最后，TPL 服务商决策物流服务价格 p_l 和农畜产品的生鲜度水平 θ。采用逆序归纳法，可得当满足 $kr_l-\mu^2>0$，且 $2(2kr_l-\mu^2)(2r_l^2\eta^2k+r_m(kr_l-\mu^2)^2)-r_l\eta^2(3kr_l-\mu^2)^2>0$ 时，最优产品批发价格如下：

$$w^{dd^*}=\frac{(\eta\psi_2-kB+F\mu)c_n-(a-kA+\eta\psi_1+\mu E)}{2(\eta\psi_2-kB+F\mu)} \tag{4-10}$$

进而可得其余最优决策如下：

$$p^{dd^*}=A+Bw^{dd*} \tag{4-11}$$

$$g^{dd^*}=\psi_1+\psi_2 w^{dd^*} \tag{4-12}$$

$$\theta^{dd^*}=E+Fw^{dd^*} \tag{4-13}$$

$$p_1^{dd^*}=\xi(a-kp^{dd^*}+\eta g^{dd^*})-c_1 \tag{4-14}$$

其中，$\xi=\frac{r_1}{kr_1-\mu^2}$，$\omega_1=2k\xi^2\eta^2+r_m$，$\omega_2=2k^2\eta\xi^2+k\eta\xi$，$\omega_3=-2k\eta\xi^2a-(c_m+c_1)k\eta\xi$，$\omega_4=2k^2\xi(1+k\xi)$，$\omega_5=2k^2\xi^2a+k\xi a+(c_m+c_1)k^2\xi$，$\psi_1=\frac{\omega_2\omega_5+\omega_3\omega_4}{\omega_1\omega_4-\omega_2^2}$，$\psi_2=\frac{k^2\xi\omega_2-k\eta\xi\omega_4}{\omega_1\omega_4-\omega_2^2}$，$A=\psi_1\frac{\omega_1}{\omega_2}$，$B=\frac{\psi_2\omega_1+k\eta\xi}{\omega_2}$，$D=\frac{\mu}{kr_1-\mu^2}$，$E=D(a-kA+\eta\psi_1)$，$F=D(\eta\psi_2-kB)$。

将以上最优解代入各自利润函数，得到分散决策模式下各决策主体的最优利润如下：

$$\Pi_n^{dd^*}=(w^{dd^*}-c_n)(a-kp^{dd^*}+g^{dd^*}\eta+\theta^{dd^*}\mu)$$

$$\Pi_m^{dd^*}=(p^{dd^*}-w^{dd^*}-c_m-p_1^{dd^*})(a-kp^{dd^*}+g^{dd^*}\eta+\theta^{dd^*}\mu)-\frac{1}{2}r_m g^{dd^*2}$$

$$\Pi_1^{dd^*}=(p_1^{dd^*}-c_1)(a-kp^{dd^*}+g^{dd^*}\eta+\theta^{dd^*}\mu)-\frac{1}{2}r_1\theta^{dd^*2}$$

$$\Pi^{dd^*}=(p^{dd^*}-c_n-c_m-c_1)(a-kp^{dd^*}+g^{dd^*}\eta+\theta^{dd^*}\mu)-\frac{1}{2}r_m g^{dd^*2}-\frac{1}{2}r_1\theta^{dd^*2}$$

5.4.4 数值分析

鉴于不同决策模式下的最优决策及各决策主体的最优利润函数的表达式过于复杂，难以通过解析方法直接反映其相互关系，本研究参照大部分文献的做法，采用数值仿真法来进行分析。在满足模型基本假设和农畜产品供应链实际经营运作背景的前提下，相关参数的初始赋值情况如表 5－2 所示。

表 5－2　模型中各参数赋值情况

参数	c_n	c_m	c_1	a	k	η	μ	r_m	r_1
赋值	2	1	1.5	100	2	0.5	0.4	1.6	1.4

经计算可得，不同决策模式下的最优决策、各决策主体的最优利润取值如表 5－3所示。由表 5－3 可得，集中决策模式下整个农畜产品供应链的绿色度水平

为7.63、生鲜度水平为6.97、整个供应链的总利润为1110.21,均远远高于分散决策模式和合作决策模式下的相应取值;而该模式下的农畜产品零售价格为28.90,均低于其余两种决策模式下的相应取值。另外,合作决策模式下的农畜产品绿色度水平为3.73,生鲜度水平为3.41,整个供应链的总利润为821.15,均高于分散决策模式下的相应取值。由此说明,在分散决策模式与合作决策模式下,整个农畜产品供应链的利润增长空间有限。因此,我们需要设计合理的利益协调契约来提升整个农畜产品供应链的绿色度水平、生鲜度水平以及各决策主体和整个供应链的总利润水平。

表5-3　不同决策模式下的最优决策及利润情况

变量	分散决策模式	合作决策模式	集中决策模式
p	44.83	39.67	28.90
w	24.75	—	—
p_l	4.47	13.45	—
g	1.87	3.73	7.63
θ	1.71	3.41	6.97
q	11.95	23.90	48.80
Π_n	271.86	—	—
Π_m	171.78	—	—
Π_l	33.51	277.44	—
Π_p	443.64	543.72	—
Π	477.15	821.15	1110.21

5.5　利益协调契约设计

双重边际效应的存在导致分散决策模式与合作决策模式下整个供应链的利润水平远远低于集中决策模式下的利润水平,无法实现整个供应链利润的最大化和各决策主体利润的最优化。为此,本节将立足分散决策模式与合作决策模式分别设计利益协调契约,在提升整个农畜产品供应链利润的同时,实现利润在不同决策主体之间的科学分配。

5.5.1　分散决策模式下的利益协调契约

1. 收益共享契约

由于集中决策模式下的农畜产品生鲜度和绿色度水平较高，实现该模式的最优决策将导致加工企业与 TPL 服务商成本增加。为进一步缓解压力，双方可考虑共享农畜产品供应商的利润。假设利润共享比例分别为 u 和 v，则此时农畜产品供应商、农畜产品加工企业以及 TPL 服务商的利润函数分别如下（利益协调机制用上标 h 表示）。

$$\Pi_{\mathrm{n}}^{\mathrm{h}}=(w-c_{\mathrm{n}})(a-kp+g\eta+\theta\mu)(1-u-v)$$

$$\Pi_{\mathrm{m}}^{\mathrm{h}}=(p-w-c_{\mathrm{m}}-p_{\mathrm{l}})(a-kp+g\eta+\theta\mu)-\frac{1}{2}r_{\mathrm{m}}g^2+(w-c_{\mathrm{n}})(a-kp+g\eta+\theta\mu)u$$

$$\Pi_{\mathrm{l}}^{\mathrm{h}}=(p_{\mathrm{l}}-c_{\mathrm{l}})(a-kp+g\eta+\theta\mu)-\frac{1}{2}r_{\mathrm{l}}\theta^2+(w-c_{\mathrm{n}})(a-kp+g\eta+\theta\mu)v$$

根据$\frac{\partial\Pi_{\mathrm{l}}^{\mathrm{h}}}{\partial\theta}=0$ 可得，$p_{\mathrm{l}}^{\mathrm{h}}=\frac{r_{\mathrm{l}}\theta}{\mu}+c_{\mathrm{l}}-vw+vc_{\mathrm{n}}$。同理，根据$\frac{\partial\Pi_{\mathrm{m}}^{\mathrm{h}}}{\partial p}=0$ 和$\frac{\partial\Pi_{\mathrm{m}}^{\mathrm{h}}}{\partial g}=0$，并联立 $p_{\mathrm{l}}^{\mathrm{h}}=\frac{r_{\mathrm{l}}\theta}{\mu}+c_{\mathrm{l}}-vw+vc_{\mathrm{n}}$，可得 $w^{h}=\frac{\frac{r_{\mathrm{m}}g}{\eta}-p+c_{\mathrm{m}}+\frac{r_{\mathrm{l}}\theta}{\mu}+c_{\mathrm{l}}+(u+v)c_{\mathrm{n}}}{u+v-1}$，令 $p=p^{c^*}$，$g=g^{c^*}$，$\theta=\theta^{c^*}$，可得 $w^{h^*}=\frac{\frac{r_{\mathrm{m}}g^{c^*}}{\eta}-p^{c^*}+c_{\mathrm{m}}+\frac{r_{\mathrm{l}}\theta^{c^*}}{\mu}+c_{\mathrm{l}}+(u+v)c_{\mathrm{n}}}{u+v-1}$。

然而，$w^{h^*}<0$ 与农畜产品供应链的实际运营情况不相符，这表明收益共享契约无法实现农畜产品供应链的利益协调。

2. 成本共担契约

由于集中决策模式下的产品生鲜度水平与绿色度水平远远高于分散决策模式下的相应取值，为实现集中决策模式下的最优水平，农畜产品加工企业以及 TPL 服务商将承担较大的成本。为减轻双方的成本负担，此时农畜产品供应商也可与农畜产品加工企业以及 TPL 服务商共同承担成本。假设成本共担系数分别为 u 和 v，则此时农畜产品供应商、农畜产品加工企业以及 TPL 服务商的利润函数分别如下。

$$\Pi_{\mathrm{n}}^{\mathrm{h}}=(w-c_{\mathrm{n}})(a-kp+g\eta+\theta\mu)-\frac{1}{2}r_{\mathrm{m}}g^2u-\frac{1}{2}r_{\mathrm{l}}\theta^2v$$

$$\Pi_{\mathrm{m}}^{\mathrm{h}}=(p-w-c_{\mathrm{m}}-p_{\mathrm{l}})(a-kp+g\eta+\theta\mu)-\frac{1}{2}r_{\mathrm{m}}g^2(1-u)$$

$$\Pi_l^h=(p_l-c_l)(a-kp+g\eta+\theta\mu)-\frac{1}{2}r_l\theta^2(1-v)$$

根据$\frac{\partial \Pi_l^h}{\partial \theta}=0$可得，$p_l^h=\frac{r_l\theta(1-v)}{\mu}+c_l$。由于要实现集中决策下的利润水平，令 $\theta=\theta^{c^*}$，可得 $p_l^{h^*}=\frac{r_l\theta^{c^*}(1-v)}{\mu}+c_l$。同理，根据$\frac{\partial \Pi_m^h}{\partial p}=0$ 和$\frac{\partial \Pi_m^h}{\partial g}=0$，可得 $w^h+p_l^h=p-r_m g(1-u)-c_m$，将 $p_l^{h^*}=\frac{r_l\theta^{c^*}(1-v)}{\mu}+c_l$ 代入，并令 $p=p^{c^*}$，$g=g^{c^*}$，可得 $w^{h^*}=p^{c^*}-r_m g^{c^*}(1-u)-c_m-\frac{r_l\theta^{c^*}(1-v)}{\mu}-c_l$。

将以上最优解代入各自的利润函数中，可得最优利润函数如下：

$$\Pi_n^{h^*}=(w^{h^*}-c_n)(a-kp^{c^*}+g^{c^*}\eta+\theta^{c^*}\mu)-\frac{1}{2}r_m g^{c^*2}u-\frac{1}{2}r_l\theta^{c^*2}v$$

$$\Pi_m^{h^*}=(p^{c^*}-w^{h^*}-c_m-p_l^{h^*})(a-kp^{c^*}+g^{c^*}\eta+\theta^{c^*}\mu)-\frac{1}{2}r_m g^{c^*2}(1-u)$$

$$\Pi_l^{h^*}=(p_l^{h^*}-c_l)(a-kp^{c^*}+g^{c^*}\eta+\theta^{c^*}\mu)-\frac{1}{2}r_l\theta^{c^*2}(1-v)$$

要使此农畜产品供应链中各决策主体均能接受该契约，还应满足如下条件：

$$\begin{cases}\Pi_n^{h^*}=(w^{h^*}-c_n)(a-kp^{c^*}+g^{c^*}\eta+\theta^{c^*}\mu)-\frac{1}{2}r_m g^{c^*2}u-\frac{1}{2}r_l\theta^{c^*2}v\geqslant\Pi_n^{dd^*}\\ \Pi_m^{h^*}=(p^{c^*}-w^{h^*}-c_m-p_l^{h^*})(a-kp^{c^*}+g^{c^*}\eta+\theta^{c^*}\mu)-\frac{1}{2}r_m g^{c^*2}(1-u)\geqslant\Pi_m^{dd^*}\\ \Pi_l^{h^*}=(p_l^{h^*}-c_l)(a-kp^{c^*}+g^{c^*}\eta+\theta^{c^*}\mu)-\frac{1}{2}r_l\theta^{c^*2}(1-v)\geqslant\Pi_l^{dd^*}\end{cases}$$

由此可得成本共担系数 u 和 v 的适用范围。依据表 5-2 中相关参数的取值，经测算可得，当 $u=0.20$ 和 $v=0.68$ 时，成本共担契约可实现农畜产品供应链利益协调，此时供应链的总利润与集中决策模式下的利润相等。成本共担契约下的最优决策及利润情况如表 5-4 所示。结合表 5-3 可得，经过成本共担契约协调之后，各参与主体的利润均大于分散决策模式下的利润值。

表 5-4　成本共担契约下的最优决策及利润情况

变量	集中决策	成本共担契约（$u=0.20$，$v=0.68$）
p	28.90	28.90
w	—	8.83

续表

变量	集中决策	成本共担契约 (u=0.20,v=0.68)
p_l	—	9.31
g	7.63	7.63
θ	6.97	6.97
q	48.80	48.80
Π_n	—	300.97
Π_m	—	439.09
Π_l	—	370.15
Π_p	—	740.06
Π	1110.21	1110.21

成本共担契约适用于订单农业模式下的利益协调，即在订单农业模式的分散决策中，上游农畜产品供应商（如农牧户和合作社等）可通过共担下游农畜产品加工企业和TPL服务商的成本在一定程度上实现利益协调。例如，农牧户、合作社和家庭农场等可按照下游加工企业的相关技术标准和要求来实现精细化种植、精准饲喂和标准化管理，从而提升农畜产品的品质，扩大整个农畜产品供应链的利润空间。同时，上游农牧户也可与下游农畜产品加工企业共担标准化养殖场建设、农田改造、饲料及相关养殖技术的成本，或通过托管代养方式共担下游企业的养殖成本。例如，正大集团与上游的家庭农场通过共担原料成本、养殖场建设成本以及养殖技术成本等建立了相对紧密的利益联结机制。同理，上游的农牧户合作社也可通过土地租赁的方式为TPL服务商的产地冷藏库、保鲜库等冷链设施建设提供场所，从而优化冷链物流服务，进而实现整个农畜产品供应链的利益协调。

3. 讨价还价模型契约

不同参与主体在整个供应链中的地位和主导能力不同导致其讨价还价能力不同。因此，我们也可基于不同参与主体的讨价还价能力大小来设计利益协调契约。假设农畜产品供应链中三个参与主体的讨价还价能力系数分别为χ_n，χ_m和χ_l，满足$\chi_n+\chi_m+\chi_l=1$。根据纳什讨价还价理论建立模型如下：

$$\max Z=(\chi_n\Pi^{c^*}-\Pi_n^{dd^*})(\chi_m\Pi^{c^*}-\Pi_m^{dd^*})((1-\chi_n-\chi_m)\Pi^{c^*}-\Pi_l^{dd^*})((\chi_n+\chi_m)\Pi^{c^*}-\Pi_p^{dd^*})$$

$$s.t.\begin{cases}\Pi_n^h=\chi_n\Pi^{c^*}\geqslant\Pi_n^{dd^*}\\ \Pi_m^h=\chi_m\Pi^{c^*}\geqslant\Pi_m^{dd^*}\\ \Pi_l^h=(1-\chi_n-\chi_m)\Pi^{c^*}\geqslant\Pi_l^{dd^*}\\ \Pi_p^h=(\chi_n+\chi_m)\Pi^{c^*}\geqslant\Pi_p^{dd^*}\\ 0<\chi_n<1,0<\chi_m<1\end{cases}$$

代入表 5 - 2 中各参数的取值，借用 LINGO 软件可计算得到各决策主体的讨价还价能力系数分别为：$\chi_n=0.46$，$\chi_m=0.37$，$\chi_l=0.17$。此时，整个农畜产品供应链中各决策主体的利润之和与集中决策模式下的总利润相等，且各决策主体的利润均高于分散决策模式下的利润。同时，农畜产品供应商和农畜产品加工企业的利润之和大于合作决策模式下双方的总利润。因此，讨价还价协调模型可实现农畜产品供应链的利益协调。

讨价还价协调模型适合于股权合作的决策模式。其中，讨价还价能力系数可作为各决策主体股权比例和收益分配比例的参考和依据。

5.5.2 合作决策模式下的利益协调契约

合作决策模式（农畜产品供应链的产销一体模式）下的利益协调机制可采用非对称的纳什讨价还价模型来设计[108]。此模型充分考虑了不同主体的讨价还价能力以及风险态度对利益协调分配的影响。假设农畜产品供应商和农畜产品加工企业形成的合作体的利润增量为 $\Delta\Pi_p$，TPL 服务商的利润增量为 $\Delta\Pi_l$，两者的利润总增量如下：

$$\Delta\Pi_{p+l}=\Delta\Pi_p+\Delta\Pi_l=\Pi^{c^*}-\Pi_p^{cd^*}-\Pi_l^{cd^*}$$

利益协调模型如下：

$$v_{p+l}=v_p^{\varphi_p}v_l^{\varphi_l}$$

其中，$\varphi_p+\varphi_l=1$，φ_p 和 φ_l 分别代表合作体和 TPL 服务商的讨价还价能力，v_p 和 v_l 分别代表合作体和 TPL 服务商的效用值，v_{p+l}表示双方的总效用值。v_p 和 v_l 可根据以下的效用函数公式来得出：

$$v_p=(\Delta\Pi_p)^{\gamma_p},v_l=(\Delta\Pi_l)^{\gamma_l}$$

其中，γ^p 和 γ^l 分别代表合作体和 TPL 服务商的风险态度。由此，可得如下最优化问题：

$$\max v_{p+1} = v_p^{\varphi_p} v_l^{\varphi_l} = (\Delta\Pi_p)\varphi_p\gamma_p(\Delta\Pi_l)\varphi_l\gamma_l$$

$$s.t.\begin{cases}\Delta\Pi_{p+1} = \Delta\Pi_p + \Delta\Pi_l \\ \Delta\Pi_p > 0, \Delta\Pi_l > 0\end{cases}$$

根据$\frac{\partial v_{p+1}}{\partial \Delta\Pi_p}=0$，$\frac{\partial v_{p+1}}{\partial \Delta\Pi_l}=0$，可得最优解如下：

$$\Delta\Pi_p = \frac{\varphi_p\gamma_p}{\varphi_p\gamma_p+\varphi_l\gamma_l}\Delta\Pi_{p+1}, \Delta\Pi_l = \frac{\varphi_l\gamma_l}{\varphi_p\gamma_p+\varphi_l\gamma_l}\Delta\Pi_{p+1}$$

考虑风险态度对双方利润增量的影响，即当 $\varphi_p=\varphi_l$ 时，若 $\gamma^p=\gamma^l$，此时双方的风险态度相等，可得 $\Delta\Pi_p=\Delta\Pi_l$；当 $\gamma^p>\gamma^l$ 时，$\Delta\Pi_p>\Delta\Pi_l$；当 $\gamma^p<\gamma^l$ 时，$\Delta\Pi_p<\Delta\Pi_l$，即各参与主体的风险态度将直接影响其利润增量。当风险偏好越大时，其利润增量也越大。同理可分析双方的讨价还价能力对其自身利润增量的影响，当决策主体的讨价还价能力越大时，其利润增量也越大。

在农畜产品供应链的产销一体化模式中，农畜产品供应商和农畜产品加工企业形成了紧密的合作关系，而 TPL 服务商为其提供物流服务，此时双方利润分配的多少要充分考虑双方的风险偏好以及双方讨价还价能力。一般而言，从事农畜产品冷链物流服务的 TPL 服务商通常为风险规避型，且在整个农畜产品供应链中处于从属地位；而农畜产品供应商和农畜产品加工企业形成的产销一体化合作体属于风险偏好型，由于其掌握了农畜产品供需的信息、农畜产品市场价格信息以及提升产品绿色度的相关技术，因此，其在整个供应链中处于主导地位，讨价还价能力相对较高，从而利润分配额也相对较大。也就是说，在产销一体化模式中，设计非对称的纳什讨价还价利益协调模型，有利于提升从事农畜产品生产和销售业务的市场主体的收益，更有利于形成利益共享、风险共担的利益联结机制。

5.6　本章小结

本章采用 Stackelberg（斯塔克尔伯格）模型，针对分散决策、合作决策以及集中决策三种模式，在同时考虑农畜产品绿色度和生鲜度的情形下，深入研究了由农畜产品供应商、农畜产品加工企业以及 TPL 服务商构成的农畜产品供应链中各决策主体的最优决策及最优利润问题。在此基础上，本章立足分散决策的两种生产经营模式，即订单农业和股权合作，分别设计了成本共担契约和纳什讨价还价模型以实现供应链利益协调。同时，基于合作决策模式，本章还设计了同时考虑风险态度和讨价还价能力的利益协调机制。

在订单农业的生产经营模式中，农畜产品供应商，如农牧户、合作社、家庭农场等农业经营主体需与下游提升农畜产品绿色度的农畜产品加工企业，以及提供冷链物流服务从而确保农畜产品生鲜度的 TPL 服务商共担成本。例如，农牧户、合作社可通过精细化的种植和养殖来提升农畜产品的品质，从而降低农畜产品加工企业对绿色度的投入成本，实现成本共担。同理，合作社也可与下游的农畜产品加工企业通过共担标准化养殖场建设、农田改造、饲料和相关养殖技术的成本，并为 TPL 服务商的产地冷仓建设提供场所等方式，实现整个农畜产品供应链订单农业模式的利益协调。

在股权合作的生产经营模式中，农畜产品供应链中的各参与主体可根据自身盈利能力，通过纳什讨价还价模型来测算自身在整个供应链中的讨价还价能力系数，再结合自身在供应链中主导权力结构的强弱、自身拥有的资源状况等来合理调整自身的讨价还价能力系数，调整后的系数可作为股权合作模式中股权比例和利益分配系数的参考。

在产销一体化的生产经营模式下，即农畜产品供应商和农畜产品加工企业合作决策的模式中，双方形成的合作体在整个农畜产品供应链中占据主导地位。此时，可根据自身讨价还价能力的大小，同时结合农畜产品的特点、合作体与 TPL 服务商各自的风险态度等综合衡量利润分配额，从而在一定程度上实现产销一体化模式下的利益协调。

第6章 畜产品四级绿色供应链最优绿色度决策及利益协调研究

基于前期研究成果，结合畜产品绿色供应链的运营实际，本章分析了更符合实际的四级供应链结构，同时考虑了政府补贴对绿色供应链运营的影响。在此基础上，区别于以往仅考虑经济效益的情况，本章在考虑经济效益的基础上，进一步考虑了生态效益和社会效益。

6.1 引言

畜牧业是关系国计民生的重要产业，肉蛋奶是百姓“菜篮子”的重要品种[109]。2021年，农业农村部印发《“十四五”全国畜牧兽医行业发展规划》，提出2025年，全国畜牧业现代化建设要取得重大进展[110]。党的二十大以来，国家提出要建设重要农畜产品生产基地，立足地区资源和市场需求，推动供给侧和需求侧对接，构建高质量的畜牧业发展格局。需要特别指出的是，畜牧业高质量发展格局的构建不能仅仅考虑畜牧业经济效益的最大化，而应同时考虑经济效益、生态效益和社会效益，实现三者的协调与融合发展。因为这直接关系到畜牧业转型升级目标的实现和牧区现代化建设的成效。

畜产品绿色供应链是实现畜牧业高质量发展的重要载体[111]，而在其中，利益联结机制是构成畜产品绿色供应链的根本。利益协调机制是畜产品绿色供应链利益分配和风险承担的制度保障。科学合理的利益协调机制的构建，有助于实现畜产品绿色供应链经济效益、生态效益和社会效益的协调发展，从而更好地实现整个畜牧业的高质量发展。

然而，当前我国畜产品绿色供应链在发展中仍存在利益分配不公、信息不对称、绿色成本分担不均、风险共担机制不完善、利益协调机制不够有效等问题[30,111-114]，且个别市场主体片面追求经济效益而忽视了生态效益和社会效益，从而导致畜产品绿色供应链的运行效率不高。随着消费者对影响畜产品质量安全的产品绿色度和生鲜度的日益重视，本章将重点研究以下问题：第一，如何制定畜产品绿色供应链的最优绿色度决策？第二，如何深度挖掘影响畜产品绿色度的主要因素及影响程度？第三，如何在保证畜产品绿色度和生鲜度的同时实现整个畜产品绿色供应链的利益协调？

6.2 绿色供应链最优决策相关文献回顾

国内外学者围绕农畜产品绿色供应链的不断探索主要集中在绿色供应链的最优决策、运作模式以及利益协调等方面。

关于农畜产品绿色供应链最优决策的研究主要集中在两级或三级。方新等学者分析了生鲜农产品的保鲜投入水平和货架服务水平对两级供应链最优决策和利润的影响[115]；李晓蓉和欧阳澳雯构建了两级在线农产品供应链，考虑了时间及温度对生鲜农产品供应链最优决策及需求的影响[116]；花均南和丁显博考虑了市场随机需求对农产品绿色供应链最优决策的影响[117]；朴惠淑和扈秀静研究发现，在生产商、物流服务商、线下超市组成的三级生鲜农产品供应链中，消费者绿色偏好系数和生鲜度敏感系数对生鲜农产品供应链绩效存在正向激励作用[118]。物流服务商作为农畜产品绿色供应链的重要参与主体，其在生鲜农产品保鲜方面具备优势[119]。因此，对物流服务商参与下的农畜产品绿色供应链利益协调进行研究具有重要价值。吕广美等人研究了由供应商、TPL 服务商和两个品牌知名度不同的竞争性零售商组成的三级生鲜农产品供应链，其中供应商与 TPL 服务商在冷链和产品溯源上开展了深度合作[120]；冯颖和顾佳美聚焦于由供应商、TPL 服务商和零售商组成的生鲜农产品三级供应链的协调问题，发现 TPL 主导致使其自身利润增加[121]。物流服务商在畜产品绿色供应链中的重要性毋庸置疑，但畜牧业的生产活动所涉及的畜产品绿色供应链非常复杂，不仅包括从饲草供应、种畜繁育、生产养殖以及屠宰加工到流通销售的全过程，还包括动物福利和政府政策等方面的考虑。因此，单纯的二级或三级畜产品绿色供应链无法满足实际的生产需求，我们应结合生产需要，对三级以上的多级畜产品绿色供应链进行研究。

农畜产品易腐坏的特性使农畜产品绿色供应链与其他供应链存在明显区别，因此，绿色度和生鲜度成为影响农畜产品绿色供应链决策的重要因素。例如，陈琪等在关于双渠道农产品供应链的研究中引入绿色度这一变量，探讨双渠道农产品供应链中的博弈问题，强调了绿色度在提高农产品供应链效益中的重要作用[122]；刘丽等人在此基础上引入品牌商誉，探讨了产品绿色度和品牌商誉的变化轨迹[123]；陈柳鑫等人聚焦于 TPL 保鲜水平对各参与主体以及农产品供应链总利润的影响[124]；杨怀真和卢高达在电子商务模式下，以生产商、分销商、零售商构成的生鲜农产品三级供应链为研究对象，考虑生鲜农产品生鲜度对市场购买力的影响，得出三种不同决策情形下的供应链最优期望利润[125]。为促进生态保护，政府会实施绿色补贴政策以进一步推动绿色供应链的发展。例如，张克勇等人考虑政府绿色补贴和供应链成员风险规避特性，对政府、制造商和零售商组成的三级绿色供应链进行研究，发现政府绿色补贴对于绿色供应链的发展具有积极作用[126]；周敏和付霞的研究也表明，政府补贴有助于推动绿色供应链的发展[127]。

在农畜产品绿色供应链的运作模式方面，现有研究主要从以农牧业龙头企业或零售商为核心的角度来分析农畜产品供应链体系及其利益协调，鲜有从以代表牧户利益的合作社为核心的角度来进行研究。比如，Song 等人建立了零售商主导和议价收益共享契约下的绿色供应链博弈模型，发现零售商主导的收益共享契约具有更高的绿色化水平[128]；Giri 等人分析了供应链在集中式和分散式下制造商主导、零售商主导和第三方主导的定价和退货决策，发现零售商主导的场景提供了更多利润[129]；林强等人将上下游企业的公平偏好纳入零售商主导型供应链决策模型中，研究供应链上下游企业中单方、双方的公平偏好对供应链均衡决策和运作效率的影响[130]；高强和穆丽娟基于“农业合作社＋加工企业＋零售商”的农产品供应链模式，运用 Stackelberg 博弈和修正后的 Shapley(沙普利)值法研究“合作社主导型农产品供应链”联盟中各主体的利益分配[96]；屠文娟等人基于供应链视角，采用演化博弈方法对农民专业合作社的利益分配机制进行研究[131]。此外，以物流服务商为主导的农畜产品绿色供应链的运作模式也相对较少见，这主要归因于物流服务商在规模、资源和能力方面的不足使其难以承担主导供应链的重任。

供应链利益协调问题是供应链管理研究的主要方向之一，协调机制的建立往往是解决供应链成员间不协调问题的主要手段。由于构成供应链的各个企业都是独立的经济实体，为使供应链能够高效稳定运行，合作伙伴间的收益得到合理分配，Yan 等人研究了在制造商公平偏好情形下，生鲜农产品供应链中制造商和零售商的产品生鲜度决策，并设计了收益共享利益协调契约[132]；Yang 等人研究了突发事件下三级生鲜农产品供应链的利益协调机制[133]；熊峰等人通过构建“合作社＋核心企业”的两级生鲜农产品供应链，研究供应链盟员保鲜投入决策，并探讨了供应链盟员偏好对收益共享契约利益协调效果的影响[99]；也有部分学者设计了需求不确定情形下的利益协调机制，如冯颖等人构建了由供应商、零售商和 TPL 服务商组成的三级农产品供应链，在随机产出与随机需求情形下设计产品批发价格及物流服务价格契约实现供应链利益协调[121]；Zhou 等人设计了选择契约来实现需求不确定情形下两级生鲜农产品供应链的利益协调和信息共享，并通过数值实验和案例进行了验证[101]；Yan 等人在两周期报告模型下，研究了消费者策略行为视角下由制造商和零售商组成的两级生鲜农产品供应链的利益协调[132]；Ma 等在信息不对称情形下，结合生鲜农产品易腐性的特点，研究了物流服务商参与的三级生鲜农产品供应链的利益协调[93]。TPL 的介入对于提高生鲜农产品供应链流通效率具有重要现实意义，但同时也会增加供应链契约设计的复杂度。马雪丽等人深入研究了由农户、TPL 和零售商组成的三级农产品供应链利益协调问题，将农产品的数量和质量损耗均视为 TPL 保鲜努力的内生变量，并分别建立了分散与集中决策模式下的动态博弈模型[134]；张建军则研究了 TPL 服务商参与农畜产品供应链的利益协调，并通过设计不同的契约来实现农畜产品供应链的利益协调[24]。

现有研究分别从三级绿色供应链、绿色度、生鲜度和政府补贴的单一视角进行研究，缺少将这些因素同时纳入绿色供应链的研究，并且在实际的畜产品绿色供应链运营中，供应链的构成更加复杂、层次更加丰富、涉及的参与主体更多。其中，TPL 服务商作为畜产品绿色供应链的重要参与主体，对畜产品绿色供应链利益协调研究具有重要价值。因此，本研究选择了由合作社、屠宰加工企业、零售商和 TPL 服务商组成的四级畜产品绿色供应链，对政府补贴下的畜产品绿色供应链最优决策及利益协调进行深入研究。

另外，现有文献在进行利益协调研究时多关注经济效益，而忽视生态效益和社会效益的协同。本章结合畜产品的特点，综合考虑畜产品绿色供应链的经济效益和生态效益，研究畜产品绿色供应链的最优决策，并考虑该最优决策结果对畜产品绿色供应链社会效益的影响，同时设计利益协调契约，实现整个畜产品绿色供应链的利益协调，从而进一步丰富绿色供应链最优决策及利益协调研究的理论体系。

6.3 畜产品绿色供应链参与主体博弈分析

随着经济的高速发展及消费观念的升级，消费者对畜产品质量的要求不断提高，对绿色畜产品的消费偏好显著增强。因此，畜产品绿色度成为影响消费者购买选择的重要因素。

在供应链成员博弈的过程中，受自身经济实力、信息资源获取能力、品牌影响力等多种因素的影响，供应链上的每个成员都可能成为供应链的主导者，如宏发集团、四子王旗民族贸易有限责任公司等屠宰实力雄厚的加工企业通常在供应链中占据主导地位。此外，随着合作社的快速发展，近几年也形成了以合作社为主导的畜产品绿色供应链模式。在供应链的博弈中，主导企业不同，畜产品绿色供应链的决策过程就会不同，供应链的最优效益也不同。

基于此，本章将探究合作社主导和屠宰加工企业主导的两种不同运作模式下的畜产品绿色供应链最优绿色度、生鲜度等决策及其总效益问题。

6.3.1　问题描述与模型假设

1. 问题描述

本章构建的四级畜产品绿色供应链结构模型如图 6－1 所示。其中，合作社负责畜产品的养殖和初级畜产品的生产，屠宰加工企业负责畜产品的初级加工、深加工以及畜产品向零售商的销售，零售商负责畜产品向消费者的零售，TPL 服务商则负责畜产品的冷链物流服务，从而更好地保证畜产品的生鲜度和质量，满足终端消费者对畜产品的高品质需求。

图 6－1　四级畜产品绿色供应链结构模型

在销售季到来前，屠宰加工企业根据终端消费者的需求量和绿色度的要求，向上游的合作社下达数量为 q 的订单，合作社根据屠宰加工企业的订单量进行供应，之后按单位批发价格 w 售卖给屠宰加工企业。屠宰加工企业根据消费者绿色度 g_r 的要求进行加工后，以 p_m 的价格卖给下游的零售商，同时委托 TPL 服务商提供相关冷链物流服务，单位物流服务价格为 p_l，TPL 服务商通过提供高质量的冷链物流服务来确保产品的生鲜度水平 f_r。零售商以零售价 p 将畜产品卖给消费者。消费者可根据畜产品零售价 p、畜产品绿色度 g_r、畜产品生鲜度 f_r 等来综合衡量自身的购买决策。

2. 模型假设与符号说明

为了使模型表达式更为直观、简洁，该决策模型中涉及的参数与符号说明如表

6-1 所示。上标 S 表示合作社主导的运作模式，M 表示屠宰加工企业主导的运作模式；cd 表示集中决策情形，dd 表示分散决策情形。

表 6-1 畜产品绿色供应链博弈模型相关参数与符号说明

变量	符号	说明
决策变量	p	畜产品零售价
	g_r	畜产品绿色度
	f_r	畜产品生鲜度
	w	畜产品批发价格
	p_m	精深加工后畜产品价格
	p_l	物流服务价格
目标变量	Π_{Tr}	畜产品绿色供应链总效益
	Π_{En}	畜产品绿色供应链经济效益
	Π_{El}	畜产品绿色供应链生态效益
	Π_s	合作社效益
	Π_m	屠宰加工企业效益
	Π_r	零售商效益
	Π_l	TPL 服务商效益
关联变量	c_s	畜产品单位生产成本
	c_m	畜产品单位加工成本
	c_r	畜产品单位销售成本
	c_l	畜产品单位物流服务成本
	D	需求量
	a	畜产品市场规模

续表

变量	符号	说明
系数	α	绿色投入边际成本系数
	β	生鲜投入边际成本系数
	γ	绿色营销费用
	λ	零售价敏感系数
	μ	绿色度敏感系数
	η	生鲜度敏感系数
	s_0	政府对屠宰加工企业的补贴系数
	s_m	政府对合作社的补贴系数

借鉴已有研究文献，建立如下假设。

假设 1：畜产品绿色供应链各主体均为完全理性且追求自身利益最大化；供应链上各成员间信息共享且信息完全对称；均为风险中性。

假设 2：畜产品的需求量受产品生鲜度、绿色度、零售价等多因素综合影响，需求量函数为 $D=a-\lambda p+\mu g_r+\eta f_r$。市场对于畜产品的需求量与屠宰加工企业的产品订购量一致。函数中 a 为畜产品市场规模，λ 为消费者对畜产品的零售价。敏感系数 μ 为消费者对畜产品绿色度敏感系数，η 为消费者对畜产品生鲜度敏感系数。

假设 3：绿色投资成本与畜产品绿色度呈二次函数关系[135]，具体函数关系式为 $C_1=(\alpha g_r^2)/2$，其中 $\alpha>0$，且由于考虑供应链整体所需的绿色投资成本，当结合实际情况时，α 往往取值较大。

假设 4：保鲜投资成本与畜产品生鲜度水平呈二次函数关系，具体函数关系式为 $C_2=(\beta f_r^2)/2$，其中 $\beta>0$，且由于考虑供应链整体所需的保鲜投资成本，当结合实际情况，β 往往取值较大。

假设 5：政府为促进畜产品绿色供应链的发展，激励合作社和屠宰加工企业分别作出绿色创新努力和贡献，提倡并引导消费者进行绿色消费，同时制定相关的政府补贴政策。假设政府会对不同的畜产品绿色供应链主导企业分别进行补贴，具体补贴情形如下。

(1)政府对合作社进行补贴。由于养殖环节的补贴较多，包括畜种改良补贴、机械设备补贴、棚圈补贴以及粪污处理补贴，政府会按照一定的补贴系数对合作社的绿色投资成本进行补贴，补贴数额为 $s_0[(\alpha g_r^2)/2]$。例如，赤峰市阿鲁科尔沁旗政府按照30%的补贴系数对大自然合作社的机械设备投入进行补贴。

(2)政府对屠宰加工企业进行补贴。通常来说，政府对制造商的补贴是以制造商生产产品的绿色创新努力程度为依据的。根据这个定义，政府对单位畜产品进行补贴的数额为 $s_m g_r$。随着产品绿色水平的提高，政府补贴也会增加。

假设6：参考曹裕等学者的研究[136]，本章亦假设政府补贴总额 S 固定，即 $S=s_0[(\alpha g_r^2)/2]=s_m g_r$。

假设7：本章将整个畜产品绿色供应链的总效益作为决策目标，总效益包括经济效益和生态效益。其中，集中决策下的经济效益为畜产品绿色供应链的总利润，分散决策下的经济效益为各参与主体的利润之和；集中决策和分散决策下的生态效益为单位产品绿色度与市场需求的乘积[137]；畜产品绿色供应链总效益(Π_{Tr})＝畜产品绿色供应链经济效益(Π_{En})＋畜产品绿色供应链生态效益(Π_{El})。

假设8：参考曹裕等学者的研究，社会福利(social welfare，SW)由畜产品绿色供应链经济效益、畜产品绿色供应链生态效益、政府补贴和消费者剩余构成[138]。

6.3.2 合作社主导的畜产品绿色供应链博弈模型

1. 合作社主导下的集中决策

畜产品合作社的成立使得在畜产品绿色供应链中处于弱势地位的广大分散牧户被组织起来，显著提升了其在畜产品绿色供应链中的市场地位。合作社主导的畜产品绿色供应链运作模式如图6-2所示。

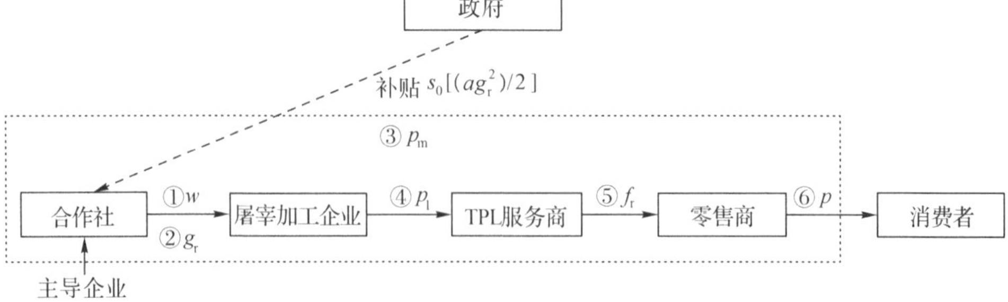

图6-2 合作社主导的畜产品绿色供应链运作模式

这种模式下的合作社往往规模较大。具体来说，参与这种畜产品绿色供应链联盟的合作社社员人数较多，占地面积较大，机械自动化程度较高，管理水平较先进。因此，规模化经营是合作社在畜产品绿色供应链联盟中占据主导地位的关键。例如，内蒙古赤峰市阿鲁科尔沁旗巴彦温都尔苏木塔林花嘎查股份经济合作社主营项目为肉羊，拥有自主商标且其肉羊获得了绿色食品认证。目前，该合作社与当地的屠宰加工企业建立了合作关系，并在供应链联盟中占据了主导地位。

根据以上假设，在以合作社为主导的集中决策下，畜产品绿色供应链的经济效益函数、生态效益函数、总效益函数和社会福利函数分别如下：

$$\Pi_{En}^{Scd}=(p-c_s-c_m-c_r-c_l)(a-\lambda p+\mu g_r+\eta f_r)-\frac{1}{2}(1-s_0)\alpha g_r^2-\frac{1}{2}\beta f_r^2$$

$$\Pi_{El}^{Scd}=(a-\lambda p+\mu g_r+\eta f_r)g_r$$

$$\Pi_{Tr}^{Scd}=(p-c_s-c_m-c_r-c_l+g_r)(a-\lambda p+\mu g_r+\eta f_r)-\frac{1}{2}(1-s_0)\alpha g_r^2-\frac{1}{2}\beta f_r^2$$

$$T_{SW}^{Scd}=(p-c_s-c_m-c_r-c_l+g_r)(a-\lambda p+\mu g_r+\eta f_r)-\frac{1}{2}(1-s_0)\alpha g_r^2-$$

$$\frac{1}{2}\beta f_r^2+\frac{1}{2}(a-\lambda p+\mu g_r+\eta f_r)^2$$

在集中决策情形下，总目标为畜产品绿色供应链总效益最大化，决策变量为畜产品零售价 p，畜产品绿色度 g_r，畜产品生鲜度 f_r。

畜产品绿色供应链总效益函数关于这三个决策的 Hessian 矩阵如下：

$$\boldsymbol{H}(p,g_r,f_r)=\begin{bmatrix}\frac{\partial^2\Pi_{Tr}^{Scd}}{\partial p^2} & \frac{\partial^2\Pi_{Tr}^{Scd}}{\partial p\partial g_r} & \frac{\partial^2\Pi_{Tr}^{Scd}}{\partial p\partial f_r}\\ \frac{\partial^2\Pi_{Tr}^{Scd}}{\partial g_r\partial p} & \frac{\partial^2\Pi_{Tr}^{Scd}}{\partial {g_r}^2} & \frac{\partial^2\Pi_{Tr}^{Scd}}{\partial g_r\partial f_r}\\ \frac{\partial^2\Pi_{Tr}^{Scd}}{\partial f_r\partial p} & \frac{\partial^2\Pi_{Tr}^{Scd}}{\partial f_r\partial g_r} & \frac{\partial^2\Pi_{Tr}^{Scd}}{\partial f_r^2}\end{bmatrix}=\begin{bmatrix}-2\lambda & \mu-\lambda & \eta\\ \mu-\lambda & 2\mu+\alpha(s_0-1) & \eta\\ \eta & \eta & -\beta\end{bmatrix}$$

$$D_1^{Scd}=-(-2\lambda)=2\lambda$$

$$D_2^{Scd}=\begin{vmatrix}-2\lambda & \mu-\lambda\\ \mu-\lambda & 2\mu+\alpha(s_0-1)\end{vmatrix}=2\alpha\lambda-2\lambda\mu-\lambda^2-\mu^2-2\alpha\lambda s_0$$

$$D_3^{Scd}=-\begin{vmatrix}-2\lambda & \mu-\lambda & \eta\\ \mu-\lambda & 2\mu+\alpha(s_0-1) & \eta\\ \eta & \eta & -\beta\end{vmatrix}$$

$$=-(\alpha\eta^2+\beta\lambda^2+\beta\mu^2-2\alpha\beta\lambda+2\beta\lambda\mu-\alpha\eta^2 s_0+2\alpha\beta\lambda s_0)$$

根据 Hessian 矩阵负定条件，当 $2\lambda>0$、$2\alpha\lambda-2\lambda\mu-\lambda^2-\mu^2-2\alpha\lambda s_0>0$ 且 $-(\alpha\eta^2+$

$\beta\lambda^2+\beta\mu^2-2\alpha\beta\lambda+2\beta\lambda\mu-\alpha\eta^2 s_0+2\alpha\beta\lambda s_0)>0$ 时，存在最优决策。

令 $\frac{\partial \Pi_{Tr}^{Scd}}{\partial p}=0$，$\frac{\partial \Pi_{Tr}^{Scd}}{\partial g_r}=0$，$\frac{\partial \Pi_{Tr}^{Scd}}{\partial f_r}=0$，得：

$$g_r^{Scd*}=\frac{\beta(\lambda+\mu)(a-\lambda c_s-\lambda c_m-\lambda c_l-\lambda c_r)}{(2\alpha\beta\lambda-\alpha\eta^2)(1-s_0)-\beta(\lambda+\mu)^2}$$

$$f_r^{Scd*}=\frac{\alpha\eta(a-\lambda c_s-\lambda c_m-\lambda c_l-\lambda c_r)(1-s_0)}{(2\alpha\beta\lambda-\alpha\eta^2)(1-s_0)-\beta(\lambda+\mu)^2}$$

$$p^{Scd*}=\frac{a+\eta f_r^{Scd*}+(\mu-\lambda)g_r^{Scd*}+\lambda(c_l+c_r+c_m+c_s)}{2\lambda}$$

将以上最优决策代入畜产品绿色供应链效益函数中，可得整个畜产品绿色供应链的最优经济效益、最优生态效益、最优总效益和最优社会福利。

$$\Pi_{En}^{Scd*}=(p^{Scd*}-c_s-c_m-c_r-c_l)(a-\lambda p^{Scd*}+\mu g_r^{Scd*}+\eta f_r^{Scd*})-\frac{1}{2}(1-s_0)\alpha(g_r^{Scd*})^2-\frac{1}{2}\beta(f_r^{Scd*})^2$$

$$\Pi_{El}^{Scd*}=(a-\lambda p^{Scd*}+\mu g_r^{Scd*}+\eta f_r^{Scd*})g_r^{Scd*}$$

$$\Pi_{Tr}^{Scd*}=(p^{Scd*}-c_s-c_m-c_r-c_l+g_r^{Scd*})(a-\lambda p^{Scd*}+\mu g_r^{Scd*}+\eta f_r^{Scd*})-\frac{1}{2}(1-s_0)\alpha(g_r^{Scd*})^2-\frac{1}{2}\beta(f_r^{Scd*})^2$$

$$T_{SW}^{Scd*}=(p^{Scd*}-c_s-c_m-c_r-c_l+g_r^{Scd*})(a-\lambda p^{Scd*}+\mu g_r^{Scd*}+\eta f_r^{Scd*})-\frac{1}{2}(1-s_0)\alpha(g_r^{Scd*})^2-\frac{1}{2}\beta(f_r^{Scd*})^2+\frac{1}{2}(a-\lambda p^{Scd*}+\mu+\eta)^2$$

2. 合作社主导下的分散决策

在分散决策情形下，畜产品绿色供应链的各个参与主体互不合作。在合作社主导的运作模式下，合作社占主导地位，具有优先决策权。首先，合作社决策畜产品批发价格 w，并且由合作社的绿色养殖技术决定畜产品的绿色度水平 g_r；其次，屠宰加工企业决策经过精深加工后的畜产品价格 p_m；然后，由 TPL 服务商决策物流服务价格 p_l 和畜产品的生鲜度水平 f_r；最后，零售商决策畜产品零售价 p。同时，政府对合作社的绿色投资成本进行补贴。依据 Stackelberg 博弈理论，采用逆向归纳法求得分散决策情形下畜产品绿色供应链的最优决策。

$$\Pi_s^{Sdd}=(w-c_s+g_r)(a-\lambda p+\mu g_r+\eta f_r)-\frac{1}{2}(1-s_0)\alpha g_r^2 \tag{6-1}$$

$$\Pi_m^{Sdd}=(p_m-w-c_m)(a-\lambda p+\mu g_r+\eta f_r) \tag{6-2}$$

$$\Pi_r^{Sdd}=(p-p_m-p_l-c_r)(a-\lambda p+\mu g_r+\eta f_r) \tag{6-3}$$

$$\Pi_{l}^{Sdd}=(p_{l}-c_{l})(a-\lambda p+\mu g_{r}+\eta f_{r})-\frac{1}{2}\beta f_{r}^{2} \tag{6-4}$$

将分散决策情形下零售商的效益函数 Π_{r}^{Sdd} 对 p 求一阶导数，其 Hessian 矩阵如下：

$$\boldsymbol{H}(p)=\left[\frac{\partial \Pi_{r}^{Sdd^{2}}}{\partial p^{2}}\right]=-2\lambda$$

当 $-2\lambda<0$ 时，Hessian 矩阵负定，存在唯一最优解。

令 $\frac{\partial \Pi_{r}^{Sdd}}{\partial p}=0$，得：

$$p^{Sdd^{*}}=\frac{(a+\mu g_{r}+\eta f_{r})+\lambda(p_{m}+p_{l}+c_{r})}{2\lambda} \tag{6-5}$$

$$D_{1}=\frac{(a+\mu g_{r}+\eta f_{r})-\lambda(p_{m}+p_{l}+c_{r})}{2}$$

将(6－5)代入(6－4)中：

$$\Pi_{l}^{Sdd}=(p_{l}-c_{l})\frac{(a+\mu g_{r}+\eta f_{r})-\lambda(p_{m}+p_{l}+c_{r})}{2}-\frac{1}{2}\beta f_{r}^{2}$$

$$\boldsymbol{H}(p_{l},f_{r})=\begin{bmatrix}\frac{\partial^{2}\Pi_{l}^{Sdd}}{\partial p_{l}^{2}} & \frac{\partial^{2}\Pi_{l}^{Sdd}}{\partial p_{l}\partial f_{r}}\\ \frac{\partial^{2}\Pi_{l}^{Sdd}}{\partial f_{r}\partial p_{l}} & \frac{\partial^{2}\Pi_{l}^{Sdd}}{\partial f_{r}^{2}}\end{bmatrix}=\begin{bmatrix}-\lambda & \frac{\eta}{2}\\ \frac{\eta}{2} & -\beta\end{bmatrix}$$

当 $4\lambda\beta-\eta^{2}>0$ 时，Hessian 矩阵负定，存在唯一最优解。

令 $\frac{\partial \Pi_{l}^{Sdd}}{\partial p_{l}}=0$，$\frac{\partial \Pi_{l}^{Sdd}}{\partial f_{r}}=0$，联立解得：

$$p_{l}^{Sdd^{*}}=\frac{2\beta(a+\mu g_{r})-2\lambda\beta(p_{m}+c_{r}+c_{l})+(4\lambda\beta-\eta^{2})c_{l}}{4\lambda\beta-\eta^{2}}$$

$$fr^{Sdd^{*}}=\frac{\eta(a+\mu g_{r})-\lambda\eta(p_{m}+c_{r}+c_{l})}{4\lambda\beta-\eta^{2}}$$

此时

$$D_{2}=\frac{\lambda\beta(a+\mu g_{r}-\lambda p_{m}-\lambda c_{r}-\lambda c_{l})}{4\lambda\beta-\eta^{2}} \tag{6-6}$$

将(6－6)代入(6－2)中：

$$\Pi_{m}^{Sdd}=(p_{m}-w-c_{m})\frac{\lambda\beta(a+\mu g_{r}-\lambda p_{m}-\lambda c_{r}-\lambda c_{l})}{4\lambda\beta-\eta^{2}}$$

$$\boldsymbol{H}(p_{m})=\left[\frac{\partial \Pi_{m}^{Sdd^{2}}}{\partial {p_{m}}^{2}}\right]=-\frac{2\lambda^{2}\beta}{4\lambda\beta-\eta^{2}}$$

当 $-2\lambda^2\beta<0$ 时，Hessian 矩阵负定，存在唯一解。

令 $\frac{\partial \Pi_m^{Sdd}}{\partial p_m}=0$，解得：

$$p_m^{Sdd*}=\frac{(a+\mu g_r)+\lambda(w+c_m-c_r-c_l)}{2\lambda}$$

$$D_3=\frac{\lambda\beta(a+\mu g_r-\lambda w-\lambda c_m-\lambda c_r-\lambda c_l)}{8\lambda\beta-2\eta^2}$$

将(6－7)代入(6－1)中：

$$\Pi_s^{Sdd}=(w-c_s+g_r)\frac{\lambda\beta(a+\mu g_r-\lambda w-\lambda c_m-\lambda c_r-\lambda c_l)}{8\lambda\beta-2\eta^2}-\frac{1}{2}(1-s_0)\alpha g_r^2$$

$$\boldsymbol{H}(w,g_r)=\begin{bmatrix}\frac{\partial^2\Pi_s^{Sdd}}{\partial w^2} & \frac{\partial^2\Pi_s^{Sdd}}{\partial w\partial g_r}\\ \frac{\partial^2\Pi_s^{Sdd}}{\partial g_r\partial w} & \frac{\partial^2\Pi_s^{Sdd}}{\partial g_r^2}\end{bmatrix}=\begin{bmatrix}-\frac{\beta\lambda^2}{4\lambda\beta-\eta^2} & -\frac{\beta\lambda(\lambda-\mu)}{2(4\lambda\beta-\eta^2)}\\ -\frac{\beta\lambda(\lambda-\mu)}{2(4\lambda\beta-\eta^2)} & \alpha(s_0-1)+\frac{\beta\lambda\mu}{4\lambda\beta-\eta^2}\end{bmatrix}$$

当 $-(\beta^2\lambda^4-16\alpha\beta^2\lambda^3+2\beta^2\lambda^3\mu+\beta^2\lambda^2\mu^2+4\alpha\beta\eta^2\lambda^2+16\alpha\beta^2\lambda^3 s_0-4\alpha\beta\eta^2\lambda^2 s_0)>0$ 时，Hessin 矩阵负定，存在唯一最优解。

令 $\frac{\partial \Pi_s^{Sdd}}{\partial w}=0$，$\frac{\partial \Pi_s^{Sdd}}{\partial g_r}=0$，联立解得：

$$w^{Sdd*}=\frac{A_{11}(a+\lambda c_s-\lambda c_m-\lambda c_l-\lambda c_r)+A_{12}(\lambda c_m+\lambda c_l+\lambda c_r-a)-\beta\lambda\mu(\lambda+\mu)c_s}{\lambda[(16\alpha\beta\lambda-4\alpha\eta^2)(1-s_0)-\beta(\lambda+\mu)^2]}$$

$$A_{11}=(8\alpha\lambda\beta-2\alpha\eta^2)(1-s_0)$$

$$A_{12}=\beta\lambda(\lambda+\mu)$$

$$g_r^{Sdd*}=\frac{\beta(\lambda+\mu)(a-\lambda c_l-\lambda c_m-\lambda c_r-\lambda c_s)}{(16\alpha\beta\lambda-4\alpha\eta^2)(1-s_0)-\beta(\lambda+\mu)^2}$$

将以上最优解代入各自的效益函数，得到分散决策模式下各参与主体的最优效益以及畜产品绿色供应链的最优经济效益、最优生态效益、最优总效益和最优社会福利。

$$\Pi_s^{Sdd*}=(w^{Sdd*}-c_s+g_r^{Sdd*})(a-\lambda p^{Sdd*}+\mu g_r^{Sdd*}+\eta f_r^{Sdd*})-(1-s_0)\alpha(g_r^{Sdd*})^2/2$$

$$\Pi_m^{Sdd*}=(p_m^{Sdd*}-w^{Sdd*}-c_m)(a-\lambda p^{Sdd*}+\mu g_r^{Sdd*}+\eta f_r^{Sdd*})$$

$$\Pi_r^{Sdd*}=(p^{Sdd*}-p_m^{Sdd*}-p_l^{Sdd*}-c_r)(a-\lambda p^{Sdd*}+\mu g_r^{Sdd*}+\eta f_r^{Sdd*})$$

$$\Pi_l^{Sdd*}=(p_l^{Sdd*}-c_l)(a-\lambda p^{Sdd*}+\mu g_r^{Sdd*}+\eta f_r^{Sdd*})-\beta(f_r^{Sdd*})^2/2$$

畜产品绿色供应链经济效益：

$$\Pi_{En}^{Sdd^*}=(p^{Sdd^*}-c_s-c_m-c_r-c_l)(a-\lambda p^{Sdd^*}+\mu g_r^{Sdd^*}+\eta f_r^{Sdd^*})-\frac{1}{2}(1-s_0)(g_r^{Sdd^*})^2-\frac{1}{2}(f_r^{Sdd^*})^2$$

畜产品绿色供应链生态效益：

$$\Pi_{El}^{Sdd^*}=(a-\lambda p^{Sdd^*}+\mu g_r^{Sdd^*}+\eta f_r^{Sdd^*})g_r^{Sdd^*}$$

畜产品绿色供应链总收益：

$$\Pi_{Tr}^{Sdd^*}=(p^{Sdd^*}-c_s-c_m-c_r-c_l+g_r^{Sdd^*})(a-\lambda p^{Sdd^*}+\mu g_r^{Sdd^*}+\eta f_r^{Sdd^*})-\frac{1}{2}(1-s_0)\alpha(g_r^{Sdd^*})^2-\frac{1}{2}\beta(f_r^{Sdd^*})^2$$

畜产品绿色供应链社会福利：

$$T_{SW}^{Sdd^*}=(p^{Sdd^*}-c_s-c_m-c_r-c_l+g_r^{Sdd^*})(a-\lambda p^{Sdd*}+\mu g_r^{Sdd*}+\eta f_r^{Sdd^*})-\frac{1}{2}(1-s_0)\alpha(g_r^{Sdd^*})^2-\frac{1}{2}\beta(f_r^{Sdd^*})^2+\frac{1}{2}(a-\lambda p^{Sdd^*}+\mu g_r^{Sdd^*}+\eta f_r^{Sdd^*})^2$$

3. 合作社主导下的参数分析

在合作社主导的运作模式下，考虑政府对合作社进行绿色投资成本补贴，分析畜产品绿色度敏感系数、生鲜度敏感系数以及政府绿色投资补贴系数对各决策变量的影响，得到命题 1 和命题 2。

命题 1：

$$\frac{\partial g_r^{Scd^*}}{\partial\mu}>0,\frac{\partial f_r^{Scd^*}}{\partial\mu}>0,\frac{\partial p^{Scd^*}}{\partial\mu}>0,\frac{\partial\Pi_{Tr}^{Scd^*}}{\partial\mu}>0;\frac{\partial g_r^{Scd^*}}{\partial\eta}>0,\frac{\partial f_r^{Scd^*}}{\partial\eta}>0,\frac{\partial p^{Scd^*}}{\partial\eta}>0,\frac{\partial\Pi_{Tr}^{Scd^*}}{\partial\eta}>0;$$

$$\frac{\partial g_r^{Scd^*}}{\partial s_0}>0,\frac{\partial f_r^{Scd^*}}{\partial s_0}>0,\frac{\partial p^{Scd^*}}{\partial s_0}>0,\frac{\partial\Pi_{Tr}^{Scd^*}}{\partial s_0}>0$$

命题 1 表明，在合作社主导的运作模式中，集中决策情形下，消费者绿色度敏感系数、生鲜度敏感系数和政府绿色投资补贴系数与畜产品零售价、畜产品绿色度、畜产品生鲜度和畜产品绿色供应链总效益呈正相关关系。

证明：

$$\frac{\partial g_r^{Scd^*}}{\partial\mu}=\frac{\beta(a-\lambda C)[(2\alpha\beta\lambda-\alpha\eta^2)(1-s_0)+\beta(\lambda+\mu)^2]}{[(2\alpha\beta\lambda-\alpha\eta^2)(1-s_0)-\beta(\lambda+\mu)^2]^2}$$

由 Hessian 矩阵 $\boldsymbol{H}(p,g_r,f_r)$ 的负定判定条件可知，$(2\alpha\beta\lambda-\alpha\eta^2)(1-s_0)-\beta(\lambda+\mu)^2>0$，可得 $(2\alpha\beta\lambda-\alpha\eta^2)(1-s_0)+\beta(\lambda+\mu)^2>0$，且 $g_r^{Scd^*}>0$，得 $\beta(\lambda+\mu)(a-$

$\lambda C)>0$。因此，证得$\frac{\partial g_{\mathrm{r}}^{\mathrm{Scd}^*}}{\partial \mu}>0$。其余所求偏导值的正负性证明过程与该证明过程类似，在此不再一一证明，命题1得证。

命题2：

$$\frac{\partial g_{\mathrm{r}}^{\mathrm{Sdd}^*}}{\partial \mu}>0,\frac{\partial f_{\mathrm{r}}^{\mathrm{Sdd}^*}}{\partial \mu}>0,\frac{\partial p^{\mathrm{Sdd}^*}}{\partial \mu}>0,\frac{\partial \Pi_{Tr}^{\mathrm{Sdd}^*}}{\partial \mu}>0;\frac{\partial g_{\mathrm{r}}^{\mathrm{Sdd}^*}}{\partial \eta}>0,\frac{\partial f_{\mathrm{r}}^{\mathrm{Sdd}^*}}{\partial \eta}>0,\frac{\partial p^{\mathrm{Sdd}^*}}{\partial \eta}>0,\frac{\partial \Pi_{Tr}^{\mathrm{Sdd}^*}}{\partial \eta}>0;$$

$$\frac{\partial g_{\mathrm{r}}^{\mathrm{Sdd}^*}}{\partial s_0}>0,\frac{\partial f_{\mathrm{r}}^{\mathrm{Sdd}^*}}{\partial s_0}>0,\frac{\partial p^{\mathrm{Sdd}^*}}{\partial s_0}>0,\frac{\partial \Pi_{Tr}^{\mathrm{Sdd}^*}}{\partial s_0}>0$$

命题2表明，在合作社主导的运作模式中，分散决策情形下，消费者绿色度敏感系数、生鲜度敏感系数和政府绿色投资补贴系数与畜产品零售价、畜产品绿色度、畜产品生鲜度和畜产品绿色供应链总效益呈正相关关系。

证明：

$$\frac{\partial f_{\mathrm{r}}^{\mathrm{Scd}^*}}{\partial \eta}=\frac{[\alpha(a-\lambda C)(1-s_0)-(\lambda+\mu)\gamma^2][(2\alpha\beta\lambda-\alpha\eta^2)(1-s_0)-\beta(\lambda+\mu)^2]}{[(2\alpha\beta\lambda-\alpha\eta^2)(1-s_0)-\beta(\lambda+\mu)^2]^2}+\frac{2\alpha\eta(1-s_0)[\alpha\eta(a-\lambda C)(1-s_0)-\eta(\lambda+\mu)\gamma^2]}{[(2\alpha\beta\lambda-\alpha\eta^2)(1-s_0)-\beta(\lambda+\mu)^2]^2}$$

由 Hessian 矩阵$\boldsymbol{H}(p,g_{\mathrm{r}},f_{\mathrm{r}})$的负定判定条件可知，$(2\alpha\beta\lambda-\alpha\eta^2)(1-s_0)-\beta(\lambda+\mu)^2>0$，且$f_{\mathrm{r}}^{\mathrm{Scd}^*}>0$，得$\alpha\eta(a-\lambda C)(1-s_0)-\eta(\lambda+\mu)\gamma^2>0$，可得$\frac{\partial g_{\mathrm{r}}^{\mathrm{Scd}^*}}{\partial \mu}>0$。其余所求偏导值的正负性证明过程与该证明过程类似，在此不再一一证明，命题2得证。

命题1和命题2表明，当消费者对畜产品的绿色度和生鲜度要求提高时，畜产品绿色供应链的参与主体为满足消费者需求，必然会加大对畜产品的绿色投入和保鲜投入，如采用更生态环保的养殖方式、使用更先进的保鲜技术等。相应地，企业的生产成本也会上升，因为为保障自身效益，企业会采取适度上调畜产品零售价格的策略。由于消费者倾向于购买绿色度和生鲜度更高的畜产品，并愿意支付较高的市场价格，这就促使畜产品的市场需求不断提升，同时供应链各参与主体的效益也随之增加，畜产品绿色供应链的总效益也得到稳步提升。

6.3.3 屠宰加工企业主导的畜产品绿色供应链博弈模型

1. 屠宰加工企业主导下的集中决策

屠宰加工是除养殖环节外另一个影响畜产品质量的重要环节。作为连接上游生产环节和下游流通环节的关键点，屠宰加工企业的技术水平和效率直接决定了畜产品的绿色度水平。

屠宰加工企业通常具有规模较大、实力雄厚的特点。畜产品绿色供应链的主导企业通常拥有自己的品牌，如赤峰市宏发集团的“敕勒川”和“塞外旭日”在销售渠道中树立了良好的形象和口碑，并获得了中国绿色食品发展中心的绿色食品认证，深得广大消费者的认可和青睐。屠宰加工企业主导的畜产品绿色供应链运作模式如图 6-3 所示。

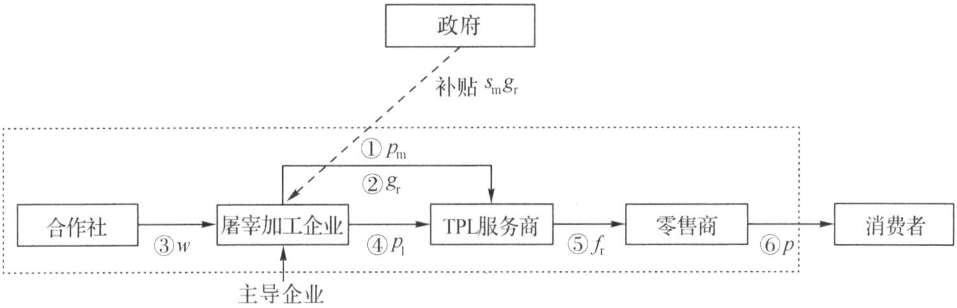

图 6-3　屠宰加工企业主导的畜产品绿色供应链运作模式

根据以上假设，在以屠宰加工企业主导的集中决策下，畜产品绿色供应链的经济效益函数、生态效益函数、总效益函数和社会福利函数如下：

$$\Pi_{En}^{Mcd}=(p-c_s-c_m-c_r-c_l+s_m g_r)(a-\lambda p+\mu g_r+\eta f_r)-\frac{1}{2}\alpha g_r^2-\frac{1}{2}\beta f_r^2$$

$$\Pi_{El}^{Mcd}=(a-\lambda p+\mu g_r+\eta f_r)g_r$$

$$\Pi_{Tr}^{Mcd}=(p-c_s-c_m-c_r-c_l+s_m g_r+g_r)(a-\lambda p+\mu g_r+\eta f_r)-\frac{1}{2}\alpha g_r^2-\frac{1}{2}\beta f_r^2$$

$$T_{SW}^{Mcd}=(p-c_s-c_m-c_r-c_l+s_m g_r+g_r)(a-\lambda p+\mu g_r+\eta f_r)-\frac{1}{2}\alpha g_r^2-\frac{1}{2}\beta f_r^2+\frac{1}{2}(a-\lambda p+\mu g_r+\eta f_r)^2$$

在集中决策情形下，总目标为畜产品绿色供应链总效益最大化，决策变量为畜产品零售价 p，畜产品绿色度 g_r，畜产品生鲜度 f_r。

根据 Hessian 矩阵负定条件，当 $2\lambda>0$、$-\lambda^2 s_m^2-2\lambda^2 s_m-\lambda^2-2\lambda\mu s_m-2\lambda\mu+2\lambda\alpha-\mu^2>0$ 且 $-(\alpha\eta^2+\beta\lambda^2 s_m^2+2\beta\lambda^2 s_m+\beta\lambda^2+2\beta\lambda\mu s_m+2\beta\lambda\mu-2\alpha\beta\lambda+\beta\mu^2)>0$ 时，存在最优决策。

令 $\frac{\partial \Pi_{Tr}^{Mcd}}{\partial p}=0,\frac{\partial \Pi_{Tr}^{Mcd}}{\partial g_r}=0,\frac{\partial \Pi_{Tr}^{Mcd}}{\partial f_r}=0$，得

$$g_r^{Mcd*}=\frac{\beta(\lambda+\mu+\lambda s_m)(a-\lambda c_s-\lambda c_m-\lambda c_l-\lambda c_r)}{(2\alpha\beta\lambda-\alpha\eta^2)-\beta(\lambda+\mu)^2-\beta\lambda^2 s_m^2-2\beta\lambda s_m(\lambda+\mu)}$$

$$f_r^{Mcd*}=\frac{\alpha\eta(a-\lambda c_s-\lambda c_m-\lambda c_l-\lambda c_r)}{(2\alpha\beta\lambda-\alpha\eta^2)-\beta(\lambda+\mu)^2-\beta\lambda^2 s_m^2-2\beta\lambda s_m(\lambda+\mu)}$$

$$p^{Mcd*}=\frac{a+\eta f_r^{Mcd*}+(\mu-\lambda-\lambda s_m)g_r^{Mcd*}+\lambda(c_l+c_r+c_m+c_s)}{2\lambda}$$

将以上最优决策代入畜产品绿色供应链效益函数中，可得整个畜产品绿色供应链的最优经济效益、最优生态效益、最优总效益和最优社会福利。

$$\Pi_{En}^{Mcd*}=(p^{Mcd*}-c_l-c_r-c_m-c_s+s_m g_r^{Mcd*})(a-\lambda p^{Mcd*}+\mu g_r^{Mcd*}+\eta f_r^{Mcd*})-\frac{1}{2}\alpha(g_r^{Mcd*})^2-\frac{1}{2}\beta(f_r^{Mcd*})^2$$

$$\Pi_{El}^{Mcd*}=(a-\lambda p^{Mcd*}+\mu g_r^{Mcd*}+\eta f_r^{Mcd*})g_r^{Mcd*}$$

$$\Pi_{Tr}^{Mcd*}=(p^{Mcd*}-c_l-c_r-c_m-c_s+s_m g_r^{Mcd*}+g_r^{Mcd*})(a-\lambda p^{Mcd*}+\mu g_r^{Mcd*}+\eta f_r^{Mcd*})-\frac{1}{2}\alpha(g_r^{Mcd*})^2-\frac{1}{2}\beta(f_r^{Mcd*})^2$$

$$T_{SW}^{Mcd*}=(p^{Mcd*}-c_l-c_r-c_m-c_s+s_m g_r^{Mcd*}+g_r^{Mcd*})(a-\lambda p^{Mcd*}+\mu g_r^{Mcd*}+\eta f_r^{Mcd*})-\frac{1}{2}\alpha(g_r^{Mcd*})^2-\frac{1}{2}\beta(f_r^{Mcd*})^2+\frac{1}{2}(a-\lambda p^{Mcd*}+\mu+\eta)2$$

2. 屠宰加工企业主导下的分散决策

在分散决策情形下，供应链各参与主体均独立进行决策且以自身利益最大化作为决策目标。首先，作为供应链主导者的屠宰加工企业决策精深加工后的畜产品价格 p_m 和绿色度水平 g_r；其次，合作社决策畜产品的批发价格 w；然后，TPL 服务商决策物流服务价格 p_l 和畜产品的生鲜度水平 f_r；最后，零售商决策畜产品的零售价 p。同时，政府对屠宰加工企业的绿色投资成本进行补贴。供应链各参与主体的效益函数如下。

$$\Pi_s^{Mdd}=(w-c_s)(a-\lambda p+\mu g_r+\eta f_r)$$

$$\Pi_m^{Mdd}=(p_m-w-c_m+s_m g_r+g_r)(a-\lambda p+\mu g_r+\eta f_r)-\frac{1}{2}\alpha g_r^2$$

$$\Pi_r^{Mdd}=(p-p_m-p_l-c_r)(a-\lambda p+\mu g_r+\eta f_r)$$

$$\Pi_l^{Mdd}=(p_l-c_l)(a-\lambda p+\mu g_r+\eta f_r)-\frac{1}{2}\beta f_r^2$$

采用逆向归纳法求得分散决策情形下畜产品绿色供应链的最优决策如下。

$$p^{Mdd*}=\frac{(a+\mu gr+\eta fr)+\lambda(p_m+p_l+c_r)}{2\lambda}$$

$$p_l^{Mdd*}=\frac{2\beta(a+\mu g_r)-2\beta(\lambda p_m+\lambda c_r+\lambda c_l)+(4\lambda\beta-\eta^2)c_l}{4\lambda\beta-\eta^2}$$

$$f_r^{Mdd*}=\frac{\eta(a+\mu g_r-\lambda p_m-\lambda c_r-\lambda c_l)}{4\lambda\beta-\eta^2}$$

$$w^{Mdd*}=\frac{(a+\mu g_r)-\lambda(x+c_r+c_l-c_s)}{2\lambda}$$

$$g_r^{Mdd*}=\frac{\beta(\lambda+\mu+\lambda s_m)(a-\lambda c_m-\lambda c_s-\lambda c_r-\lambda c_l)}{(16\alpha\lambda\beta-4\alpha\eta^2)-\beta(\lambda+\mu)^2-\beta\lambda^2 s_m^2-2\beta\lambda s_m(\lambda+\mu)}$$

$$p_m^{Mdd*}=\frac{A_{21}(\lambda c_l+\lambda c_r-a)+A_{22}(2c_m+c_s-e)}{\lambda[8\alpha(\eta^2-4\lambda\beta)+\beta(2\lambda+\mu)^2+4\lambda\beta s_m(\lambda s_m+2\lambda+\mu s_m)]}$$

$$A_{21}=-[6\alpha\eta^2-24\alpha\beta\lambda+4\beta(\lambda+\lambda s_m)^2+2\lambda\beta\mu(1+s_m)]$$

$$A_{22}=-(8\alpha\beta\lambda^2-2\alpha\lambda\eta^2-\beta\lambda\mu^2-2\beta\lambda^2\mu-2\beta\lambda^2\mu s_m)$$

将以上最优解代入各自的效益函数，得到分散决策情形下各决策主体的最优效益以及畜产品绿色供应链最优经济效益、最优生态效益、最优总效益和最优社会福利。

$$\Pi_s^{Mdd*}=(w^{Mdd*}-c_s)(a-\lambda p^{Mdd*}+\mu g_r^{Mdd*}+\eta f_r^{Mdd*})$$

$$\Pi_m^{Mdd*}=(p_m^{Mdd*}-w^{Mdd*}-c_m+s_m g_r^{Mdd*})(a-\lambda p^{Mdd*}+\mu g_r^{Mdd*}+\eta f_r^{Mdd*})-\frac{1}{2}\alpha(g_r^{Mdd*})^2+gr_r^{Mdd*}(a-\lambda p^{Mdd*}+\mu g_r^{Mdd*}+\eta f_r^{Mdd*})$$

$$\Pi_r^{Mdd*}=(p^{Mdd*}-p_m^{Mdd*}-p_l^{Mdd*}-c_r)(a-\lambda p^{Mdd*}+\mu g_r^{Mdd*}+\eta f_r^{Mdd*})$$

$$\Pi_l^{Mdd*}=(p_l^{Mdd*}-c_l)(a-\lambda p^{Mdd*}+\mu g_r^{Mdd*}+\eta f_r^{Mdd*})-\frac{1}{2}\beta(f_r^{Mdd*})^2$$

$$\Pi_{En}^{Mdd*}=(p^{Mdd*}-c_l-c_r-c_m-c_s+s_m g_r^{Mdd*})(a-\lambda p^{Mdd*}+\mu g_r^{Mdd*}+\eta f_r^{Mdd*})-\frac{1}{2}\alpha(g_r^{Mdd*})^2-\frac{1}{2}\beta(f_r^{Mdd*})^2$$

$$\Pi_{El}^{Mdd*}=(a-\lambda p^{Mdd*}+\mu g_r^{Mdd*}+\eta f_r^{Mdd*})g_r^{Mdd*}$$

$$\Pi_{Tr}^{Mdd*}=(p^{Mdd*}-c_l-c_r-c_m-c_s+s_m g_r^{Mdd*}+g_r^{Mdd*})(a-\lambda p^{Mdd*}+\mu g_r^{Mdd*}+\eta f_r^{Mdd*})-\frac{1}{2}\alpha(g_r^{Mdd*})^2-\frac{1}{2}\beta(f_r^{Mdd*})^2$$

$$T_{\mathrm{SW}}^{\mathrm{Mdd}^*}=(p^{\mathrm{Mdd}^*}-c_{\mathrm{l}}-c_{\mathrm{r}}-c_{\mathrm{m}}-c_{\mathrm{s}}+s_{\mathrm{m}}g_{\mathrm{r}}^{\mathrm{Mdd}^*}+g_{\mathrm{r}}^{\mathrm{Mdd}^*})(a-\lambda p^{\mathrm{Mdd}^*}+\mu g_{\mathrm{r}}^{\mathrm{Mdd}^*}+\eta f_{\mathrm{r}}^{\mathrm{Mdd}^*})-\frac{1}{2}\alpha(g_{\mathrm{r}}^{\mathrm{Mdd}^*})^2-\frac{1}{2}\beta(f_{\mathrm{r}}^{\mathrm{Mdd}^*})^2+\frac{1}{2}(a-\lambda p^{\mathrm{Mdd}^*}+\mu+\eta)^2$$

3.屠宰加工企业主导下的参数分析

在屠宰加工企业主导的运作模式下，考虑政府对屠宰加工企业进行绿色投资补贴，分析畜产品绿色度敏感系数、生鲜度敏感系数以及政府绿色投资补贴系数对各决策变量的影响，得到命题 3 和命题 4。

命题 3：

$$\frac{\partial g_{\mathrm{r}}^{\mathrm{Mcd}^*}}{\partial\mu}>0,\frac{\partial f_{\mathrm{r}}^{\mathrm{Mcd}^*}}{\partial\mu}>0,\frac{\partial p^{\mathrm{Mcd}^*}}{\partial\mu}>0,\frac{\partial \Pi_{Tr}^{\mathrm{Mcd}^*}}{\partial\mu}>0;\frac{\partial g_{\mathrm{r}}^{\mathrm{Mcd}^*}}{\partial\eta}>0,\frac{\partial f_{\mathrm{r}}^{\mathrm{Mcd}^*}}{\partial\eta}>0,\frac{\partial p^{\mathrm{Mcd}^*}}{\partial\eta}>0,\frac{\partial \Pi_{Tr}^{\mathrm{Mcd}^*}}{\partial\eta}>0;$$

$$\frac{\partial g_{\mathrm{r}}^{\mathrm{Mcd}^*}}{\partial s_{\mathrm{m}}}>0,\frac{\partial f_{\mathrm{r}}^{\mathrm{Mcd}^*}}{\partial s_{\mathrm{m}}}>0,\frac{\partial p^{\mathrm{Mcd}^*}}{\partial s_{\mathrm{m}}}>0,\frac{\partial \Pi_{Tr}^{\mathrm{Mcd}^*}}{\partial s_{\mathrm{m}}}>0$$

命题 3 表明，在屠宰加工企业主导的运作模式中，集中决策情形下，消费者绿色度敏感系数、生鲜度敏感系数和政府绿色投资补贴系数与畜产品零售价、畜产品绿色度、畜产品生鲜度和畜产品绿色供应链总效益呈正相关关系。证明过程同命题 1。

命题 4：

$$\frac{\partial g_{\mathrm{r}}^{\mathrm{Mdd}^*}}{\partial\mu}>0,\frac{\partial f_{\mathrm{r}}^{\mathrm{Mdd}^*}}{\partial\mu}>0,\frac{\partial p^{\mathrm{Mdd}^*}}{\partial\mu}>0,\frac{\partial \Pi_{Tr}^{\mathrm{Mdd}^*}}{\partial\mu}>0;\frac{\partial g_{\mathrm{r}}^{\mathrm{Mdd}^*}}{\partial\eta}>0,\frac{\partial f_{\mathrm{r}}^{\mathrm{Mdd}^*}}{\partial\eta}>0,\frac{\partial p^{\mathrm{Mdd}^*}}{\partial\eta}>0,\frac{\partial \Pi_{Tr}^{\mathrm{Mdd}^*}}{\partial\eta}>0;$$

$$\frac{\partial g_{\mathrm{r}}^{\mathrm{Mdd}^*}}{\partial s_{\mathrm{m}}}>0,\frac{\partial f_{\mathrm{r}}^{\mathrm{Mdd}^*}}{\partial s_{\mathrm{m}}}>0,\frac{\partial p^{\mathrm{Mdd}^*}}{\partial s_{\mathrm{m}}}>0,\frac{\partial \Pi_{Tr}^{\mathrm{Mdd}^*}}{\partial s_{\mathrm{m}}}>0$$

命题 4 表明，在屠宰加工企业主导的运作模式中分散决策情形下，消费者绿色度敏感系数、生鲜度敏感系数和政府绿色投资补贴系数与畜产品零售价、畜产品绿色度、畜产品生鲜度和畜产品绿色供应链总效益呈正相关关系。证明过程同命题 2。

6.3.4 不同运作模式下各种决策情形的对比分析

本节将运用比较分析法分析两种运作模式中不同决策情形下各决策变量之间的关系。

命题 5：当 $\beta\lambda^2 s_m^2 + 2\beta\lambda s_m(\lambda+\mu) > (2\alpha\beta\lambda - \alpha\eta^2)s_0$，$g_r^{Mcd^*} > g_r^{Scd^*}$；当 $\beta\lambda^2 s_m^2 + 2\beta\lambda s_m(\lambda+\mu) > (16\alpha\beta\lambda - 4\alpha\eta^2)s_0$，$g_r^{Mdd^*} > g_r^{Sdd^*}$。

由命题 5 可知，无论是在集中决策还是分散决策情形下，屠宰加工企业主导的运作模式下的畜产品绿色度都更高。

证明：在集中决策情形下，合作社主导运作模式的畜产品绿色度与屠宰加工企业主导运作模式的畜产品绿色度如下：

$$g_r^{Scd^*} = \frac{\beta(\lambda+\mu)(a-\lambda C)}{D_3^{Scd}}$$

$$g_r^{Mcd^*} = \frac{\beta(\lambda+\mu+\lambda s_m)(a-\lambda C)}{D_3^{Mcd}}$$

$$D_3^{Scd} = (2\alpha\beta\lambda - \alpha\eta^2)(1-s_0) - \beta(\lambda+\mu)^2$$

$$D_3^{Mcd} = 2\alpha\beta\lambda - \alpha\eta^2 - \beta(\lambda+\mu)^2 - \beta\lambda^2 s_m^2 - 2\beta\lambda s_m(\lambda+\mu)$$

$$C = c_s + c_m + c_r + c_l$$

当 $\beta\lambda^2 s_m^2 + 2\beta\lambda s_m(\lambda+\mu) > (2\alpha\beta\lambda - \alpha\eta^2)s_0$ 时，可得 $D_3^{Scd} > D_3^{Mcd}$，设一个中间值 g_r^1，令 $g_r^1 = \frac{\beta(\lambda+\mu)(a-\lambda C)}{D_3^{Mcd}}$，存在 $g_r^1 > g_r^{Scd^*}$。$g_r^{Mcd^*} - g_r^1 = \frac{\beta\lambda s_m(a-\lambda C)}{D_3^{Mcd}}$，其中 $\beta > 0$、$\lambda > 0$、$s_m > 0$、$D_3^{Mcd} > 0$、$a - \lambda C > 0$，证得 $g_r^{Mcd^*} > g_r^{Scd^*}$。

在分散决策情形下，合作社主导运作模式的畜产品绿色度与屠宰加工企业主导运作模式的畜产品绿色度如下：

$$g_r^{Sdd^*} = \frac{\beta(\lambda+\mu)(a-\lambda C)}{D^{Sdd}}$$

$$g_r^{Mdd^*} = \frac{\beta(\lambda+\mu+\lambda s_m)(a-\lambda C)}{D^{Mdd}}$$

$$D^{Sdd} = (16\alpha\beta\lambda - 4\alpha\eta^2)(1-s_0) - \beta(\lambda+\mu)^2$$

$$D^{Mdd} = 16\alpha\beta\lambda - 4\alpha\eta^2 - \beta(\lambda+\mu)^2 - \beta\lambda^2 s_m^2 - 2\beta\lambda s_m(\lambda+\mu)$$

$$C = c_s + c_m + c_r + c_l$$

当 $\beta\lambda^2 s_m^2 + 2\beta\lambda s_m(\lambda+\mu) > (16\alpha\beta\lambda - 4\alpha\eta^2)s_0$ 时，可得 $D^{Sdd} > D^{Mdd}$，设一个中间值 g_r^2，令 $g_r^2 = \frac{\beta(\lambda+\mu+\lambda s_m)(a-\lambda C)}{D^{Sdd}}$，存在 $g_r^{Mdd^*} > g_r^2$。$g_r^2 - g_r^{Sdd^*} = \frac{\beta\lambda s_m(a-\lambda C)}{D^{Sdd}}$，其中 $\beta > 0$、$\lambda > 0$、$s_m > 0$、$D^{Sdd} > 0$、$a - \lambda C > 0$，证得 $g_r^{Mdd^*} > g_r^{Sdd^*}$。

命题 5 表明，在集中决策和分散决策下，畜产品的绿色度受绿色度敏感系数、生鲜度敏感系数、政府绿色投资补贴系数的综合影响。当消费者绿色度敏感系数、生鲜度敏感系数以及政府对屠宰加工企业的补贴系数较大，而对合作社的补贴系数较小时,屠宰加工企业主导下的畜产品绿色度要高于合作社主导下的畜产品绿色度。因为当屠宰加工企业在畜产品绿色供应链中处于主导地位时,其能够整合上下游资源,对生产养殖、屠宰加工和流通销售等各个环节进行全程控制,这种整合能力使得企业能够更容易地推动绿色畜产品的生产,从而确保畜产品从产地到餐桌的全程绿色化。此外,屠宰加工企业具备较强的技术创新能力,能够引进和应用先进的生产技术、设备和管理模式,提高畜产品的生产效率和质量,进一步推动畜产品绿色化。

命题 6:当 $\beta\lambda^2 s_m^2 + 2\beta\lambda s_m(\lambda+\mu) > (2\alpha\beta\lambda - \alpha\eta^2)s_0$,$f_r^{Mcd^*} > f_r^{Scd^*}$。当 $\beta\lambda^2 s_m^2 + 2\beta\lambda s_m(\lambda+\mu) > (16\alpha\beta\lambda - 4\alpha\eta^2)s_0$,$f_r^{Mdd^*} > f_r^{Sdd^*}$。

由命题 6 可知,无论是在集中决策还是分散决策情形下,屠宰加工企业主导的运作模式下畜产品生鲜度都更高。

证明:在集中决策情形下,合作社主导运作模式的畜产品生鲜度与屠宰加工企业主导运作模式的畜产品生鲜度如下:

$$f_r^{Scd^*} = \frac{\alpha\eta(a-\lambda C)(1-s_0)}{D_3^{Scd}}$$

$$f_r^{Mcd^*} = \frac{\alpha\eta(a-\lambda C)}{D_3^{Mcd}}$$

当 $\beta\lambda^2 s_m^2 + 2\beta\lambda s_m(\lambda+\mu) > (2\alpha\beta\lambda - \alpha\eta^2)s_0$ 时,可得 $D_3^{Scd} > D_3^{Mcd}$,设一个中间值 f_r^1,令 $f_r^1 = \frac{\alpha\eta(1-s_0)(a-\lambda C)}{D_3^{Mcd}}$,存在 $f_r^1 > f_r^{Scd^*}$。$f_r^{Mcd^*} - f_r^1 = \frac{\alpha\eta s_0(a-\lambda C)}{D_3^{Mcd}}$,其中 $\alpha>0$、$\lambda>0$、$s_0>0$、$D_3^{Mcd}>0$、$a-\lambda C>0$,证得 $f_r^{Mcd^*} > f_r^{Scd^*}$。

在分散决策情形下,合作社主导运作模式的畜产品生鲜度与屠宰加工企业主导运作模式的畜产品生鲜度如下:

$$f_r^{Sdd^*} = \frac{\alpha\eta(1-s_0)(a-\lambda C)}{D^{Sdd}}$$

$$f_r^{Mdd^*} = \frac{\alpha\eta(a-\lambda C)}{D^{Mdd}}$$

当 $\beta\lambda^2 s_m^2 + 2\beta\lambda s_m(\lambda+\mu) > (16\alpha\beta\lambda - 4\alpha\eta^2)s_0$,可得 $D^{Sdd} > D^{Mdd}$,设一个中间值 f_r^2,令 $f_r^2 = \frac{\alpha\eta(a-\lambda C)}{D^{Sdd}}$,$f_r^2 < f_r^{Mdd^*}$。$f_r^2 - f_r^{Sdd^*} = \frac{\alpha\eta s_0(a-\lambda C)}{D^{Sdd}}$,其中 $\alpha>0$、$\eta>0$、$s_0>0$、$D^{Sdd}>0$,当 $a-\lambda c_s-\lambda c_m-\lambda c_r-\lambda c_l>0$ 时,$f_r^2 - f_r^{Sdd^*} > 0$,证得 $f_r^{Mdd^*} > f_r^{Sdd^*}$。

命题 6 表明,在集中决策和分散决策下的畜产品生鲜度受绿色度敏感系数、生鲜度敏感系数、政府绿色投资补贴系数的综合影响。当消费者绿色度敏感系数、生鲜度敏感系数以及政府对屠宰加工企业的补贴系数较大而对合作社的补贴系数较小时，屠宰加工企业主导下的畜产品生鲜度要高于合作社主导下的畜产品生鲜度。因为屠宰加工企业拥有先进的加工设备、专业的技术人员和严格的质量控制，所以能够确保其在屠宰加工过程中畜产品的生鲜度和品质得到最大程度的保持。此外，屠宰加工企业在畜产品绿色供应链中占主导地位，对TPL服务商具备较强的控制力，这足以确保其从屠宰到销售的各个环节都实行冷链运输，最大限度地减少畜产品在流通过程中的损耗，保持产品的生鲜度。同时，屠宰加工企业主导的运作模式具有较强的供应链响应能力，能够根据市场需求的变化及时调整生产计划和销售策略。这种快速响应能力有助于确保畜产品的生鲜度，避免因滞销而导致产品品质下降。

命题7：当 $\eta^2-2\beta\lambda>0$ 时，$g_r^{Scd^*}>g_r^{Sdd^*}$，$g_r^{Mcd^*}>g_r^{Mdd^*}$。

由命题7可知，在合作社主导和屠宰加工企业主导的运作模式下，集中决策的畜产品绿色度均优于分散决策的畜产品绿色度。

证明：$D_3^{Sdd^*}-D_3^{Scd^*}=(16\alpha\beta\lambda-4\alpha\eta^2)(1-s_0)-(2\alpha\beta\lambda-\alpha\eta^2)(1-s_0)>3(4\alpha\beta\lambda-\alpha\eta^2)$，又存在 $4\beta\lambda-\eta^2>0$，所以 $D_3^{Sdd^*}>D_3^{Scd^*}$。$g_r^3=\dfrac{(\eta^2-2\beta\lambda)\gamma^2+\beta(\lambda+\mu)(a-\lambda C)}{D_3^{Sdd}}$，$g_r^3<g_r^{Scd}$。令 $g_r^3-g_r^{Sdd}=\dfrac{(\eta^2-2\beta\lambda)\gamma^2}{D_3^{Sdd}}$，当 $\eta^2-2\beta\lambda>0$ 时，证得 $g_r^{Scd}>g_r^{Sdd}$。$g_r^{Mcd}>g_r^{Mdd}$ 的证明过程同上。

6.3.5 数值分析

1. 博弈结果分析

鉴于不同决策情形下的最优决策及各参与主体的最优效益函数的表达式过于复杂，难以通过解析式直接反映其相互关系，参照大部分文献的做法，本节将采用数值仿真模拟法来进行分析。在满足模型基本假设和畜产品绿色供应链实际经营运作背景的前提下，相关参数的赋值情况如表6-2所示。

表6-2 模型中各参数赋值情况

参数	a	λ	μ	η	c_s	c_m	c_r	c_l	α	β
赋值	100	1.75	0.6	1.85	1.5	1.5	1	1.5	1	1

经计算可得，两种运作模式下不同决策情形的最优决策及最优效益如表6-3所示。

表 6-3 两种运作模式下不同决策情形的最优决策及最优效益

变量	合作社主导的运作模式		屠宰加工企业主导的运作模式	
	集中决策	分散决策	集中决策	分散决策
畜产品绿色度 g_r	12.68	11.88	12.99	11.89
畜产品生鲜度 f_r	16.44	2.36	19.65	2.41
畜产品零售价格 p	23.70	58.53	27.91	57.76
物流服务价格 p_l	—	10.95	—	10.15
精加工后畜产品价格 p_m	—	41.85	—	40.78
畜产品批发价格 w	—	22	—	20.10
合作社效益 Π_s	—	213.69	—	157.08
屠宰加工企业效益 Π_m	—	150	—	217.99
零售商效益 Π_r	—	23	—	40.71
TPL 服务商效益 Π_l	—	75.48	—	78.54
畜产品绿色供应链经济效益 Π_{En}	107.17	331.89	232.97	377.17
畜产品绿色供应链生态效益 Π_{El}	835.59	131.49	893.45	117.16
畜产品绿色供应链总效益 Π_{Tr}	942.76	463.38	1126.42	494.33
畜产品绿色供应链社会福利 T_{sw}	5602.76	504.38	5667.74	549.59

从表 6-3 可得，无论哪种运作模式，集中决策都更有利于整个畜产品绿色供应链的高效发展。在分散决策情形下，整个畜产品绿色供应链的总效益增长空间有限。因此，我们需要设计合理的利益协调契约来提升整个畜产品绿色供应链的绿色度水平、生鲜度水平，以及各参与主体和整个供应链的效益水平。

在集中决策情形下，屠宰加工企业主导的运作模式下畜产品绿色度、生鲜度、零售价格和绿色供应链总效益、绿色供应链社会福利等均高于合作社主导模式下的对应值。

在分散决策情形下，屠宰加工企业主导的运作模式下畜产品绿色度、畜产品生鲜度、屠宰加工企业效益、TPL 服务商效益、零售商效益、畜产品绿色供应链总效益、畜产品绿色供应链社会福利均高于合作社主导的运作模式下的对应值；而屠宰加工企业主导的运作模式下畜产品零售价格、畜产品批发价格、精加工后畜产品价格均低于合作社主导的运作模式下的对应值。这说明屠宰加工企业主导的运作模式更有利于整个畜产品绿色供应链的长远发展，进一步验证了模型计算结果的正确性及有效性,该结果可以为相关企业的决策提供理论指导。

2.相关参数对畜产品绿色供应链最优决策的影响分析

根据命题 1 至命题 4,将表 6 - 2 的相关参数取值代入,利用 MATLAB 软件绘制畜产品绿色度、生鲜度及绿色供应链总效益与绿色度敏感系数、生鲜度敏感系数、政府对主导企业绿色补贴系数间的关系图(分别见图 6 - 4、图 6 - 5、图 6 - 6 和图 6 - 7)。

由图 6 - 4 和图 6 - 5 可知,无论畜产品绿色供应链中哪个主体占据主导地位以及采取哪种决策情形,畜产品的绿色度、生鲜度及绿色供应链总效益均与绿色度敏感系数和生鲜度敏感系数成正比,这进一步验证了命题 1 至命题 4 的正确性并强化了以下 3 点结论。

(1)绿色度敏感系数和生鲜度敏感系数对畜产品绿色供应链相关决策的影响方向不受畜产品绿色供应链运作模式及决策情形的影响。

(2)随着绿色度敏感系数和生鲜度敏感系数的增大,畜产品的绿色度和生鲜度也随之增大。因为随着环保意识的提升,消费者更倾向于选择绿色度水平高、生鲜度水平高的畜产品,这体现了环保意识较强的消费者对畜产品可持续发展的期待,企业也希望自身产品的绿色理念能够与消费者产生一定程度的共鸣。消费者的环保意识越强,越能激发供应链成员进行绿色研发的积极性,促使其通过提高自身产品的绿色度来满足消费者的绿色环保需求,从而提升产品的市场潜力,增加产品销量。

(3)随着绿色度敏感系数和生鲜度敏感系数的增大,两种决策情形下的畜产品绿色供应链总效益的增幅越来越大。由于绿色度敏感系数和生鲜度敏感系数的增加,畜产品的绿色度、生鲜度会相应提高,零售价格也会上涨,因此,消费者会更倾向于购买绿色度和生鲜度高的畜产品,这种偏好会带动市场需求增加,吸引更多生产者加入该绿色供应链,进而推动整个畜产品绿色供应链的发展,实现正向循环,提高总效益。

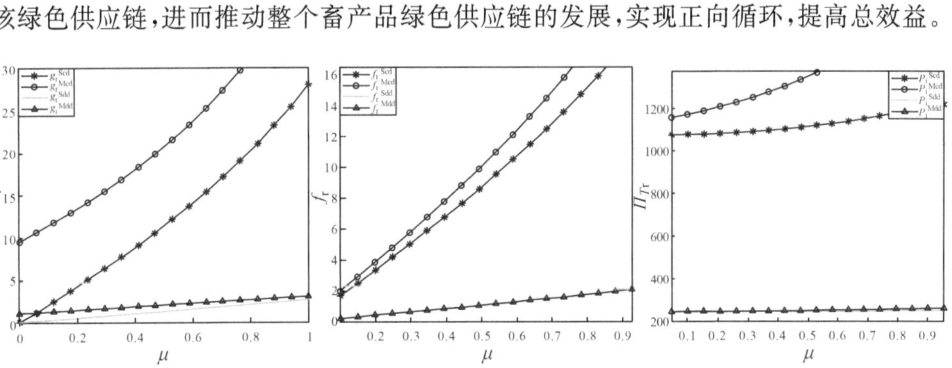

图 6 - 4　g_r、f_r、Π_{Tr} 与 μ 的关系

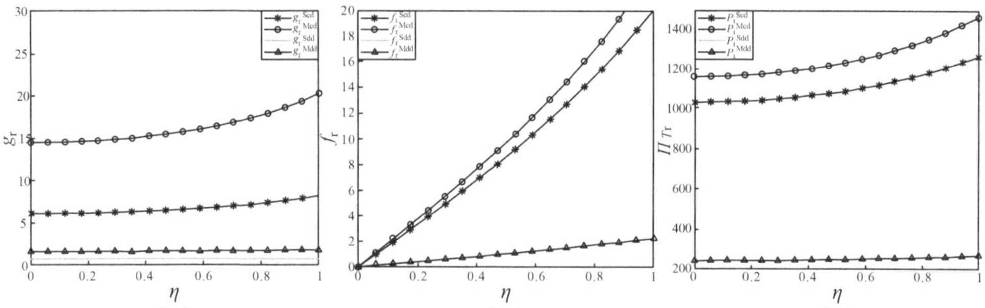

（a）　　（b）　　（c）

图 6-5　g_r，f_r，Π_{Tr} 与 η 的关系

由图 6-6 和图 6-7 可知，无论畜产品绿色供应链中哪个主体占据主导地位以及采取哪种决策情形，畜产品的绿色度和畜产品绿色供应链的总效益均与政府对主导企业的绿色补贴系数成正比。这进一步验证了命题 1 至命题 4 的正确性。

随着政府对主导企业绿色补贴系数的增大，两种运作模式中不同决策情形下畜产品的绿色度增长幅度越来越大，畜产品绿色供应链的总效益也随之增长。这说明，若政府对畜产品绿色供应链中的主导企业进行绿色补贴，将激发主导企业开展绿色研发的积极性，从而提高畜产品质量、推动绿色消费发展、提升牧民的收入水平。

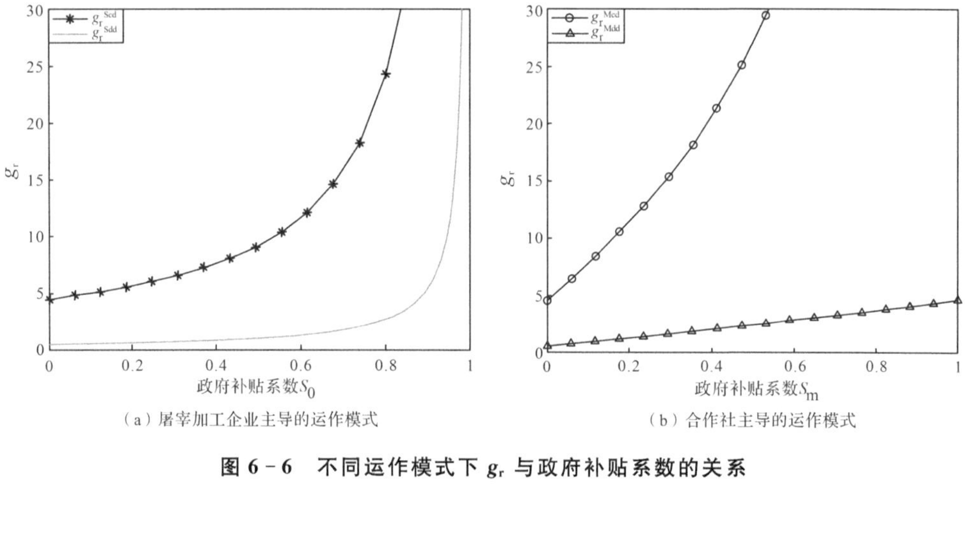

（a）屠宰加工企业主导的运作模式　　（b）合作社主导的运作模式

图 6-6　不同运作模式下 g_r 与政府补贴系数的关系

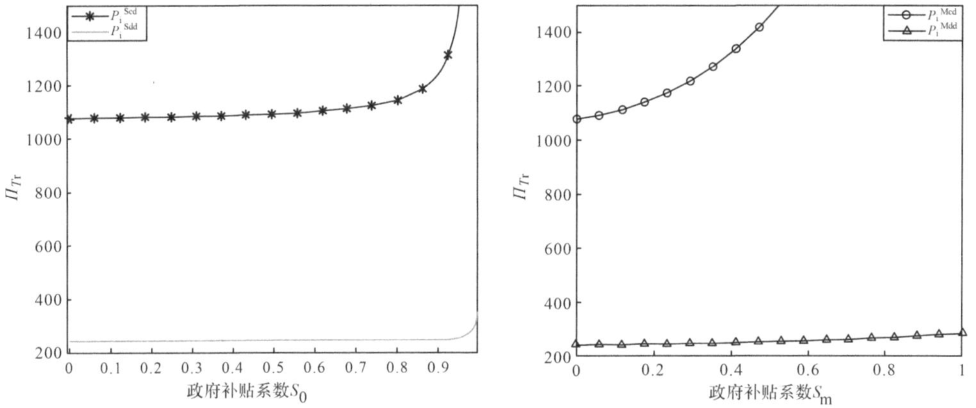

（a）屠宰加工企业主导的运作模式　　（b）合作社主导的运作模式

图 6－7　不同运作模式下 Π_{Tr} 与政府补贴系数的关系

3. 不同运作模式下最优决策和最优效益的对比分析

本节将运用比较分析法分别对集中决策和分散决策情形下的两种运作模式的最优决策和最优效益进行比较。

由图 6－8 可得，在集中决策情形下，屠宰加工企业主导的运作模式下的畜产品绿色度、畜产品生鲜度和畜产品绿色供应链总效益均高于合作社主导的运作模式下的各项值，这进一步验证了命题 5 的正确性。

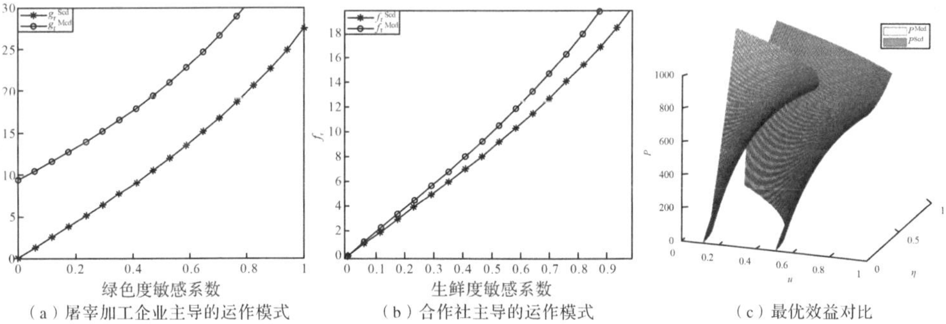

（a）屠宰加工企业主导的运作模式　　（b）合作社主导的运作模式　　（c）最优效益对比

图 6－8　集中决策下两种运作模式的最优决策及最优效益的对比

由图 6－9 和图 6－10 可得，在分散决策情形下，屠宰加工企业主导的运作模式下，畜产品绿色度、畜产品生鲜度、屠宰加工企业效益和畜产品绿色供应链总效益均高于合作社主导的运作模式下的各项值。这说明不论是集中决策情形还是分散决策情形，屠宰加工企业主导的运作模式相对合作社主导的运作模式都更具优势。

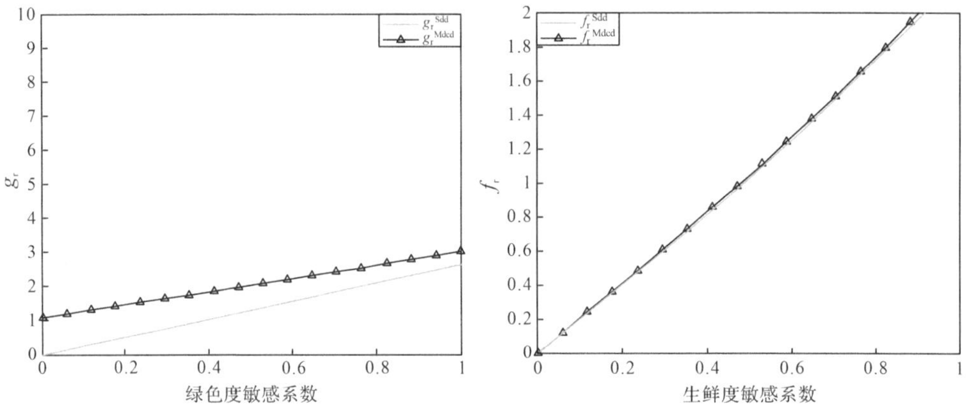

（a）屠宰加工企业主导的运作模式　　（b）合作社主导的运作模式

图 6－9　分散决策下两种运作模式最优决策对比

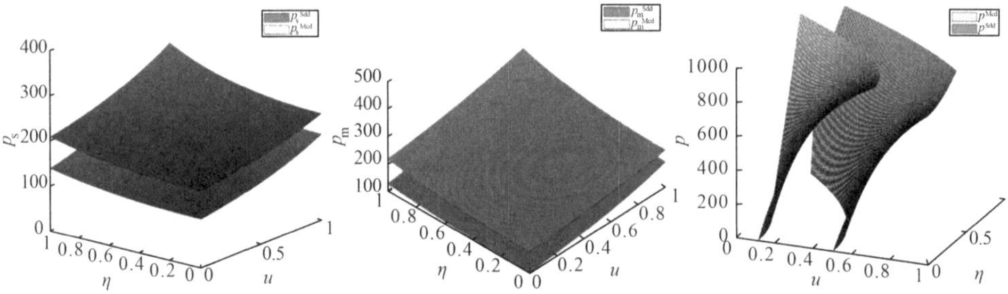

（a）屠宰加工企业主导的运作模式　　（b）合作社主导的运作模式　　（c）最优效益对比

图 6－10　分散决策下两种运作模式最优效益对比

原因在于：①屠宰加工企业通常具备较强的技术实力，可以应用先进的生产和加工技术改善生产环境和提高效率，如运用废弃物处理、节能减排等技术减少环境污染和资源浪费，提升绿色供应链的可持续性。②屠宰加工企业通常具备更专业的管理能力，能够制定和实施严格的操作规程和标准。这种规范化和专业化的管理可以促使企业在生产加工过程中更好地控制环境和质量，有利于实现绿色供应链的目标。③作为畜产品绿色供应链中的核心环节，屠宰加工企业承担着收集和记录畜产品生产、加工、运输等各个环节信息的职责。在集中决策模式下，屠宰加工企业可以更好地与上游合作社、下游 TPL 服务商、零售商等其他供应链参与主体共享信息，提高畜产品绿色供应链的透明度和可追溯性。④屠宰加工企业可更好地与其他环节主体进行合作。例如，与合作社合作实施严格的动物福利标准，与 TPL 服务商合作提高冷链物流效率等，加强供应链各环节之间的联系和协调，推动整个供应链向绿色化转型。⑤屠宰加工企业承担着向市场提供绿色优质畜产品的责任，可通过提供高质量的绿色畜产品赢得消费者的信任，进而提升企业的品牌效应和竞争力。

综上所述，屠宰加工企业主导的运作模式更适合畜产品绿色供应链的发展。这种运作模式能够实现规范化管理、信息共享、技术支持、供应链合作和品牌效应，从而推动畜产品供应链绿色发展，实现畜产品绿色度和生鲜度的提高，进而提升畜产品绿色供应链的总效益。

6.4　不同运作模式下畜产品绿色供应链利益协调契约设计

在两种不同的运作模式中，集中决策下的最优决策值总是优于分散决策下的最优决策值。由于分散决策存在双重边际效应，无法实现畜产品绿色供应链总效益的最大化，因此本节将立足分散决策情形设计利益协调契约，使整个畜产品绿色供应链总效益和各参与主体效益实现帕累托改进。

6.4.1　合作社主导的畜产品绿色供应链利益协调契约设计

1. 成本共担契约

降低合作社与 TPL 服务商的投资成本的一种方法是引入成本共担利益协调契约，由零售商分担合作社与 TPL 服务商的投资成本。其中，对于合作社的绿色投资成本，零售商承担比例为 u，合作社承担 $1-u$。对于 TPL 服务商的生鲜度投资成本，零售商承担比例为 v，TPL 服务商承担 $1-v$（其中 $0<u+v<1$）。此时，畜产品绿色供应链中合作社、屠宰加工企业、TPL 服务商和零售商的效益函数如下（成本共担契约用上标 CS 表示）。

$$\Pi_{\mathrm{s}}^{\mathrm{SCS}}=(w-c_{\mathrm{s}}+g_{\mathrm{r}})(a-\lambda p+\mu g_{\mathrm{r}}+\eta f_{\mathrm{r}})-\frac{1}{2}(1-s_0)(1-u)\alpha g_{\mathrm{r}}^2$$

$$\Pi_{\mathrm{m}}^{\mathrm{SCS}}=(p_{\mathrm{m}}-w-c_{\mathrm{m}})(a-\lambda p+\mu g_{\mathrm{r}}+\eta f_{\mathrm{r}})$$

$$\Pi_{\mathrm{r}}^{\mathrm{SCS}}=(p-p_{\mathrm{m}}-p_{\mathrm{l}}-c_r)(a-\lambda p+\mu g_{\mathrm{r}}+\eta f_{\mathrm{r}})-\frac{1}{2}u(1-s_0)\alpha g_{\mathrm{r}}^2-\frac{1}{2}v\beta f_{\mathrm{r}}^2$$

$$\Pi_{\mathrm{l}}^{\mathrm{SCS}}=(p_{\mathrm{l}}-c_{\mathrm{l}})(a-\lambda p+\mu g_{\mathrm{r}}+\eta f_{\mathrm{r}})-\frac{1}{2}(1-v)\beta f_{\mathrm{r}}^2$$

求得最优决策如下：

$$g_{\mathrm{r}}^{\mathrm{SCS}*}=\frac{\beta(\lambda+\mu)(1-v)(\lambda c_{\mathrm{m}}+\lambda c_r+\lambda c_{\mathrm{l}}+\lambda c_s-a)}{(4\alpha\eta^2-16\alpha\lambda\beta)(1-u)(1-s_0)+\beta(\lambda+\mu)^2(1-v)+16\alpha\beta\lambda v(1-s_0)(1+u)(1-s_0)}$$

$$w^{SCS^*}=\frac{A_1(\lambda c_m+\lambda c_r+\lambda c_l-a)+A_2(\lambda c_m+\lambda c_r+\lambda c_l-\lambda c_s-a)-\beta\lambda\mu^2(1-v)c_s}{\lambda[(4\alpha\eta^2-16\alpha\lambda\beta)(1-u)(1-s_0)+\beta(\lambda+\mu)^2(1-v)+16\alpha\beta\lambda v(1-s_0)(1+u)(1-s_0)]}$$

$$A_1=\beta\lambda^2(v-1)$$

$$A_2=8\alpha\lambda\beta(1-u)(1-v)(1-s_0)-2\alpha\eta^2(1-u)(1-s_0)-\beta\lambda\mu(1-v)$$

$$p_m^{SCS^*}=\frac{a+\mu g_r^{SCS^*}+\lambda w^{SCS^*}+\lambda c_m-\lambda c_r-\lambda c_l}{2\lambda}$$

$$f_r^{SCS^*}=\frac{\eta(a+\mu g_r^{SCS^*})-\lambda\eta(p_m^{SCS^*}+c_r+c_l)}{4\lambda\beta-\eta^2-4\lambda\beta v}$$

$$p_l^{SCS^*}=\frac{2\beta(a+\mu g_r^{SCS^*})(1-v)-2\lambda\beta(p_m^{SCS^*}+c_r-c_l)(1-v)-\eta^2c_l}{4\lambda\beta-\eta^2-4\lambda\beta v}$$

$$p^{SCS^*}=\frac{a+\mu g_r^{SCS^*}+\eta f_r^{SCS^*}+\lambda(p_m^{SCS^*}+p_l^{SCS^*}+c_r)}{2\lambda}$$

将以上最优解代入各自的效益函数中可得：

$$\Pi_s^{SCS^*}=(w^{SCS^*}-c_s)(a-\lambda p^{SCS^*}+\mu g_r^{SCS^*}+\eta f_r^{SCS^*})-\frac{1}{2}(1-s_0)(1-u)\alpha(g_r^{SCS^*})^2$$

$$\Pi_m^{SCS^*}=(p_m^{SCS^*}-w^{SCS^*}-c_m)(a-\lambda p^{SCS^*}+\mu g_r^{SCS^*}+\eta f_r^{SCS^*})$$

$$\Pi_r^{SCS^*}=(p^{SCS^*}-p_m^{SCS^*}-p_l^{SCS^*}-c_r)(a-\lambda p^{SCS^*}+\mu g_r^{SCS^*}+\eta f_r^{SCS^*})-\frac{1}{2}u(1-s_0)\alpha(g_r^{SCS^*})^2-\frac{1}{2}v\beta(f_r^{SCS^*})^2$$

$$\Pi_l^{SCS^*}=(p_l^{SCS^*}-c_l)(a-\lambda p^{SCS^*}+\mu g_r^{SCS^*}+\eta f_r^{SCS^*})-\frac{1}{2}(1-v)\beta(f_r^{SCS^*})^2$$

$$\Pi_{En}^{SCS^*}=(p^{SCS^*}-c_l-c_r-c_m-c_s)(a-\lambda p^{SCS^*}+\mu g_r^{SCS^*}+\eta f_r^{SCS^*})-\frac{1}{2}(1-s_0)\alpha(g_r^{SCS^*})^2-\frac{1}{2}\beta(f_r^{SCS^*})^2$$

$$\Pi_{El}^{SCS^*}=(a-\lambda p^{SCS^*}+\mu g_r^{SCS^*}+\eta f_r^{SCS^*})g_r^{SCS^*}$$

$$\Pi_{Tr}^{SCS^*}=(p^{SCS^*}-c_l-c_r-c_m-c_s+g_r^{SCS^*})(a-\lambda p^{SCS^*}+\mu g_r^{SCS^*}+\eta f_r^{SCS^*})-\frac{1}{2}(1-s_0)\alpha(g_r^{SCS^*})^2-\frac{1}{2}\beta(f_r^{SCS^*})^2$$

$$T_{SW}^{SCS^*}=(p^{SCS^*}-c_l-c_r-c_m-c_s+g_r^{SCS^*})(a-\lambda p^{SCS^*}+\mu g_r^{SCS^*}+\eta f_r^{SCS^*})-\frac{1}{2}(1-s_0)\alpha(g_r^{SCS^*})^2-\frac{1}{2}\beta(f_r^{SCS^*})^2+\frac{1}{2}(a-\lambda p^{SCS^*}+\mu+\eta)^2$$

2.数值分析

依据表 6-2 中相关参数的取值，当 $u=0.1$ 和 $v=0.1$ 时，经测算可得，成本共担契约可实现畜产品绿色供应链利益协调。合作社主导的运作模式下分散决策和成本共担契约的最优决策及最优效益情况如表 6-4 所示。

表 6-4　合作社主导的运作模式下分散决策和成本共担契约的最优决策及最优效益

变量	合作社主导的运作模式	
	分散决策	成本共担契约
畜产品绿色度 g_r	15.88	18.60
畜产品生鲜度 f_r	2.36	2.77
畜产品零售价 p	58.53	54.33
物流服务价格 p_l	10.95	10.97
精加工后的畜产品价格 p_m	41.85	41.86
畜产品批发价格 w	22.00	21.21
合作社效益 Π_s	213.69	225.34
屠宰企业效益 Π_m	150.00	167.16
零售商效益 Π_r	23.00	31.02
TPL 服务商效益 Π_l	75.48	83.52
畜产品绿色供应链经济效益 Π_{En}	331.89	344.95
畜产品绿色供应链生态效益 Π_{El}	131.49	162.15
畜产品绿色供应链总效益 Π_{Tr}	463.38	507.10
畜产品绿色供应链社会福利 T_{SW}	504.38	731.97

由表 6-4 可得，成本共担契约下畜产品绿色供应链各主体效益、经济效益、生态效益和总效益均有所提高。通过对上下游之间成本的协调共担，畜产品绿色供应链双重边际化得到有效减弱，原因在于畜产品绿色供应链的参与主体在承担成本的同时也分担了一定的风险。作为养殖主体，合作社在养殖过程中可能面临的风险包括畜禽疾病、自然灾害、市场价格波动等，在生产中承担的风险远高于畜产品绿色供应链中的其他主体。成本共担契约有助于激励合作社更加重视绿色发展，在生产过程中采取更多的环保措施和质量管理措施，同时可以促进畜产品绿色供应链各主体的合作，推动畜产品绿色供应链建立紧密型利益联结机制，提高畜产品绿色供应链的运作效率。

6.4.2 屠宰加工企业主导的畜产品绿色供应链利益协调契约设计

1. 收益共享契约

在该运作模式下，屠宰加工企业对畜产品绿色度进行投资，TPL 服务商对畜产品生鲜度进行投资，以使分散决策情形下的最优决策水平达到集中决策情形下的水平。此时，畜产品绿色度和生鲜度的投资成本增加，屠宰加工企业与 TPL 服务商的成本增加，利润空间进一步缩小。因此，要提高分散决策模式下的最优决策水平，双方可以考虑共享合作社的利润，屠宰加工企业与 TPL 服务商分别共享合作社利润的比例为 u 和 $v(0<u+v<1)$，合作社占比 $1-u-v$。此时，畜产品绿色供应链中合作社、屠宰加工企业、TPL 服务商和零售商的效益函数及畜产品绿色供应链的经济效益函数、生态效益函数和总函数如下（收益共享契约用上标 IC 表示）。

$$\Pi_s^{MIC}=(1-u-v)[(w-c_s)(a-\lambda p+\mu g_r+\eta f_r)]$$

$$\Pi_m^{MIC}=(p_m-w-c_m+s_m g_r+g_r)(a-\lambda p+\mu g_r+\eta f_r)-\frac{1}{2}\alpha g_r^2+$$
$$u[(w-c_s)(a-\lambda p+\mu g_r+\eta f_r)]$$

$$\Pi_r^{MIC}=(p-p_m-p_l-c_r)(a-\lambda p+\mu g_r+\eta f_r)$$

$$\Pi_l^{MIC}=(p_l-c_l)(a-\lambda p+\mu g_r+\eta f_r)-\frac{1}{2}\beta f_r^2+v[(w-c_s)(a-\lambda p+\mu g_r+\eta f_r)]$$

解得最优决策如下：

$$g_r^{MIC*}=\frac{\beta(1-v)(\lambda+\mu+\lambda s_m)(\lambda c_m+\lambda c_r+\lambda c_l+\lambda c_s-a)}{[(4\alpha\eta^2-16\alpha\beta\lambda)+\beta(\lambda+\mu)^2+\beta\lambda^2 s_m^2+2\beta\lambda s_m(\lambda+\mu)](1-v)-(2\alpha\eta^2-8\alpha\beta\lambda)u}$$

$$w^{MIC*}=\frac{a+\mu g_r^{MIC*}-\lambda(c_s+c_l+e-c_r)-2\lambda v c_s}{2\lambda(1-v)}$$

$$f_r^{MIC*}=\frac{\eta(a+\mu g_r^{MIC*})-\lambda\eta(p_m^{MIC*}+c_r+c_l)+\lambda\eta v(w^{MIC*}-c_s)}{4\lambda\beta-\eta^2}$$

$$p_l^{MIC*}=\frac{2\beta(a+\mu g_r^{MIC*})-2\lambda\beta(p_m^{MIC*}+c_r)+(\eta^2-2\lambda\beta)(v w^{MIC*}-v c_s+c_l)}{4\lambda\beta-\eta^2}$$

$$p^{MIC*}=\frac{a+\mu g_r^{MIC*}+\eta f_r^{MIC*}+\lambda(p_m^{MIC*}+p_l^{MIC*}+c_r)}{2\lambda}$$

将以上最优决策代入各效益函数：

$$\Pi_s^{MIC*}=(1-u-v)[(w^{MIC*}-c_s)(a-\lambda p^{MIC*}+\mu g_r^{MIC*}+\eta f_r^{MIC*})]$$

$$\Pi_m^{MIC*}=(p_m^{MIC*}-w^{MIC*}-c_m+s_m g_r^{MIC*}+g_r^{MIC*})(a-\lambda p^{MIC*}+\mu g_r^{MIC*}+\eta f_r^{MIC*})-$$

$$\frac{1}{2}\alpha(g_r^{MIC^*})^2+u[(w^{MIC^*}-c_s)(a-\lambda p^{MIC^*}+\mu g_r^{MIC^*}+\eta f_r^{MIC^*})]$$

$$\Pi_r^{MIC^*}=(p^{MIC^*}-p_m^{MIC^*}-p_l^{MIC^*}-c_r)(a-\lambda p^{MIC^*}+\mu g_r^{MIC^*}+\eta f_r^{MIC^*})$$

$$\Pi_l^{MIC^*}=(p_l^{MIC^*}-c_l)(a-\lambda p^{MIC^*}+\mu g_r^{MIC^*}+\eta f_r^{MIC^*})-\frac{1}{2}\beta(f_r^{MIC^*})^2+$$

$$v[(w^{MIC^*}-c_s)(a-\lambda p^{MIC^*}+\mu g_r^{MIC^*}+\eta f_r^{MIC^*})]$$

$$\Pi_{En}^{MIC^*}=(p^{MIC^*}-c_l-c_r-c_m-c_s+s_m g_r^{MIC^*})(a-\lambda p^{MIC^*}+\mu g_r^{MIC^*}+\eta f_r^{MIC^*})-$$

$$\frac{1}{2}\alpha(g_r^{MIC^*})^2-\frac{1}{2}\beta(f_r^{MIC^*})^2$$

$$\Pi_{El}^{MIC^*}=(a-\lambda p^{MIC^*}+\mu g_r^{MIC^*}+\eta f_r^{MIC^*})g_r^{MIC^*}$$

$$\Pi_{Tr}^{MIC^*}=(p^{MIC^*}-c_l-c_r-c_m-c_s+s_m g_r^{MIC^*})(a-\lambda p^{MIC^*}+\mu g_r^{MIC^*}+\eta f_r^{MIC^*})-$$

$$\frac{1}{2}\alpha(g_r^{MIC^*})^2-\frac{1}{2}\beta(f_r^{MIC^*})^2+g_r^{MIC^*}(a-\lambda p^{MIC^*}+\mu g_r^{MIC^*}+\eta f_r^{MIC^*})$$

$$T_{SW}=(p^{MIC^*}-c_l-c_r-c_m-c_s+s_m g_r^{MIC^*})(a-\lambda p^{MIC^*}+\mu g_r^{MIC^*}+\eta f_r^{MIC^*})-$$

$$\frac{1}{2}\alpha(g_r^{MIC^*})^2-\frac{1}{2}\beta(f_r^{MIC^*})^2+g_r^{MIC^*}(a-\lambda p^{MIC^*}+\mu g_r^{MIC^*}+\eta f_r^{MIC^*})+$$

$$\frac{1}{2}(a-\lambda p^{MIC^*}+\mu+\eta)^2$$

2.数值分析

依据表 6-2 中相关参数的取值，当 $u=0.1$ 和 $v=0.1$ 时，经测算可得，收益共享契约可实现畜产品绿色供应链利益协调。屠宰加工企业主导的运作模式下分散决策和收益共享契约的最优决策及最优效益情况如表 6-5 所示。

表 6-5　屠宰加工企业主导的运作模式下分散决策和收益共享契约的最优决策及最优效益

变量	屠宰加工企业主导的运作模式	
	分散决策	收益共享契约
畜产品绿色度 g_r	13.87	15.07
畜产品生鲜度 f_r	2.41	2.55
畜产品零售价 p	57.76	54.82
物流服务价格 p_l	11.15	9.74

续表

变量	屠宰加工企业主导的运作模式	
	分散决策	收益共享契约
精加工后的畜产品价格 p_m	40.79	41.83
畜产品批发价格 w	20.11	23.97
合作社效益 Π_s	157.08	164.99
屠宰企业效益 Π_m	217.99	236.96
零售商效益 Π_r	40.72	48.12
TPL 服务商效益 Π_l	78.54	92.81
畜产品绿色供应链经济效益 Π_{En}	377.17	405.26
畜产品绿色供应链生态效益 Π_{El}	117.16	137.62
畜产品绿色供应链总效益 Π_{Tr}	494.33	542.88
畜产品绿色供应链社会福利 T_{SW}	549.59	701.74

由表 6-5 可得，经收益共享契约协调之后，各参与主体的效益均大于分散决策下的对应值，且收益共享契约将各个参与主体的利益紧密联结在一起，通过共享经济回报促使合作伙伴间展开深度合作，从而形成稳定和长期的合作关系，提升整个畜产品绿色供应链的协同效应。表 6-5 也表明，当主导企业考虑生态效益时，畜产品绿色供应链的其他参与主体仍乐于接受收益共享契约，且在该契约下畜产品绿色供应链的经济效益、生态效益和总效益均能达到帕累托改进。

6.5 管理启示

尽管以合作社和屠宰加工企业为主导的畜产品绿色供应链运作模式已相对成熟，但随着市场竞争的日益激烈，屠宰加工企业和上游合作社必须采取措施提高自身产品的核心竞争力。因此，畜产品绿色供应链的管理方式需要不断优化。博弈模型和契约协调优化可以为畜产品绿色供应链各参与主体的决策及政府对畜产品的补贴工作提供一些有价值的管理启示。

(1)从合作社的角度来看，作为畜产品绿色供应链协调发展的重要力量，合作社应理性追求在畜产品绿色供应链中的主导地位。借助自身优势，积极宣传畜产品的绿色优势，通过组织宣传活动、开展知识普及等多种方式，让更多消费者了解畜产品，从而提高消费者对绿色畜产品的认知度和接受度。加强与消费者的互动沟通，通过市场调研了解消费者需求和消费偏好，增强消费者对绿色畜产品的信任度和忠诚度。加强与科研机构、高校等单位的合作，引进先进的绿色技术和设备，提高绿色技术的创新效率，推动畜产品绿色供应链的升级。加强合作社内部管理和培训，提高成员的绿色意识和技能水平，确保绿色技术的有效应用和推广。

(2)从屠宰加工企业的角度来看，屠宰加工企业应充分发挥其在畜产品绿色供应链中的主导地位优势。合理利用下游的销售渠道，与下游零售商建立稳定的合作关系，确保销售渠道的畅通。积极拓展多元化销售渠道，开拓线上销售渠道，如电商平台、社交媒体等，扩大销售网络。加大绿色研发投入，引进先进屠宰加工设备和技术，提高绿色畜产品质量和附加值。通过市场调研，了解消费者需求，制定针对性的营销策略，打造企业品牌形象。带头建立紧密型利益联结机制，如订单合作、股份合作、产业联合体等，与上下游主体以及产学研机构建立合作关系，实现技术支持、信息共享，促进畜产品绿色供应链向一体化方向发展，降低交易成本，提高供应链的运作效率和协同效应，实现畜牧业协调发展。

(3)从政府的角度来看，为了更好地提升市场中畜产品的绿色度和畜产品绿色供应链的整体效益，政府要强化对上游养殖主体的补贴，鼓励和支持养殖主体采用更加环保和绿色的养殖方式，从源头上提升畜产品的绿色度。同时，加强对屠宰加工企业的补贴，如实施税收优惠政策、设立专项基金支持企业进行绿色研发、提供绿色设备补贴等，增强企业活力。引导屠宰加工企业与科研机构、高校等进行深度合作，共同研发新技术、新产品，推动技术进步和产业升级，并为此类合作项目提供资金支持，推动产学研深度融合。同时，政府也应构建一个公平竞争的市场环境，避免畜产品绿色供应链的某些主体在市场中形成垄断地位。此外，政府可以引导企业建立产业联合体或畜牧业行业协会，推动畜产品绿色供应链向集中决策方向发展，实现资源共享、优势互补，提高畜产品绿色供应链的整体效益。

6.6　本章小结

本章基于政府补贴背景构建了由合作社、屠宰加工企业、TPL服务商和零售商组成的四级畜产品绿色供应链，采用Stackelberg博弈模型研究了两种运作模式下的最优产品绿色度、生鲜度决策以及绿色供应链的总效益，设计了成本共担契约和收益共享契约协调供应链，并通过数值算力进行仿真和验证，得到如下结论。

(1)生鲜度敏感系数、绿色度敏感系数以及政府补贴系数均对畜产品绿色供应链产生正向影响。两种运作模式下的畜产品绿色度水平、生鲜度水平、市场需求量、绿色供应链各主体效益以及绿色供应链总效益均随以上三个系数的增大而增大。随着消费者对农产品生鲜度和绿色度的敏感度不断上升，其对产品的要求也越来越高。为了更好地满足消费者的需求，企业势必会加大对产品成本的投入，从而促进绿色度水平和生鲜度水平的提升。产品质量的不断提高推动了市场需求量的提升，从而使整条畜产品绿色供应链的效益得到提升。

(2)相比于合作社主导的运作模式，屠宰加工企业主导的运作模式下畜产品的绿色度、生鲜度、各参与主体的效益以及畜产品绿色供应链的总效益更高。从绿色供应链整体发展的角度来看，屠宰加工企业主导的运作模式更有利于畜产品绿色供应链的长远发展。

(3)与分散决策相比，收益共享契约和成本共担契约均提高了畜产品的绿色度和生鲜度水平，并显著降低了畜产品的零售价，提高了合作社、屠宰加工企业、TPL服务商和零售商的总效益。因此，收益共享契约和成本共担契约对于优化四级畜产品绿色供应链、提高其利益分配效率具有重要意义。

第 7 章 畜产品绿色供应链风险管控研究

7.1 引言

羊肉等畜产品是消费者日常生活中食用的主要肉类产品之一。随着经济社会的快速发展，人们对羊肉的质量安全和资源环境的友好度越来越重视，绿色、无公害的羊肉已成为消费者的首选。羊肉绿色供应链涉及多个环节，包括上游的种羊繁育、绿色养殖，中游的绿色屠宰加工、绿色运输以及下游的绿色销售等。其中，涉及的市场主体包括肉羊养殖户、肉羊屠宰加工企业、冷链物流企业、羊肉零售商以及消费者等。由于羊肉绿色供应链环节众多，所以各个环节产生的羊肉质量安全风险也较多。例如，个别养殖户为了追求经济利益最大化而大量使用兽药等药品或违禁品，从而使得肉羊体内存在兽药残留，影响羊肉品质；屠宰加工企业未按检疫流程对肉羊进行严格检验检疫，致使病死羊流入市场；个别冷链物流企业无法保障全环节冷链运输，对羊肉的生鲜度和品质造成负面影响；个别超市等零售终端缺乏符合储存条件的设备，从而造成羊肉二次污染等。这些风险因素不仅影响羊肉本身的绿色度和质量安全，而且对羊肉消费者的身心健康造成危害，影响整个羊肉产业链的稳定发展。

因此，羊肉绿色供应链的风险评价与管控至关重要。本研究旨在系统梳理影响羊肉绿色供应链风险的因素，从而提出管控风险的具体策略。研究成果的实施有利于更好地提升羊肉产品质量，满足消费者对绿色羊肉的需求，最终实现羊肉绿色供应链的持续、健康、高质量发展。

7.2 绿色供应链风险管控国内外研究现状

与本研究主题相关的文献主要包括两个部分：一是农畜产品绿色供应链；二是

绿色供应链风险评价。本节主要围绕这两个方面进行文献梳理与评述。

7.2.1 农畜产品绿色供应链方面

绿色供应链的概念最初由美国密歇根州立大学制造协会提出，随后国内外学者围绕该领域展开了持续探索。绿色供应链即在供应链管理中综合考虑绿色因素、环境影响和资源利用效率的供应链。大量国内外学者采用博弈论模型研究了不同情形下双渠道、全渠道以及闭环绿色供应链等的最优决策问题[139-141]，部分学者采用实证研究方法研究了绿色供应链管理对企业及环境绩效的影响[142-143]。

在绿色供应链研究的基础上，学者们逐步将研究视野聚焦于农畜产品，初步探索了农畜产品绿色供应链管理。例如，关常欢和吕金阳指出，畜产品绿色供应链是将环境意识和绿色发展理念融入畜产品供应链，实现资源利用效率最大化和污染环境最小化[46]；高鹏和孙智君分析了农产品绿色供应链的优化策略[47]；张建军研究了 TPL 参与下农畜产品绿色供应链的最优决策及利益协调[24]；朱月红分析了生态畜牧业绿色发展的价值意蕴以及生态畜牧业绿色发展的制约因素，并提出了生态畜牧业绿色发展路径[144]；张建军等人从企业、产业、社会公众及政府四个维度深入揭示了草原畜产品绿色供应链的形成机理[145]；Zhang 进一步研究了畜产品绿色供应链的利益联结机制[112]。

7.2.2 绿色供应链风险评价方面

在供应链风险评价方面，国内外学者围绕农产品供应链风险问题展开了研究，重点研究了农产品供应链风险识别与分析[146]、风险预测[147]、风险评估模型构建[148]以及风险防控[149-150]。

在绿色供应链风险研究方面，高新宇和孟佳娃分析了乳制品行业绿色供应链的合作伙伴风险管理[151]；杨晓叶重点研究了绿色供应链中的金融风险评价[152]；张学森等人探索了绿色供应链的脆弱性风险，并揭示了其传播机制[153]。

综上可得，现有文献对农畜产品绿色供应链进行了初步研究，认识到农畜产品供应链风险防控的重要性，但在风险评价方面，现有文献重点针对大类的农产品进行探索，而专门针对某一类畜产品探索其绿色供应链风险评价与防控的研究还有待深入。李维红等人研究了畜产品的质量安全风险[154]，但未在供应链视角下对畜产品风险问题进行综合衡量。本章在借鉴相关学者前期研究成果的基础上，以畜产品中的典型代表羊肉为例，深入探索羊肉绿色供应链的风险评价，提出羊肉绿色供应链的风险防控策略，为促进羊肉产业高质量发展提供了理论支撑和实践指导。

7.3　羊肉绿色供应链风险评价指标体系构建

为提高羊肉绿色供应链风险管控水平，我们应通过构建合理的风险评价指标体系，识别影响羊肉绿色供应链风险的主要因素。本章在系统梳理相关文献和实地走访调研的基础上，结合羊肉绿色供应链的特征，基于科学性、系统性、可操作性等原则，构建了由 5 个一级评价指标和 16 个二级评价指标组成的羊肉绿色供应链风险评价指标体系（见图 7－1）。其中，5 个一级评价指标包括绿色养殖外部环境风险、绿色养殖技术管理风险、绿色屠宰加工风险、绿色运输风险以及绿色销售风险。

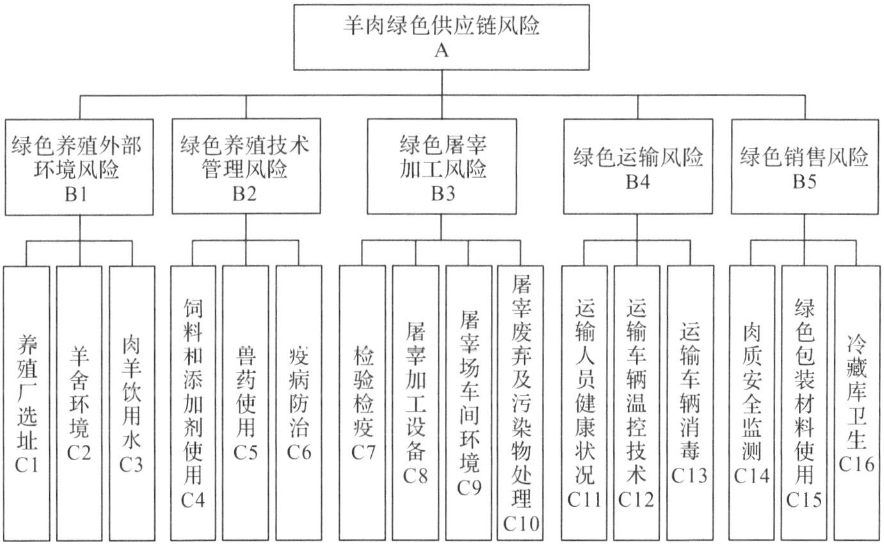

图 7－1　羊肉绿色供应链风险评价指标体系

（1）绿色养殖外部环境风险。在肉羊饲养的过程中，养殖场地址选择是否合理、圈舍卫生清理是否到位、饮用水是否达标是影响肉羊生长的关键因素。因此，为了确保肉羊良好的生长环境，实现绿色供应链管理，选择绿色养殖外部环境风险作为一级评价指标，并选择养殖场选址风险、羊舍环境风险、肉羊饮用水风险 3 个指标作为二级评价指标。

(2)绿色养殖技术管理风险。受传统因素影响和现有养殖条件制约,很多农村牧区养殖户的养殖模式粗放,养殖技术和方法落后,养殖科学性相对缺乏,这在一定程度上影响了羊肉品质。因此,本章选取绿色养殖技术管理风险作为一级评价指标,选取饲料和添加剂使用风险、兽药使用风险、疫病防治风险 3 个指标作为二级评价指标。

(3)绿色屠宰加工风险。屠宰加工环节是影响畜产品质量和绿色度的关键环节,此环节涉及的风险点较多。为更好地控制此环节的风险,降低其对羊肉品质的影响,本章选取绿色屠宰加工风险作为一级评价指标,在此基础上充分考虑影响屠宰加工的重要因素,选取检验检疫风险、屠宰加工设备风险、屠宰场车间环境风险、屠宰废弃及污染物处理风险 4 个指标作为二级评价指标。

(4)绿色运输风险。羊肉保鲜期短,所以对运输过程要求严格。为确保羊肉产品的新鲜度和质量,实现绿色供应链管理,本章选取绿色运输风险作为一级评价指标,并选择运输人员健康状况风险、运输车辆温控技术风险、运输车辆消毒风险 3 个指标作为二级评价指标。

(5)绿色销售风险。销售是实现绿色供应链的关键环节,也是实现羊肉产品价值的重要环节,因此羊肉销售环节的风险把控至关重要。本章选取绿色销售风险作为一级评价指标,并选取肉质安全监测风险、绿色包装材料使用风险、冷藏库卫生风险 3 个指标为二级评价指标。

7.4 羊肉绿色供应链风险评价

7.4.1 指标权重的确定

在羊肉绿色供应链风险评价指标体系构建的基础上,本章采用层次分析法,借助 yaaph 软件测算评价指标权重。研究团队深入调研了内蒙古自治区农牧厅和科学技术厅管理和技术专家、屠宰加工企业负责人、合作社负责人、养殖大户、官方驻场兽医等不同类型的业内专家。经计算可得羊肉绿色供应链风险评价指标各层次的权重,如表 7-1 至表 7-6 所示。

表7-1　一级评价指标(B-A)判断矩阵及权重

A	A					权重	一致性比率
	B1	B2	B3	B4	B5		
B1	1	1/3	4	5	6	0.266	0.092
B2	3	1	5	7	8	0.487	
B3	1/4	1/5	1	4	5	0.141	
B4	1/5	1/7	1/4	1	3	0.070	
B5	1/6	1/8	1	1/3	1	0.037	

表7-2　二级评价指标(C-B1)判断矩阵及权重

B1	B1			权重	综合权重	一致性比率
	C1	C2	C3			
C1	1	1/3	2	0.252	0.067	0.071
C2	3	1	3	0.589	0.156	
C3	1/2	1/3	1	0.159	0.042	

表7-3　二级评价指标(C-B2)判断矩阵及权重

B2	B2			权重	综合权重	一致性比率
	C4	C5	C6			
C4	1	1/2	1/5	0.122	0.059	0.004
C5	2	1	1/3	0.230	0.112	
C6	5	3	1	0.648	0.316	

表7-4　二级评价指标(C-B3)判断矩阵及权重

B3	B3				权重	综合权重	一致性比率
	C7	C8	C9	C10			
C7	1	7	8	4	0.613	0.086	0.097
C8	1/7	1	1/3	1/4	0.057	0.008	
C9	1/8	3	1	1/4	0.102	0.014	
C10	1/4	4	4	1	0.228	0.032	

表 7-5 二级评价指标(C-B4)判断矩阵及权重

B4	B4			权重	综合权重	一致性比率
	C11	C12	C13			
C11	1	1/3	1/2	0.164	0.011	0.017
C12	3	1	2	0.539	0.038	
C13	2	1/2	1	0.297	0.021	

表 7-6 二级评价指标(C-B5)判断矩阵及权重

B5	B5			权重	综合权重	一致性比率
	C14	C15	C16			
C14	1	2	2	0.491	0.018	0.009
C15	1/2	1	1/2	0.198	0.007	
C16	1/2	2	1	0.312	0.012	

7.4.2 指标权重分析

1. 一级评价指标风险权重分析

通过对评价指标权重的计算可得,在羊肉绿色供应链风险的一级评价指标中,绿色养殖技术管理风险权重最大,绿色养殖外部环境风险权重次之,绿色屠宰加工风险权重位列第三。此研究结果表明,为保障羊肉绿色供应链高效运行,相关单位应在一级评价指标中重点关注绿色养殖技术管理风险、绿色养殖外部环境风险以及绿色屠宰加工风险。政府应出台针对性措施,降低风险发生的概率,确保羊肉绿色供应链高质量发展。

2. 二级评价指标风险权重分析

由表 7-2 的权重数值可知,在绿色养殖外部环境风险的二级评价指标中,羊舍环境权重>养殖场选址权重>肉羊饮用水权重,这说明羊舍环境对于羊肉绿色供应链风险的影响最大,养殖场选址次之,肉羊饮用水影响最小。因此,实现羊肉绿色供应链管理,要保证羊舍环境达标,规避不达标的圈舍环境带来的不利影响。

由表 7-3 的权重数值可知,在绿色养殖技术管理风险的二级评价指标中,疫病防治权重>兽药使用权重>饲料和添加剂使用权重,这说明在绿色养殖技术管理风险中,疫病防治相比于兽药使用、饲料和添加剂使用更容易引发风险。因此,在绿色养殖技术管理中，为降低风险，疫病防治应得到重点关注。

由表 7－4 的权重数值可知，在绿色屠宰加工风险的二级评价指标中，检验检疫权重＞屠宰废弃及污染物处理权重＞屠宰场车间环境权重＞屠宰加工设备权重，这说明在绿色屠宰加工风险中，检验检疫环节引发风险的可能性最大，而屠宰加工设备、屠宰场车间环境影响程度相对较小。

由表 7－5 的权重数值可知，在绿色运输风险的二级评价指标中，运输车辆温控技术权重＞运输车辆消毒权重＞运输人员健康状况权重，这说明在绿色运输风险中，运输车辆温控技术引发风险的可能性最大，而运输车辆消毒、运输人员健康状况影响程度相对较小。

由表 7－6 的权重数值可知，在绿色销售风险的二级评价指标中，肉质安全监测权重＞冷藏库卫生权重＞绿色包装材料使用权重，这说明在绿色销售风险中，肉质安全监测风险应得到重点关注，以确保羊肉的质量安全。

通过以上分析可得，在二级评价指标中，羊舍环境、疫病防治、检验检疫等风险因素的综合权重较大，是影响羊肉绿色供应链风险的重要因素，应得到政府及供应链各参与主体的重点关注。

7.4.3 风险综合评价

在明确羊肉绿色供应链风险影响因素权重的基础上，本节通过模糊综合评价法对各因素的风险程度进行综合评价。

首先，建立主因素集 U＝{绿色养殖外部环境风险(U_1)，绿色养殖技术管理风险(U_2)，绿色屠宰加工风险(U_3)，绿色运输风险(U_4)，绿色销售风险(U_5)}。其次，建立子因素集 U_1＝{养殖场选址(U_{11})，羊舍环境(U_{12})，肉羊饮用水(U_{13})}；U_2＝{饲料和添加剂使用(U_{21})，兽药使用(U_{22})，疫病防治(U_{23})}；U_3＝{检验检疫(U_{31})，屠宰加工设备(U_{32})，屠宰场车间环境(U_{33})，屠宰废弃及污染物处理(U_{34})}；U_4＝{运输人员健康状况(U_{41})，运输车辆温控技术(U_{42})，运输车辆消毒(U_{43})}；U_5＝{肉质安全监测(U_{51})，绿色包装材料使用(U_{52})，冷藏库卫生(U_{53})}。最后，建立模糊综合评判集，V＝{低(V_1)，较低(V_2)，一般(V_3)，较高(V_4)，高(V_5)}。

1. 对子因素集进行模糊综合评价

本章以内蒙古乌拉特前旗为例，系统测算羊肉绿色供应链的风险程度。乌拉特前旗位于内蒙古西部，拥有广阔的草原和丰富的畜牧业资源，是全国首屈一指的自流灌区和内蒙古重要的肉羊养殖和生产加工基地，也是典型的畜牧业大旗。肉羊产业是当地的主导产业。近年来，乌拉特前旗羊肉产量一直保持稳定增长，2023 年全旗羊肉产量达到 4.92 万吨，位居内蒙古旗县前列。因此，以乌拉特前旗为例进行羊肉绿色供应链风险管控的研究具有较强的典型性、代表性和普遍性，其研究成果也具有较强的普适性和推广利用价值。

研究团队实地走访调研了乌拉特前旗所属的乌拉山镇、大佘太镇、小佘太镇、苏独仑镇、新安镇、西小召镇、白彦花镇、明安镇、先锋镇、额尔登布拉格苏木、沙德格苏木、大佘太牧场、新安农场以及西山咀农场等14个乡镇和农牧场，调研区域覆盖范围较广，占全旗乡镇和农牧场数量的82%。调研对象包括肉羊养殖户、养殖专业合作社、肉羊屠宰加工企业、冷链物流企业、超市等羊肉零售终端。本次调研共发放调查问卷262份，实际回收有效问卷252份。根据调查问卷数据整理出的评价结果分项统计表如表7－7所示。

表7－7　评价结果分项统计表

因素		风险等级及占比									
		低(V_1)		较低(V_2)		一般(V_3)		较高(V_4)		高(V_5)	
		人数	比例	人数	比例	人数	比例	人数	比例	人数	比例
U_1	U_{11}	23	0.091	46	0.183	60	0.238	83	0.329	40	0.159
	U_{12}	30	0.119	45	0.179	62	0.246	80	0.317	35	0.139
	U_{13}	26	0.103	41	0.163	64	0.254	71	0.282	50	0.198
U_2	U_{21}	9	0.035	34	0.135	43	0.171	96	0.381	70	0.278
	U_{22}	10	0.040	29	0.115	52	0.206	80	0.317	81	0.321
	U_{13}	8	0.032	17	0.067	56	0.222	81	0.321	90	0.357
U_3	U_{31}	30	0.119	39	0.155	61	0.242	80	0.317	42	0.167
	U_{32}	35	0.138	20	0.079	92	0.365	90	0.357	15	0.060
	U_{33}	23	0.091	86	0.341	85	0.337	45	0.179	13	0.052
	U_{34}	24	0.095	88	0.349	22	0.087	86	0.341	32	0.130
U_4	U_{41}	34	0.135	108	0.429	82	0.325	18	0.071	10	0.040
	U_{42}	61	0.242	60	0.238	66	0.262	52	0.206	13	0.052
	U_{43}	68	0.270	55	0.218	76	0.302	40	0.159	13	0.052
U_5	U_{51}	13	0.052	83	0.329	80	0.317	56	0.222	20	0.079
	U_{52}	14	0.056	88	0.349	46	0.183	31	0.123	73	0.290
	U_{53}	22	0.087	86	0.341	43	0.171	18	0.071	83	0.329

根据层次分析法确定的各风险因素权重表，分别计算得到各子因素的评价结果如下：

$$V_1 = (0.252, 0.589, 0.159) \times \begin{bmatrix} 0.091 & 0.183 & 0.238 & 0.329 & 0.159 \\ 0.119 & 0.179 & 0.246 & 0.317 & 0.139 \\ 0.103 & 0.163 & 0.254 & 0.282 & 0.198 \end{bmatrix}$$

$$= (0.111, 0.175, 0.248, 0.318, 0.158)$$

$$V_2 = (0.122, 0.230, 0.648) \times \begin{bmatrix} 0.035 & 0.135 & 0.171 & 0.381 & 0.278 \\ 0.040 & 0.115 & 0.206 & 0.317 & 0.321 \\ 0.032 & 0.067 & 0.222 & 0.321 & 0.357 \end{bmatrix}$$

$$= (0.034, 0.085, 0.212, 0.327, 0.339)$$

$$V_3 = (0.613, 0.057, 0.102, 0.228) \times \begin{bmatrix} 0.119 & 0.155 & 0.242 & 0.317 & 0.167 \\ 0.138 & 0.079 & 0.365 & 0.357 & 0.060 \\ 0.091 & 0.341 & 0.337 & 0.179 & 0.052 \\ 0.095 & 0.349 & 0.087 & 0.341 & 0.130 \end{bmatrix}$$

$$= (0.110, 0.230, 0.220, 0.309, 0.131)$$

$$V_4 = (0.64, 0.539, 0.297) \times \begin{bmatrix} 0.135 & 0.429 & 0.325 & 0.071 & 0.040 \\ 0.242 & 0.238 & 0.262 & 0.206 & 0.052 \\ 0.270 & 0.218 & 0.302 & 0.159 & 0.052 \end{bmatrix}$$

$$= (0.244, 0.250, 0.292, 0.164, 0.050)$$

$$V_5 = (0.491, 0.198, 0.312) \times \begin{bmatrix} 0.052 & 0.329 & 0.317 & 0.222 & 0.079 \\ 0.056 & 0.349 & 0.183 & 0.123 & 0.290 \\ 0.087 & 0.341 & 0.171 & 0.071 & 0.329 \end{bmatrix}$$

$$= (0.063, 0.334, 0.251, 0.160, 0.192)$$

2.对主因素集进行模糊综合评价

根据对子因素的模糊综合评价结果，可以得到综合评价矩阵如下：

$$\boldsymbol{R} = \begin{bmatrix} 0.111 & 0.175 & 0.248 & 0.318 & 0.158 \\ 0.034 & 0.085 & 0.212 & 0.327 & 0.339 \\ 0.110 & 0.230 & 0.220 & 0.309 & 0.131 \\ 0.244 & 0.250 & 0.292 & 0.164 & 0.050 \\ 0.063 & 0.334 & 0.251 & 0.160 & 0.192 \end{bmatrix}$$

已知羊肉绿色供应链风险 U 的权重为(0.266，0.487，0.141，0.070，0.037)，

可求得羊肉绿色供应链风险综合评价模型如下：

$$V=(0.266,0.487,0.141,0.070,0.037)\times\begin{bmatrix}0.111 & 0.175 & 0.248 & 0.318 & 0.158\\0.034 & 0.085 & 0.212 & 0.327 & 0.339\\0.110 & 0.230 & 0.220 & 0.309 & 0.131\\0.244 & 0.250 & 0.292 & 0.164 & 0.050\\0.063 & 0.334 & 0.251 & 0.160 & 0.192\end{bmatrix}$$

综合以上计算，得到各因素集的模糊综合评价结果如表 7-8 所示。

表 7-8　各因素集模糊综合评价结果

主因素集综合评价结果	子因素集综合评价结果
V=(0.082,0.150,0.229,0.305,0.234)	V_1=(0.111,0.175,0.248,0.318,0.158)
	V_2=(0.034,0.085,0.212,0.327,0.339)
	V_3=(0.110,0.230,0.220,0.309,0.131)
	V_4=(0.244,0.250,0.292,0.164,0.050)
	V_5=(0.063,0.334,0.251,0.160,0.192)

7.4.4　风险综合评价结果分析

本章首先分析一级评价指标的风险等级。从表 7-8 的分析结果可知，31.8%的被调查者把绿色养殖外部环境风险评价为较高风险，24.8%的被调查者评价为一般风险，17.5%的被调查者评价为较低风险，15.8%的被调查者评价为高风险，11.1%的被调查者评价为低风险。

对于绿色养殖技术管理风险，33.9%的被调查者评价为高风险，32.7%的被调查者评价为较高风险，21.2%的被调查者评价为一般风险，8.5%的被调查者评价为较低风险，3.4%的被调查者评价为低风险。

对于绿色屠宰加工风险，30.9%的被调查者评价为较高风险，23.0%的被调查者评价为较低风险，22.0%的被调查者评价为一般风险，13.1%的被调查者评价为高风险，11.0%的被调查者评价为低风险。

对于绿色运输风险，29.2%的被调查者评价为一般风险，25.0%的被调查者评价为较低风险，24.4%的被调查者评价为低风险，16.4%的被调查者评价为较高风险，5.0%的被调查者评价为高风险。

对于绿色销售风险，33.4%的被调查者评价为较低风险，25.1%的被调查者评价为一般风险，19.2%的被调查者评价为高风险，16.0%的被调查者评价为较高风险，6.3%的被调查者评价为低风险。

根据最大隶属度原则，在一级评价指标体系中，由于 33.9%的被调查者将绿色养殖技术管理风险评价为高风险，因此，羊肉绿色供应链的绿色养殖技术管理风险属于高风险。同理可得，绿色养殖外部环境风险和绿色屠宰加工风险属于较高风险，绿色运输风险属于一般风险，绿色销售风险属于较低风险。

在以上分析结果的基础上得到羊肉绿色供应链的综合风险评价结果。其中，30.5%的被调查者评价为较高风险，23.4%的被调查者评价为高风险，22.9%的被调查者评价为一般风险，15.0%的被调查者评价为较低风险，8.2%的被调查者评价为低风险。根据最大隶属度原则，样本地区羊肉绿色供应链风险等级为较高风险。

7.5　羊肉绿色供应链风险控制策略

通过羊肉绿色供应链风险评价的研究可得，样本地区羊肉绿色供应链风险较高，主要风险因素包括绿色养殖技术管理风险、绿色养殖外部环境风险以及绿色屠宰加工风险等。为合理管控羊肉绿色供应链风险，提高其整体质量，我们可从以下几个方面着手。

7.5.1　绿色养殖外部环境风险的控制策略

由风险评价结果可知，绿色养殖外部环境风险的权重较高，在羊肉绿色供应链整体风险中排名第二，且风险等级属于较高风险。因此，我们需要对绿色养殖外部环境风险进行重点管控。

1. 因地制宜，合理选择养殖场地

地理位置优越的养殖场有利于肉羊生长和保持健康，因此养殖户对肉羊养殖场的选址和建设要高度重视。

第一，在养殖场选址过程中，养殖户需要对当地的地形地貌、周边环境进行全面细致的调研，尤其要重点了解当地的疫病情况，避免将养殖场建在疫病高发区。

第二，根据肉羊的生活习性，养殖场应避免选择建在地势低洼、通风不畅且与其他畜禽养殖场相近的地区，而要选在地势较高且开阔、背风向阳、通风良好、排水条件良好的区域。

第三，养殖场的选址应远离城镇集市、化工厂、屠宰场、兽医院等易产生污染的企业和单位，尤其要远离重工业污染区，防止工业生产排出的有毒气体危害肉羊。

第四，肉羊不同于其他养殖品种，属于食草类家畜，在生长过程中需要大量饲草。因此，要尽量将养殖场建在牧草丰富或者具备人工种植牧草条件的地区。

2. 做好羊舍清洁工作，优化羊舍环境

在绿色养殖外部环境风险中，羊舍环境的权重最大，是养殖户在肉羊养殖过程中需要重点关注的风险因素。

第一，在日常饲养过程中，养殖户应制定科学合理的羊舍清洁计划，加强日常卫生管理，定期对羊舍内的食槽、水槽、用具、墙壁、围栏等进行清洁消毒。同时，要及时清理粪便，保持圈舍的通风、干燥；对病死羊进行无害化处理，切断病原传播途径，降低疫病发生的风险，为肉羊生长创造良好的环境。此外，养殖户还要做好羊群的驱虫和防蚊灭蝇工作，提高肉羊机体的免疫力。

第二，养殖户要及时做好羊舍内部的防暑降温、防寒保暖工作。夏季要保证羊舍的凉爽通风，冬季要为羊舍修建保暖大棚，必要时使用暖气、保温板、红外线保温灯等保暖设备，保障肉羊温暖安全过冬。

3. 加强日常饮水管理，保证饮水安全

饮水安全在肉羊养殖过程中十分重要，水质清洁，水源充足，水温适宜是促进肉羊茁壮生长的关键。

第一，要确保肉羊的饮水量，避免肉羊饮用死水和受到污染的水，要定期更换水源、清洗水槽，对水质进行检测，保证水质安全，为肉羊提供清洁干净的饮用水。

第二，养殖户要关注肉羊饮水温度，避免肉羊饮冷水、雪水。春冬季节肉羊的饮水温度需控制在 20 ℃～30 ℃。夏季，为减少肉羊热应激反应，可在水中添加适量维生素或电解质，增加饲料转化率，提高养殖效益。

7.5.2 绿色养殖技术管理风险的控制策略

由风险评价结果可知，绿色养殖技术管理风险的权重最大，且风险等级属于高风险。因此，政府与养殖户应对其进行重点关注和管控。

1. 科学合理防疫，提高疫病防控水平

在绿色养殖技术管理风险中，疫病防治的权重最大，是绿色养殖技术管理风险中最关键的一环。良好的疫病防治举措是确保羊肉安全、绿色的重要保障。因此，养殖户需要做到以下几点。

第一，增强疫病防控意识。养殖户需从源头上树立起“预防为主、防重于治”的理念，提高日常饲养管理水平，在进入羊舍时，须穿戴经过消毒的工作服，并进行洗手消毒，防止人畜共患疾病的传播。

第二，重视疫苗接种。疫苗接种是规避疫病风险的必要举措。养殖户需严格按照免疫接种程序定期对肉羊进行免疫接种，增强肉羊抵抗力。在种羊引进过程中，养殖户要严格把控质量，对新引入的种羊要进行隔离观察，确认无异常之后再进行集中饲养，确保“内疫不发生，外疫不传入”。

2.规范使用兽药，加强对兽药企业的监督管理

兽药作为一种特殊的商品，是养殖业发展的重要生产资料，科学合理用药能使兽药发挥最大效能，达到防病治病的目的。

第一，养殖合作社应建立健全兽药使用管理制度，严格指导监督养殖户依法依规用药，禁止养殖户使用禁用药和私自用药，并严格执行兽药休药期规定。做到专人负责采购、入库、出库登记，做好养殖户用药记录，防止盲目、重复、叠加用药，鼓励养殖户尽量使用中药。

第二，养殖户必须树立起规范使用兽药的意识，拒绝使用国家明令禁止的药品，使用兽药前做好领用登记，使用过程中严格按照兽药管理条例或兽药说明书的要求用药，使用兽药后将药物按用途、类别妥善存放。

第三，兽药生产经营企业需定期对兽药进行检测，保证其安全性。此外，政府相关执法部门要对兽药销售商的资质进行鉴定，对出售违规兽药的企业或单位进行严厉处罚，加强对兽药生产、销售单位的监督管理。

3.生产和使用绿色优质饲料

饲料和添加剂的安全与否不仅关系到肉羊的健康，而且关系到人类的健康。

第一，饲料加工企业在饲料生产时要适度创新，保障青贮饲料的多样性和营养价值；同时，要加大新型添加剂的研发力度，积极研发绿色环保无公害的饲料添加剂。

第二，养殖户要制定科学的饲料使用剂量，选择安全优质的绿色饲料，禁止使用过期饲料；同时要安全存放饲料，并保证饲料存储空间的干净整洁，避免饲料受潮霉变。

第三，政府相关职能部门要加强对饲料生产企业的监管，做好饲料的抽检工作，加大对违规生产饲料和滥用添加剂行为的惩处力度。

7.5.3 绿色屠宰加工风险的控制策略

由风险评价结果可知,绿色屠宰加工风险的权重在羊肉绿色供应链风险权重中排名第三,且风险等级属于较高风险。因此,屠宰加工企业及政府相关部门亦应对这一风险进行重点防范。

1. 严格执行检疫检验制度

检疫在绿色屠宰加工风险中权重最大,是不可忽视的风险因素。检疫是影响羊肉品质与安全的重要因素。

第一,屠宰加工企业要做好肉羊入场检疫工作,查明肉羊来源,要求货主出示动物检疫合格证明,确保待宰羊群健康,如发现病羊,应隔离观察或进行无害化处理。

第二,屠宰加工企业要做好肉羊的宰前、宰后检疫工作,严格按照规程对羊肉的重金属含量、含水量等进行检验,检测后要出具检验报告,严把羊肉出场关。此外,屠宰加工企业应及时更新检疫设备,采用先进的检疫方法,引进先进、高效的检疫技术,不断提升肉羊检疫水平。

第三,动物检疫部门要切实加大对屠宰加工企业的监督检查力度,开展屠宰场定点整治和不定期现场检查,依法做好各项检疫监督管理工作,严厉打击逃避检疫、销售未经检疫的羊肉制品等违法行为,保障羊肉质量安全。

2. 加强屠宰加工设备管理

屠宰加工涉及多个环节,从肉羊进场到制成羊肉制品的整个过程中,需经过多道工序,所接触的屠宰设施设备较多,所以,加强屠宰加工设备管理也是保障羊肉质量安全的重要因素。首先,在使用屠宰加工设备前后均要对其进行彻底清洗与消毒,去除血迹、污渍等脏污,防止交叉感染,保证屠宰加工设备的卫生安全,从而保障畜产品的质量。其次,要定期对屠宰加工设备进行检修、保养,确保其处于良好运行状态。

3. 保持屠宰车间干净卫生,创造良好的屠宰环境

要做到屠宰车间地面干净,及时清理油污及血渍,确保地面无积水,地面需用火碱进行彻底清扫,以防止潮气。车间内的各种操作工具、运输工具、辅助材料等要按规定整齐摆放在指定地点并保持清洁。车间应有良好的通风排气装置,车间地漏必须保持通畅,不得淤积粪便、泥沙、肉渣等废污物。同时,屠宰车间的工作人

员每年需进行健康检查。

4. 持续推进屠宰废弃及污染物无害化处理，做到资源循环利用

屠宰废弃及污染物包括屠宰后产生的废弃物和废水。废弃物主要指肉羊屠宰过程中产生的内脏、骨头、毛皮等。针对此类废弃物，屠宰加工企业要采用堆肥处理或发酵处理等方式对废污物进行处理。堆肥处理可以将废弃物与土壤、草木等物质混合，作为肥料施于农田中，可以起到改善土壤水分、保肥等作用。发酵处理可以将废弃物制成绿色环保的肥料原浆以及生物原料，做到废弃物循环利用。针对屠宰废水，屠宰加工企业要严格按照生态环保部门的规定建设废水处理设施，配套符合规定标准的污水处理设备，对废水进行无害化处理。

7.5.4　绿色运输风险的控制策略

1. 加强对运输人员健康状况的监测

运输人员的健康状况影响着羊肉的质量安全。屠宰加工企业或者冷链物流企业应设置相应的运输人员健康档案，建立运输人员上岗健康登记制度，及时掌握员工的健康状况，对运输人员开展定期体检。此外，运输人员上岗前要确保身体状况良好，严格按照从业人员卫生要求做好自身防护。

2. 强化运输车辆温控管理

羊肉运输过程对温控技术要求较高，冷鲜羊肉需控制在 0 ℃～4 ℃，冷冻肉需控制在－18 ℃，因此，在运输前应保证运输车辆的温控设备正常。同时，物流运输企业应定期检查并记录车辆的温控设备运行情况，保证车厢内温度处于合理区间，防止羊肉变质。此外，在装车前应对车辆进行预冷处理，确保货车前后上下留有足够的冷循环空间，以避免货物与车厢底板和侧壁接触导致短时间内出现大幅温度变化。在运输过程中不得擅自开箱，不得随意打开仓门，以确保羊肉质量安全。

3. 做好运输车辆清洗消毒工作

运输车辆在装卸前后应及时清洗消毒，这样才能保证运输过程中车厢内不会大量滋生病菌微生物，从而影响羊肉的质量安全。在初次清洗的过程中，要遵循从内到外、从上到下、从前到后的清洗原则，可以使用低压水枪对车体外表面、车厢内表面及隔板上下表面及中间夹缝、轮胎、车厢底部等进行全面冲洗。在二次清洗的过程中，可以选择使用高压水枪或者碱性、中性的清洁剂对车辆进行清理。

7.5.5 绿色销售风险的控制策略

1. 加强零售终端质量检验，保障羊肉采购品质

羊肉上市前的质量检验是保障羊肉质量安全的重要环节。羊肉零售商在采购羊肉时需认真评估羊肉供应商的资质，并要求提供检验检疫证书或相关证明。羊肉零售商应核实羊肉的来源，屠宰加工企业的资质及技术，供应渠道的各种许可证、卫生证明、检验检疫合格证等信息。同时，在销售时，设计条形码或二维码供消费者进行追溯和查询，从而倒逼销售环节以及上游养殖及加工环节不断提升羊肉质量。另外，要保持销售终端冷藏库的干净卫生，保障肉质安全。

2. 选用环保包装材料，做到绿色销售

在羊肉销售过程中，包装材料起到了保护、保鲜和宣传的作用。然而，传统的包装材料往往采用塑料、泡沫等材料，难以降解，易对环境造成污染。因此，对于羊肉的销售商来说，包装材料首先应符合食品安全卫生标准，同时应尽量选择具有高强度、易降解、可重复使用的绿色环保材料，从而更好地保障羊肉质量安全。

7.6 本章小结

畜产品绿色供应链是实现畜牧业可持续发展和牧区现代化的重要载体，畜产品绿色供应链风险管控是确保畜产品绿色供应链高效运营的重要基础。基于畜产品绿色供应链理论，结合实地调研及羊肉绿色供应链风险特点，本章构建了包含 5 个一级评价指标和 16 个二级评价指标的羊肉绿色供应链风险评价指标体系，其中 5 个一级评价指标包括绿色养殖外部环境风险、绿色养殖技术管理风险、绿色屠宰加工风险、绿色运输风险、绿色销售风险。在此基础上，测算各评价指标的权重并综合衡量各指标的风险程度。研究结论如下：绿色养殖技术管理风险权重最大且风险等级高，绿色养殖外部环境风险权重次之且风险等级较高，绿色屠宰加工风险权重位列第三且风险等级较高，绿色运输风险等级一般，绿色销售风险等级低。基于这一研究结论，本章从五个方面提出了具有针对性的羊肉绿色供应链风险管控策略，以更好地实现羊肉绿色供应链的高质量和可持续发展。

第3篇

农畜产品供应链高质量发展

本篇共包含2章内容，分别是第8章：农畜产品生产基地优质高效转型研究：以杜蒙肉羊为例，第9章：畜产品供应链高质量发展的逻辑框架及实现路径。

农畜产品供应链作为推动农牧业高质量发展的重要着力点，应兼顾经济效益、生态效益及社会效益，构建具有更强创造力、更高附加值、更安全高效的农畜产品绿色供应链，充分发挥其在农牧业高质量发展中的引领作用。

农畜产品生产基地是承载农畜产品产业带发展的重要依托，推动农畜产品生产基地优质高效转型是保障国家粮食安全和生态安全的重要举措，也是实现农牧业高质量发展的重要手段。

因此，本篇系统深入研究了农畜产品生产基地优质高效转型的理论与实践；在此基础上，综合考虑农畜产品供应链的生态效益、经济效益和社会效益，探索绿色发展、经济增效、社会带动三个因素促进畜产品供应链高质量发展的内在机理，构建畜产品供应链高质量发展的逻辑框架，并提出畜产品供应链高质量发展的具体实现路径。

第 8 章 农畜产品生产基地优质高效转型研究:以杜蒙肉羊为例

8.1 引言

8.1.1 研究背景和意义

建设国家重要农畜产品生产基地,是党中央赋予内蒙古的重大战略使命[155]。2020 年 5 月,内蒙古自治区党委、自治区人民政府印发了《关于加快推动农牧业高质量发展的意见》,提出要建设优势特色农畜产品产业带,开展经济杂交,推动品种培育。中国共产党内蒙古自治区第十一次代表大会报告提出,要高起点谋划和推进农牧业发展,推动农畜产品生产基地优质高效转型。农畜产品生产基地是承载农畜产品产业带的重要依托,推动农畜产品生产基地优质高效转型既是提高农畜产品质量、保障国家粮食安全和生态安全的重要举措,建设国家重要农畜产品生产基地、提升农畜产品品牌竞争力的必然要求,也是助力乡村振兴、促进农牧民增收、实现农牧业高质量发展和农业农村现代化的重要手段,具有重要的研究价值。

畜产品品种和畜牧业生产方式是影响畜产品生产基地生产效率[156]、草原生态环境[157]乃至畜牧业高质量发展的重要因素。祁婧的研究指出,内蒙古要集中优势力量,加快解决制约种业发展的一些关键问题,打赢种业“翻身仗”,推动国家重要农畜产品生产基地绿色发展、安全发展[158]。乌仁格日乐提出,畜牧业生产方式和草原生态环境之间存在紧密的相互影响,二者均会对畜产品生产基地的转型发展产生影响[159]。因此,畜产品品种、畜牧业生产方式和草原生态环境均是影响畜产品生产基地优质高效转型的重要因素。我们要在满足生态环境要求的前提下,紧紧围绕畜产品品种和畜牧业生产方式两个维度,系统深入研究畜产品生产基地优质高效转型问题。

四子王旗是我国最大的杜蒙肉羊生产和交易集散地,已将杜蒙肉羊这一新品种作为产业结构调整的主攻方向。但是,四子王旗存在水资源与生态环境约束日益趋紧,肉羊育种技术推广体系建设资金短缺,规模化肉羊养殖场和养殖合作社经营分散,畜牧业生产方式落后等问题,这些问题在一定程度上制约了杜蒙肉羊的产出效益,影响了杜蒙肉羊的品牌价值。因此,四子王旗亟须立足杜蒙肉羊生产基地的实际,紧紧围绕杜蒙肉羊产业链条,对其进行全方位转型升级,在满足地区生态环境硬约束的前提下,逐步提升杜蒙肉羊产业链附加值,打造国内具有影响力的杜蒙肉羊产业链条。四子王旗杜蒙肉羊的转型发展对于研究农畜产品生产基地优质高效转型具有重要意义,其研究成果具有较强的示范和推广应用价值。

8.1.2 国内外相关研究动态

1.农畜产品生产基地转型的研究动态

在农畜产品生产基地转型方面,国内学者立足内蒙古实际,对转型升级的重要性和路径进行了初步探索。宝鲁指出了内蒙古推动国家重要农畜产品生产基地建设和转型升级的必要性,并提出了实现农畜产品生产基地转型升级的路径:推动绿色基地建设、构建现代乡村产业体系以及提升农牧业科技贡献率[155];祁婧提出了通过种质资源保护与种业创新实现农畜产品生产基地转型发展的思路[158];许媛媛提出通过农牧业品牌提升行动等途径来加快绿色农畜产品生产基地的建设步伐[160];郭洪申指出,在建设农畜产品生产基地方面要坚持生态优先、绿色发展理念,同时要推动“三产”深度融合,全力提升农畜产品品质[161];张祝祥等人提出了推动内蒙古农畜产品生产基地优质高效转型的建议[162],包括加强农牧业基础设施建设、实现农牧业全产业链和价值链有效衔接、提高集体经济功能等措施。

由此可见,相关学者站在宏观视角,采用定性研究方法分析了农畜产品生产基地转型的重要性,提出了农畜产品生产基地转型的路径,这为本研究的深入开展提供了理论依据。但现有研究缺乏运用实证研究方法,尤其是案例研究方法,站在整个农畜产品产业链的高度对农畜产品生产基地转型进行深度探析。

2.农畜产品供应链运营的研究动态

在农畜产品供应链运营的研究方面,国内外学者重点围绕决策优化、利益协调、质量控制、流通体系建设以及品牌培育等维度进行了系统研究。张建军研究了TPL参与下考虑绿色度和生鲜度的农畜产品供应链决策优化问题[24]；Yan等人研究了制造商具有公平偏好的情形下，生鲜农产品供应链中制造商和零售商的产品生鲜度决策，并设计了收益共享利益协调契约[97]；Ilkyeong等人设计了收益共享和投资成本共担的混合契约，以实现由制造商和零售商构成的两级生鲜农畜产品供应链利益协调[98]；Ma等人在信息不对称情形下，结合生鲜农产品易腐性的特点，研究了物流服务商参与的三级生鲜农产品供应链的利益协调[93]；吴强等人以畜产品供应链末端环节的超市为研究对象，分析了末端环节畜产品质量协同控制的影响因素和作用机理[163]；刘桂艳分析了电子商务环境下，内蒙古畜产品供应链物流体系的整合及优化对策[164]；陈喜辉等系统梳理了畜产品供应链品牌体系创建与运营的流程，提出了畜产品供应链品牌培育需解决的关键问题，并给出了解决措施[165]。

国内外学者采用博弈论和仿真模拟方法分析了农畜产品供应链的决策优化方案，设计了多种情形下的利益协调契约，并探讨了农畜产品供应链流通体系建设以及品牌培育的相关内容，这为本研究的深入开展奠定了重要基础。但现有研究缺乏针对某一具体农畜产品供应链，围绕决策运营、质量管控、利益联结、品牌推广等多维度的整合研究。

3.草地畜牧业生产方式调整和构建的研究动态

潘永华和张抒宇指出，草地畜牧业的生产方式对畜牧业的经济效益和生态效益具有较大影响，直接关系到农畜产品生产基地转型的成败[156,166]。在草地畜牧业生产方式的调整和构建方面，国内学者立足草地畜牧业的特点和生态环境保护的需要，对草地畜牧业生产方式的调整和构建进行了初步研究。例如，李青丰指出草地畜牧业生产方式的转变是解决畜牧业生产和生态环境矛盾的关键，并提出了草地畜牧业生产方式的演变路径[167]；冶俊结合青海省草地畜牧业发展现状，提出了草地畜牧业生产方式调整的方向和措施，包括协调好人与自然的关系、发挥龙头企业的引领作用等[168]；牛军安给出了利用草地畜牧业生产方式对生态环境进行调节和治理的具体建议[169]。

综上所述，相关文献对草地畜牧业生产方式调整的研究为本研究的深入探索提供了理论支持。遗憾的是，以上研究大多采用定性研究方法，缺乏针对区域和农畜产品品种的研究，研究成果的可操作性和推广应用价值有待提高。

8.1.3 调研情况及数据来源

本研究选取四子王旗为调研样本地区，深入四子王旗 14 个苏木乡镇(场)，对杜蒙肉羊产业链涉及的相关市场主体(包括杜蒙肉羊育种企业、养殖合作社、规模养殖场、杜蒙肉羊活畜交易市场、育肥场、饲料加工企业、屠宰加工和深加工企业、电商企业、流通企业等)，行业协会(包括四子王旗农畜产品协会、农牧业合作社发展协会等)，政府部门(包括农牧和科技局、乡村振兴局、工业和信息化局、发展和改革委员会、市场监管局、林草局、水利局、生态环境局等)等进行了研究，深入了解样本地区杜蒙肉羊生产基地建设现状及存在的主要问题等，为本章研究的深入开展提供了坚实的数据资料支撑。

8.2 杜蒙肉羊育种企业发展及育种布局现状

8.2.1 育种企业概况

内蒙古赛诺种羊科技有限公司(简称赛诺公司)成立于 1997 年，总部位于内蒙古乌兰察布市四子王旗，是一家集羊的育种、繁育、推广与技术服务于一体的现代种业企业，是国家首批肉羊核心育种场、国家高新技术企业、国家农牧业产业化重点龙头企业，也是内蒙古唯一一家拥有胚胎生产与销售资质的企业，更是全国唯一一家将体外胚胎移植技术产业化应用到肉羊育种中的企业。2022 年 8 月，赛诺公司成功入选“国家畜禽种业阵型企业名单”。

赛诺公司作为当地的龙头企业，近年来，紧紧围绕自治区高效肉羊种子提升工程目标，开展现代育种技术、扩繁技术的研究以及产业化的推广和应用，不断加快肉羊新品种培育能力建设和优质种羊繁育体系建设等。截至 2022 年底，公司已建成肉羊冷冻精液站 2 处、人工授精站 110 处、输精点 1000 多处。经过 20 多年的持续选育工作，公司已建立了杜泊、杜蒙、萨福克等 8 个肉羊品种核心群，共计 5000 余只，年生产杜泊种羊达到 1.5 万只以上，年胚胎生产能力达到约 4 万只，已经形成了中国规模最大的肉羊种子资源库。同时，赛诺公司具备年产 15 万枚胚胎、8 万只种羊的生产能力，每年向全国 20 多个省市提供种源供应和技术服务。

截至 2022 年底，赛诺公司总资产约 32000 万元，公司旗下共建有 3 个种羊生产基地和 2 个科技服务站。3 个种羊生产基地包括国家肉羊种子中心生产基地

（占地约24公顷，总投资1.8万元）、杜蒙肉羊产业园（活畜交易市场和育肥场）（占地200公顷，总投资6500万元）和种羊科技服务中心（占地约234公顷，总投资1500万元）。2个科技服务站分别为种羊科技服务站（占地约4公顷，总投资500万元）和兴安盟科右中旗科技园区（占地约67公顷，总投资5000万元）。

8.2.2 杜蒙肉羊培育现状

赛诺公司联合区内外高校、科研院所、农技推广中心等，经过20多年的持续研发与科技攻关，一个以南非杜泊羊为父本、以四子王旗蒙古羊为母本，适合荒漠半荒漠化草原放牧，同时兼具舍饲与半舍饲等多种养殖方式于一体的肉羊新品种（即杜蒙肉羊）诞生了。换句话说，杜蒙肉羊是以蒙古羊为母本，以杜泊羊为父本进行杂交的新品种，可大大提高肉羊繁殖率、屠宰率、肉用羔羊胴体重和羊肉品质，增加农牧民收入。

截至2022年底，四子王旗杜蒙肉羊群体存栏总数约4.5万只，特一级繁殖杜蒙母羊约2.8万只，繁育体系中核心群存栏总数约1.8万只，核心群杜蒙公羊总存栏数约466只，核心群杜蒙基础母羊存栏总数约1.84万只。

2022年11月，杜蒙肉羊获国家新品种认定。赛诺公司在四子王旗年均改良杜蒙肉羊约35万只，年育肥能力达到100万只，活畜交易量达到260万只，打造年产胚胎30万枚、年供种羊15万只的全国优质肉羊种源生产与输出基地，杜蒙肉羊良种选育和生产成为杜蒙肉羊产业提质增效的重要基石。

8.2.3 杜蒙肉羊育种布局及合作推广模式

综合考虑四子王旗当地资源禀赋、特色产业发展、一二三产业融合、带动农民增收机制等因素，赛诺公司抓住国家、自治区培育农牧业产业化联合体的有利契机，确定了以杜蒙肉羊为主导产业的杜蒙肉羊育种联合体建设项目。由赛诺公司提供优质纯种杜蒙基础母羊、五级种公羊、饲草料以及技术服务，并全程参与指导合作户的生产管理。合作户通过租赁杜蒙种公羊的方式生产优质羔羊，羔羊达到要求后公司保价回收。杜蒙肉羊育种联合体建设项目的合作方式和利益分配机制如下。

1.利益联结机制

（1）杜蒙母羊价值3200元，产权归赛诺公司所有。

（2）合作户自筹交押金1200元，负责饲养。

(3)赛诺公司担保,合作户贷款 2000 元。

(4)合作结束,合作户退还赛诺母羊。

(5)赛诺公司退还合作户押金 1200 元,偿还银行贷款 2000 元。

2. 杜蒙母羊发放标准

(1)精心优选种母羊。

(2)第三方布病检测阴性。

(3)体重:45 千克。

(4)繁殖率:130%～150%。

(5)产羔羊 2 个月毛重可达 25 千克。

3. 杜蒙母羊返还标准

(1)体重不低于 70 千克,且健康无布病;

(2)如果达不到体重标准,按每千克 5 元的价格从押金中扣除。

4. 杜蒙羔羊回收标准

(1)母羊和羔羊按照赛诺公司标准化饲养,2 月龄毛重必须达到 25 千克以上,健康无疾病。

(2)保底价每只 800 元。

5. 杜蒙公羊使用办法

(1)种公羊由赛诺公司按育种计划配套相应的品种。

(2)每 30 只基础母羊配备种公羊 1 只,首次免费使用种羊。

(3)到公司租赁公羊,签订合同。

(4)每个配种周期(45 天为 1 个周期)收取种羊服务费每只 500 元,押金每只 1000 元。

(5)租赁期间种公羊发病、死亡,合作户承担损失。

6. 杜蒙肉羊育种联合体合作效益

经入户调查发现,查干补力格苏木某嘎查一牧民饲养的约 300 只杜蒙基础母羊能产杜蒙羔羊约 450 只,一只杜蒙羔羊赛诺公司的回收价格约 1200 元,仅卖杜蒙羔羊一年就可收入约 50 万元。这种“企业＋合作社＋合作户＋基地”模式的育种联合体模式,可使合作户的每只杜蒙羔羊比本地土种羔羊多卖 400 多元。

调研发现,白音朝克图镇某嘎查因粗放式的放牧导致人草畜矛盾日益突出,草场沙化严重,牧民增收缓慢。2020 年,该嘎查引进杜蒙肉羊新品种。2021 年,300

只杜蒙肉羊的销售收益约等于 600 只本地土种羊的销售收益。目前，该嘎查 88 户牧户饲养了约 1.8 万只杜蒙肉羊。在同等收益的前提下，肉羊的养殖规模减小，因此 30 多万公顷草场生态环境得到保护，逐步恢复到原有水平。

调研发现，库伦图镇某村正在整村推进杜蒙肉育种联合体项目。整村推进极大地降低了肉羊的养殖成本，同时村里成立的养殖专业合作社为杜蒙肉羊养殖户配套了专门的养殖设施和设备，包括储草棚、青储窖、人畜隔离墙、铡草机等，这大大提高了养殖户养殖杜蒙肉羊的积极性，使杜蒙肉羊养殖成为农牧户家庭收入的重要来源。

截至 2022 年底，四子王旗杜蒙肉羊杂交改良规模约 30 万只，户均增收约 5 万元，户均纯收入 13 万元。通过种羊繁育，四子王旗达到了减畜不减收，同时实现了生态效益和经济效益双赢的良好效果。

8.2.4　杜蒙肉羊产业的发展目标

赛诺公司将把杜蒙肉羊产业打造成为农牧民增收致富的重要产业。通过国家肉羊核心育种场与育种户相结合的模式，赛诺公司选择养殖积极性高、具备一定基础设施的农牧民组建杜蒙肉羊育种联合体，计划 3 年投放基础母羊 22 万只，发展合作户 1400 户（其中牧区 1000 户、农区 400 户），实现杜蒙肉羊养殖在农区和牧区的全覆盖，并逐步取代当地土种羊，成为四子王旗农牧户肉羊的主要养殖品种。

8.3　杜蒙肉羊生产基地基本要素及建设现状

四子王旗是内蒙古自治区 33 个牧业旗县之一，全旗辖 14 个苏木乡镇场、122 个嘎查村。作为乌兰察布市肉羊主产区，四子王旗的草场面积达 3214 万亩，畜牧业是全旗主导产业之一，也是当地农牧民的重要经济来源。四子王旗曾是国家级贫困旗县，于 2021 年实现脱贫摘帽后，旗委和政府接续推进乡村振兴，通过种业振兴、产业振兴、组织振兴以及科技赋能等方式带动全旗农牧民增收致富，持续巩固拓展脱贫攻坚成果。

2021 年底，全旗肉羊饲养量约 230 万只，年出栏肉羊约 130 万只，年交易量 100 余万只，羊肉产量 2.78 万吨。近年来，四子王旗委和旗政府坚持“生态优先，绿色发展”理念和“少养精养、以种促养、种养结合、以养促调”的农牧业产业结构调整思路，优化经济效益，使农村牧区经济得到长足发展，对增加农牧民收入发挥了重要作用。

四子王旗杜蒙肉羊生产基地基本要素包括肉羊养殖等基础设施建设情况、育种企业发展情况、肉羊产业龙头企业发展情况、草地畜牧业发展情况、杜蒙肉羊产业带动农牧户增收情况、杜蒙肉羊产品的品牌培育情况以及杜蒙肉羊生产基地人才培养情况等。下面主要围绕以上要素来具体深入分析四子王旗杜蒙肉羊生产基地的建设现状。

8.3.1 四子王旗具备杜蒙肉羊产业发展的基础条件

近年来,在四子王旗委和旗政府的大力支持下,杜蒙肉羊产业基础设施建设不断加强,肉羊产品产业链不断延伸,特别是种羊培育技术不断迭代。2018 年,赛诺公司被农业农村部评选为肉羊国家级核心育种场,并排名全国第一,同时也是全国唯一实现体外胚胎移植产业化的企业所在地。截至 2022 年底,公司拥有肉羊自主品牌(杜蒙肉羊)的育种核心群存栏肉羊 2 万只,扩繁群及推广群肉羊共计达 17.5 万只,并建立了高端种羊基因库,其中经国际鉴定师鉴定达到 5 级的种羊有 911 只。四子王旗是国内羊种子基因种类最多、规模最大、质量最优的旗县。

此外,为更好地支持杜蒙肉羊品种和杜蒙肉羊产业的快速发展,各级政府和农牧部门相继投入 1000 多万元科研项目经费和 3000 多万元养殖补贴以更好地激发杜蒙肉羊新品种研发的积极性,提高赛诺公司、养殖合作社和牧户养殖杜蒙肉羊新品种的积极性。同时,四子王旗曾多次承担国家重点建设项目并取得优异成绩,有力促进了全旗经济社会的高质量发展。四子王旗的主要成就有:2021 年实施国家农产品产地冷藏保鲜整县(旗)推进试点项目;2022 年上半年被科技部确定为肉羊种子工程“揭榜挂帅”试点;2022 年 6 月成功获批中央专项彩票公益金支持欠发达革命老区乡村振兴项目。这些示范项目必将有效推动全旗农牧业的高质量发展,为推动农业发展、繁荣农村经济、实现农民增收、促进乡村全面振兴奠定基础。

同时,赛诺公司创新模式,采取了育种、快速繁殖、生产相结合,政府、企业、农户一体化的育繁推模式,建设了赛诺国家肉羊核心育种场,支持应用胚胎移植技术发展商业化联合育种体系,组建杜蒙肉羊育种联合体,实现种羊生产的降本增效和农牧户收益的持续提升。杜蒙肉羊已经形成了 3 大类系列产品、200 多个品种,产品年加工值达到约 6.5 亿元。

四子王旗杜蒙肉羊产业的品种选育、规模化养殖、活畜交易、育肥、屠宰加工的产业链条已初步形成,为全旗杜蒙肉羊产业健康发展奠定了坚实基础。

8.3.2　杜蒙肉羊生产基地基础设施建设现状

生产性基础设施建设逐步完善，畜牧业防灾、抗灾能力不断增强。截至 2022 年底，全旗标准化羊舍、储草棚和青贮窖累计分别达到 57.73 万平方米、7.2 万平方米和58.21万平方米（其中牧区分别达 22.53 万平方米、7.2 万平方米和 17.78 万平方米），三分之一以上的牧户实现了户均一窖、两棚的配置；配套饲草料加工机具 1353 台（套），其中牧区达到 630 台（套）。建成旗级畜牧兽医技术推广和执法监督机构 7 个，苏木乡镇场畜牧兽医技术推广服务机构 13 个，服务人员约 320 人，初步形成了肉羊人工授精站点网络，草原生态自然灾害预警监测体系和旗、苏木镇、嘎查村三级动物疫病监控监测体系。

四子王旗在查干补力格苏木（牧区）建成年育肥 30 万只肉羊的育肥园区（标准化育肥中心）和年交易 80 万只肉羊的活畜交易园区（活畜交易中心）；在忽鸡图乡（农区）新建占地面积 20 公顷的肉羊育肥场 1 个，2023 年投产运营，年育肥肉羊能力可达 20 万只。在城郊建成具备年屠宰 100 万只肉羊、2 万头肉牛能力的屠宰加工厂，肉羊加工转化率达到 65%，延长了产业链条，提高了产品附加值。

8.3.3　杜蒙肉羊产业龙头企业情况

四子王旗杜蒙肉羊产业链中共涉及两大龙头企业，分别是赛诺公司和四子王旗民族贸易有限责任公司（简称民贸公司）。其中，赛诺公司的基本情况在 8.2.1 小节已详细介绍，此处不再赘述，下面重点介绍民贸公司的情况。

民贸公司成立于 1997 年，是一家以清真肉类食品加工为主营业务，集牛羊养殖、加工、销售于一体的专业化综合经济实体，专业技术人员齐备，企业员工 120 余人。

民贸公司以“草原蒙王”“乌兰花”“草原雄鹰”为注册商标，羊肉系列产品有 3 大类 200 多个品种，主要有胴体羊、卷羊肉、羊肉砖、法式分割产品以及其他小包装分割副产品。生产过程符合 ISO 9001、ISO 2008 质量管理体系要求，产品生产安全可靠，一次合格率超过 98%，符合企业标准和国家食品安全法的要求。

民贸公司于 2022 年 11 月启动运营 100 万只肉羊、2 万头肉牛屠宰加工项目。该项目占地面积约 6 公顷，计划投资 15230 万元，分两期建设：一期项目计划投资 10030 万元，设计产能为单班年屠宰 50 万只肉羊、1 万头肉牛，目前已完工并试产。二期项目计划投资 5200 万元，设计产能完成 50 万只肉羊、1 万头肉牛的预冷、分割、加工、包装以及熟食品加工及1000吨果蔬冷藏于2023年7月底完工并投产。

民贸公司拥有先进的牛、羊屠宰加工设备，包括宗教宰杀箱、吊挂放血、电刺激、液压扯皮机、劈半锯、自动冲淋系统等，利用电脑对排酸过程中的温度和湿度进行全程控制，确保排酸的温度在0 ℃～4 ℃，湿度达到90%，对牛、羊胴体进行48小时以上的充分排酸。同时，公司引进澳大利亚分割标准及加工技术，能生产出国内高端的羊肉产品。此外，民贸公司拥有高端的包装方式，如气调包装、真空包装、热缩包装及塑膜包裹等，满足了市场对冷鲜、热鲜、冷冻产品的需求。

8.3.4 杜蒙肉羊生产基地草地畜牧业发展现状

四子王旗全旗总面积2.55万平方千米，其中牧区面积达2.08万平方千米，现有天然草场约208万公顷，其中牧区草场面积约205万公顷，主要天然牧草以小针茅、小禾草、葱类等杂类草为主，碱韭(多根葱)、蒙古葱(沙葱)、小型针茅、野韭菜、细叶韭等优良植物达240多种，适宜肉羊生长。全旗可稳定饲养肉羊280万只，年出栏肉羊130多万只，羊肉产量达到2.3万吨，已成为全国较大的良种肉羊生产基地。赛诺公司等龙头企业不断壮大，以杜蒙肉羊为主的特色农畜产品的市场竞争力显著增强，农牧业产业高质量发展的势头强劲。

然而，由于历史、人为和气候的原因，四子王旗草原生态整体恶化的趋势没有得到根本遏制，天然草原退化、沙化、盐渍化(简称“三化”)面积较大。从20世纪80年代起，“三化”面积年均增加约6.17万公顷。草本植物种类由2000年以前的220多种减少到目前的180多种，草原植被退化严重，天然牧草产量大幅下降。有关资料显示，20世纪80年代初天然草原平均亩产鲜草量56.85千克，而2009年天然草原的平均亩产鲜草量则仅为25千克。

同时，牧区肉羊生产经营方式粗放落后，靠天养畜放牧的经营方式一直延续，草地资源生产力严重下降，养羊业收益明显减少，由此产生的牧区因灾致贫现象较为突出。

8.3.5 杜蒙肉羊产业带动农牧户发展的现状

目前，四子王旗委和旗政府多措并举，积极探索和创新杜蒙肉羊产业带动模式，以“农牧业增产、农牧民增收”为主线，使相关龙头企业与农牧民建立利益联结机制。依托企业种质资源和订单优势，通过“订单回收”“整村推进”“母羊银行”“资产收益”“托管代养”等模式，四子王旗联合农牧民进行种羊繁育和杂交肉羊生产，带动 5000 余户农牧户增产增收。

近年来，在四子王旗旗政府的支持与引导下，龙头企业和农牧民都积极参与到种羊产业的建设与发展中来，确立了"杜蒙二元和萨杜蒙三元杂交舍饲与半舍饲肉羊生产模式"。每只 4 月龄杜蒙羔羊比同龄蒙古羔羊增收约 260 元，每只 4 月龄萨杜蒙羔羊比同龄蒙古羔羊增收约 600 元。到 2021 年，杜蒙杂交肉羊合作示范户累计达到 3650 户，合作户农区户均年增收约 1 万～2 万元，牧区户均年增收约 8 万～10 万元。此外，杜蒙肉羊比普通肉羊的养殖利润每只高 300 元左右，300 只规模的杜蒙肉羊养殖户年收入可达 20 万～40 万元，带动农牧民增收致富成效显著。

8.3.6　杜蒙肉羊产品的品牌培育现状

四子王旗羊肉色泽鲜美，肉层厚实紧凑，具有肉质细嫩、味美多汁、香味浓郁、风味独特等特点。2013 年，农业部（现农业农村部）正式批准对"四子王旗杜蒙羊肉"实施农产品地理标志登记保护。近年来，在创建特色品牌方面，四子王旗不断完善羊肉绿色食品基地和有机产品的认证，取得了"无公害、绿色和有机产品"产地认定和认证，注册了"杜蒙""蒙杜""赛诺杜蒙"等羊肉商标，使得杜蒙羊肉获自治区名特优新农产品认证，并获得了有机认证、地理标志认定。

同时，四子王旗杜蒙肉羊已成为乌兰察布市的优良地方畜产品，杜蒙种羊已经覆盖内蒙古、新疆、青海、宁夏、甘肃等省区，带动当地产业发展和农牧民增收效果明显，经济效益、社会效益和生态效益稳步提升。

8.3.7　杜蒙肉羊生产基地人才培养现状

近年来，为加快杜蒙肉羊产业发展，四子王旗紧跟国家及自治区党委和政府的人才战略部署，高度重视畜牧业科技人才队伍的建设，先后与中国农业大学、内蒙古农业大学、内蒙古农牧业科学院、新疆维吾尔自治区畜牧科学院等高等科研院所建立了人才交流合作机制，以共同建设农牧业实习、实践和实训基地。

针对农牧民普遍缺少专业种植和养殖技术以及现场管理的实际问题，四子王旗旗政府依托赛诺公司建立了新牧民培训学校，累计举办各类培训及现场教学活动 120 余次，培训农牧民人数高达 1 万余人次，同时为农牧户免费发放养殖技术手册 2 万余本，为杜蒙肉羊及相关产业输送了近万名新型农牧民。按照"走出去，沉下来"的职业培训理念，四子王旗培育了很多杰出的本土人才。据统计，四子王旗从 2016 至 2021 年共培训新型职业农牧民约 637 人，从 2019 至 2021 年共培训高素质农牧民约654人。

8.4 杜蒙肉羊生产基地建设存在的主要问题

近年来，四子王旗投入大量资金加强对草原的保护和建设，并取得了一定成效。但是，处于草地畜牧业转型时期的四子王旗，其传统的畜牧业生产方式一时难以改变，以数量型为主的畜牧业生产方式仍然占据主导地位。特别是在实施草畜平衡制度后，牧区单位面积草场内饲养牲畜的数量减少，再加上落后的生产方式导致牧民收入严重下滑。生产方式的落后不仅造成了对草原的低效利用和对草原生态环境的破坏，而且使牧民养殖收益下滑，严重制约了四子王旗草地畜牧业的持续健康发展。

此外，四子王旗肉羊产业相关基础设施不完善，基础设施建设比较滞后，虽然在脱贫攻坚期间取得了长足发展，但是目前肉羊产业仍存在链条相对较短，体系不够完整，优质农畜产品没有真正实现优质优价等问题，具体表现在以下几个方面。

8.4.1 杜蒙肉羊新品种培育工程推广困难

经过多年推广，杜蒙杂交肉羊现已达到年产30万只的生产规模，知名度逐年提高，市场供不应求。F2和F3代杂交肉羊已有2万多只，培育四子王旗杜蒙肉羊新品种的条件已经具备，但受资金限制，新品种培育工程推进困难。

8.4.2 高效的杜蒙肉羊生产体系尚未完全建立

受传统思维影响，四子王旗农牧民普遍利用固有的土种羊品种进行自繁自育，从而导致肉羊繁殖率低、生长速度慢、屠宰率低和良种覆盖率低等问题。据统计，目前良种覆盖面较窄，仅带动了部分示范户，覆盖范围不足全旗肉羊饲养户的四分之一。因此，二元杜蒙杂交模式还处于初级阶段，而畜产品更高效率的三元杜蒙杂交生产模式的推广才刚刚开始。

8.4.3 规模化杜蒙肉羊养殖场和养殖合作社扶持力度较小

虽然四子王旗规模化肉羊养殖场和养殖合作社发展突飞猛进，但由于国家和自治区对其支持力度和范围较小，因此发展质量不高、发展水平参差不齐。同时，该地在基础设施建设方面面临融资难等问题，高昂的融资成本难以有效支撑杜蒙肉羊产业的快速发展。

8.4.4 杜蒙肉羊养殖规模分散，基础设施建设薄弱

在农牧区，肉羊养殖仍以传统的家庭分散养殖为主，再加上近年来禁牧和草畜平衡政策的实施，每户养殖规模较小，牧区一般户均不足 300 只，农区一般户均不足 100 只。农区饲养方式主要以半舍饲为主，牧区则以放牧为主，而专业育肥养殖户数量较少。目前的饲养方式一方面受资金影响难以形成规模，另一方面又易受市场、气候等因素的较大影响。一旦遇到较大的市场波动或自然灾害，损失往往比较严重。以 2022 年为例，活羊的价格平均下跌 400 元，羔羊价格下跌约 300 元，较去年同期分别下降了 41.6%和 30%，给养殖户带来很大损失。另外，全旗的标准化羊舍、储草棚和青贮窖等基础设施仍然薄弱，难以满足杜蒙肉羊产业规模化发展的需要。

8.4.5 放牧方式不科学

美国现代化草地畜牧业专家在多年的生产实践中得出，一只绵羊每天行走距离应控制在 2.5 千米内，超出 2.5 千米，羊的能量消耗将大于自身的摄取量。然而，目前我们的放牧形式仍是长距离游走。调研发现，由于牧区尚未建立完善的羊只饮水点，一只绵羊每天的行走距离至少为 15 千米，这就导致其机体消耗量大于摄取量，严重影响其生长。长距离游走式的放牧不仅不利于肉羊的快速出栏，还加剧了草场的破坏。

另外，羊只在低于零下 16 摄氏度的环境下处于应急抗寒状态，此时放牧所摄取的营养往往低于羊机体的消耗量。在冬季的荒漠草原上，牧民们的羊只能耐着严寒吃荒草，这就导致羊只营养摄入不足，进而造成肉羊生长缓慢，经济效益低下。

8.4.6 天然饲草转化率低

利用牧草转化成蛋白质是人类获取所需蛋白质最廉价的方式。然而，不能在牧草营养最丰富的季节进行打草会导致无法用最优质的牧草来养羊。我国草原的相关管理部门规定，牧区的打草收割时间通常在每年的 8 月底至 9 月初。但研究数据表明，6 月中旬至 7 月中旬的牧草营养价值最高，此时牧草中蛋白质的含量能够达到 12%，羊只采食后消化率能够达到 88%，饲草转化率极高。而 8 月底至 9 月初的牧草木质化程度较高，蛋白质含量仅为 5%～6%，羊只采食后的消化率只

能达到44%,这大大降低了牧草的转化效率。

8.4.7 草地合理开发利用不足

由于生产方式落后,牧区对草地仅进行了粗放式的利用,缺乏对每一块草场的精细分类与精准投入开发。同时,牧区草场缺乏草地节水灌溉配套设施,生产要素投入不足,这就使得草地得不到高效开发和利用。

8.4.8 杜蒙肉羊品牌效应不明显

四子王旗优良的种羊品种可作为品牌发展的优势之一。2013年,农业部正式批准对四子王旗杜蒙羊肉实施农产品地理标志登记保护。但由于对产品的特征、价值了解不够全面,企业往往依据自身经验和喜好发展自己的品牌,这可能导致决策失误,进而损害种羊品牌的形象,使得产品品牌价值在短时间内无法得到有效提升。此外,四子王旗杜蒙肉羊的销售渠道较为单一、销售范围有限、品牌宣传不到位,这些因素都制约了四子王旗杜蒙肉羊产业品牌效应的发挥。

8.5 杜蒙肉羊现代化草地畜牧业生产方式的构建

基于四子王旗草地畜牧业的发展现状及存在的问题,为更好地提高杜蒙肉羊的生产效率,实现草地畜牧业的转型升级,四子王旗应以现代草地畜牧业示范基地(家庭示范牧场)为载体,围绕高效科学的肉羊养殖模式、草地资源的合理开发与利用、高效繁殖技术的配套应用,以及饲草料种植结构调整等多个生产环节,构建杜蒙肉羊现代化草地畜牧业生产方式,与农牧民形成高效的肉羊生产联合体,以解决多年来困扰杜蒙肉羊产业发展的问题,持续提高肉羊生产效率、降低肉羊生产成本,实现经济效益、社会效益和生态效益的多赢。具体措施包括以下几个方面。

8.5.1 高效科学的肉羊养殖模式的构建

1.肉羊养殖轮牧区的构建

在肉羊养殖轮牧区,实施每7天轮牧一次的轮牧制度,有计划地利用草场资源,保证每一块草场均有一定的间歇恢复时间,从而避免过度放牧对草场的践踏和破坏。同时,建设轮牧草场分区、分部位的地下管网供水系统,使每个草场放牧时羊只能够自由饮水,确保每只羊行走的距离控制在2.5千米左右,在减少自身消耗的同时，提高单位面积草地资源利用效率。

对于轮牧区的种羊和繁殖母羊，采用夏秋季节放牧 8 个月，冬春两季舍饲养殖 4 个月的模式，羔羊则不放牧。羔羊断奶后，直接进行舍饲育肥出栏，为草场提供休养生息的时间。

2. 打草场建设区的构建

打草场建设区的主要功能是为杜蒙肉羊的冬春季舍饲养殖提供饲草料来源。因此，我们需在草场建立 1％的高产饲料种植区与 6％～8％的人工草场，在秋季草料营养价值最高时收割储存，用作冬季舍饲的饲草料，有效减轻草场的承载压力。相较于传统放牧方式而言，冬季草质营养价值低且羊群行走距离长，这就导致肉羊的觅食消耗量远远大于自身摄入量，不利于肉羊的冬季保膘和生产效率的提高。

3. 冬季舍饲养殖区的构建

冬季舍饲养殖区则通过夏季划区轮牧与冬季利用打草场收获的饲草集中饲养相结合的方式，既降低了羊群越冬的能量消耗，又促进了草场的生态恢复时间与休养生息。

此外，采取“政府＋龙头企业＋村集体经济＋合作户”的育种联合高效肉羊养殖模式，以赛诺公司为龙头，带动自然村养殖户全部参与“杜蒙”杂交与“杜蒙萨”三元杂交养殖。这种模式以杜蒙肉羊为切入点、以种子工程为核心、以改良繁育为重点、以转变经营方式为手段，实现了合作育种提质量、缩短周期提效益、稳定增长提收入的目标。

8.5.2 草地资源科学利用方案的构建

饲草产业是畜牧业发展的基础和保障。我们要始终坚持把发展饲草产业作为实现畜牧业高质量发展的重要抓手，通过科技创新支撑，使现代饲草产业体系和草种业工程建设迈上新台阶。

实施雨洪资源开发利用的坝系工程，天然草地的滞洪漫灌工程与蓄洪灌溉工程，人工草地截潜流灌溉工程等(包括草场租赁、水源工程、截伏流工程、草场改良、地表耕作、机械设备购置、羊舍建设、节水灌溉及配套设施等)。

对 1％的草场面积，建设优质饲草料种植高效节水灌溉区，进行土壤测试及改良，并种植青贮玉米等优质饲草料，采用滴灌技术进行灌溉。在牧草营养最丰富时实施机械化收割、晾晒、打捆、贮藏，作为肉羊养殖的主要饲料来源。

对6%～8%的草场面积，建设优质人工草地的高效节水灌溉区，通过松土补播对天然草场进行改良，在不破坏原有生态的条件下进行杂草清除和优质牧草补播，采用喷灌、滴灌等高效节水灌溉技术。选用优质苜蓿等草种进行播种，为肉羊提供主要饲草来源，解决饲草料季节性不平衡的问题。

对其余草场面积，建设肉羊养殖轮牧区，包括退化天然草地改良区、天然草地水土流失治理区和天然草地引洪淤灌改良区，广泛设置自由饮水点和草场围栏，实施划区轮牧。

在雨季，通过设置草场分隔带来减缓雨水流动速度，利用低洼地、蝶形地等自然地形积水，并通过引流合理利用积水，以提高水资源利用率。

8.5.3 杜蒙肉羊高效繁殖技术体系的构建

1.肉羊优势杂交组合技术

结合生态型高效草地畜牧业模式与三元肉羊杂交生产体系，采用萨福克种公羊为父本和杜蒙肉羊为母本，生产萨杜蒙三元杂交商品羔羊。该杂交后代可以充分发挥肉羊杂种优势，产生更高的经济效益。比如，每个家庭生态牧场配套260只杜蒙基础母羊和6只萨福克种公羊，可生产400只左右杜蒙萨三元杂交羔羊，4月龄体重可达50千克以上，每只羊的销售收入可达1000元以上。

2.肉羊高效繁殖技术

针对肉羊季节性发情与繁殖率低的难题，通过应用同期发情和人工授精技术，实现羔羊的集中生产，统一分群、育肥、出栏，降低人工成本，提高种公羊的利用率。

3.牧区肉羊放牧及补饲技术

牧区母羊在夏秋季节放牧8个月，受孕后期和哺乳期则进行4个月的舍饲。由于放牧家畜全年营养供需不平衡，因此，我们应根据季节与草地状况，在母羊与羔羊的不同生产阶段进行科学补饲，特别是在母羊产羔前补饲，以改善母羊体况，提高羔羊初生重和成活率，并可缩短放牧羔羊的出栏时间约35天。

4.羔羊早期断乳技术

在羔羊出生后，通过应用羔羊早期断乳技术，保证羔羊60天内断奶，使母羊较早恢复体况，同时使羔羊的生长速度提高15%以上，实现母羊两年三产，提高繁殖效率。

5.羔羊快速强度育肥技术

羔羊断奶后不进行放牧，直接进入育肥场直线育肥。通过合理调整羔羊的饲料配方,加快羔羊出栏速度,一代公羔育肥出栏、一代母羔用于生产三元杂交,后者在 4 个月内体重达到 50 千克后即可出栏。

8.5.4 饲草料等种植结构调整方案的构建

坚持质量兴农和绿色兴农的理念,四子王旗围绕发展肉羊产业,依托独特的地理条件,以国家粮改饲、植被修复、退耕还草等项目为抓手,在干旱地区统筹推进燕麦草、谷草等旱作优质牧草的种植。

同时,通过玉米秸秆转化和畜禽粪污的资源化利用,实现种养循环、提质增效、增收致富。种植业按照"稳粮、优经、扩饲草"①的发展思路,调减冷凉区和严重干旱区的籽粒玉米种植面积,发展青贮玉米并增加有机肥使用量,积极构建粮食、经济作物与饲草协调发展的种植结构。另外,依托土地流转,整合各区域的分散耕地,进行整体规划与局部平整,实现区域耕地的集中连片与相对平整,规划集中连片旱作饲草地,以便实施统一的耕作、施肥、田间管理和收获等机械化、规模化作业,提高种植效益,为肉羊养殖提供丰富的饲草。

树立"以草为业、养畜为本,以种促养、以养增收"的观念,全面推广"精料玉米+苜蓿+青贮玉米+秸秆"的饲喂方式以及饲草料的收储与饲喂机械化。通过建立优质牧草基地,利用秸秆及沙生植物,开发颗粒饲料及系列产品,突破肉羊养殖瓶颈,为养殖户提供全面营养、成本低廉的颗粒饲料。同时,加快无公害、绿色、有机畜禽产品生产基地的建设,实现畜禽生产与环境保护的协调发展。

8.5.5 预期的经济、生态和社会效益分析

1. 预期经济效益分析

以一个拥有 5000 亩草场的家庭牧场为例,若养殖 150 只繁殖母羊,在传统生产模式下,本地蒙古公羊与本地蒙古母羊采用本交自然繁殖方式,每年出栏约 100 只羔羊,每年为养殖户带来约 3.5 万元的销售收入(6 月龄,25 千克,3.5 元/千克),而养殖成本也高达每年 3.5 万元,因此肉羊生产效率低下,牧民收入与投入基本持平。

通过应用现代草地畜牧业杂交改良技术,每年养殖户的销售收入可提高至

①稳粮指稳定粮食生产、保障国家粮食安全;优经指优化经济作物,提高经济作物的质量和效益;扩饲草指扩大饲草作物种植,支撑畜牧业发展。

6.3万元(4～5月龄,32.5千克,4.3元/千克),而养殖成本仅增加至每年4万元,通过项目的示范带动作用,按照四子王旗每年出栏肉羊100万只的规模,每年将为四子王旗地区的养殖户增加约2亿元的收入,经济效益十分显著。

2.预期生态效益分析

杜蒙肉羊现代化草地畜牧业生产方式的构建,可进一步引导当地养殖户由传统的粗放饲养转变为标准化牧场精养,从而缓解草原生态环境的承载压力,不断推动草原生态环境持续向好。应用高效杜蒙肉羊养殖综合技术,有助于实现杜蒙肉羊标准化饲养,确保严格执行草畜平衡制度。同时,合理开发与利用草场,采用"放牧＋补饲"的饲养方式,改变以往依赖掠夺天然草场的粗放型经营方式。这样,即使在适当减畜后,也能确保牧户收益不降低甚至增长,同时实现草原生态环境的持续改善,促进草、畜、人和谐共处,使草地畜牧业发展与生态建设相互促进,经济效益和生态效益和谐统一。

3.预期社会效益分析

杜蒙肉羊现代化草地畜牧业生产方式的构建,不仅可以获得良好的经济效益和生态效益,而且具有较强的社会效益。一是实现杜蒙肉羊产业的高质量发展。建立现代化草地畜牧业生产方式,有助于实现种羊选育、饲料使用、养殖管理等方面的全过程质量监控,推动杜蒙肉羊产业向规模化、标准化、绿色化、集约化、科技化和产业化方向发展,提高杜蒙肉羊的产品质量,增强杜蒙肉羊品牌的市场竞争力,实现杜蒙肉羊产业的绿色高质量发展。二是实现农牧民增收致富。基于育种联合体的合作方式,采用"公司＋基地＋农牧民"的模式,为杜蒙肉羊产业链上的农牧户提供配种、标准化饲养技术培训、优质种用羔羊订单回收等配套服务,实现小农户与大市场的有效对接,实现农牧民增收致富。三是实现一二三产业融合发展。杜蒙肉羊现代化草地畜牧业生产方式的构建,有助于激发农牧业经济发展的创造力和竞争力,从而带动饲草料种植、肉羊养殖、肥料加工、肉羊屠宰和深加工、电商和流通服务等行业的深度融合,实现一二三产业的融合发展。

总之,采用现代化草地畜牧业生产方式,运用杜蒙肉羊高效养殖模式,旨在转变传统畜牧业低投入、低产出的数量型养殖观念向高投入和高产出的质量型、效益型、生态型兼具的养殖观念转变,推动草原牧区生产方式的转型升级,更好地实现杜蒙肉羊生产基地的优质高效转型升级目标。

8.6　杜蒙肉羊生产基地转型升级的政策建议

8.6.1　加强杜蒙肉羊良种保护和开发力度

以四子王旗北部牧区为主阵地，依托专业合作社和家庭生态牧场，重点做好戈壁羊纯种繁育和双羔性状选育工作。通过在骨干种羊场建立扩繁核心群，借助草原戈壁短尾羊进行引血改良，实现降尾脂提效益，全面提高戈壁羊的群体生产性能和肉产品质量。在农区和半农半牧区，选择养殖水平较好的龙头企业或种羊场，开展品种选育，以不断提高种羊质量。

此外，依托四子王旗国家级肉羊核心育种场，加快推进以种羊为核心的现代肉羊产业体系建设。同时，持续加快体外胚胎产业化技术的推广与应用，鼓励发展杜泊、萨福克、德克赛尔等优质种羊的生产，持续打造“全国优质杜蒙肉羊种源生产与输出基地”“中国肉羊种子中心”。

8.6.2　加强杜蒙羊肉标准化生产模式和育种联合体的推广

继续探索和完善草地畜牧业生态养殖模式，打破草地利用瓶颈，打造肉羊高效生产配套体系，逐步优化育种联合体模式，按照以点带面的原则，集中资金，在农村牧区打造一批家庭牧场示范户，重点发展紧密型育种合作户，遵循“为养而种、种养结合、以养促调、少养精养”的原则，建立标准化生产体系，并推行标准化生产技术规程。在示范户中，着重抓好品种、饲料、防疫、养殖技术和产品等五方面的标准化工作，逐步实现品种良种化、设施标准化、防疫制度化和粪污及病死畜处理无害化，以促进安全优质的杜蒙羊肉产品生产，并通过示范户带动周边农牧民实现增收致富。

政府应加大对农区和牧区的杜蒙二元、萨杜蒙三元杂交肉羊生产模式的推广。对四子王旗购买杜泊、萨福克种羊的养殖户，政府应通过乡村振兴、良种补贴等政策给予每只 3600 元的补贴。同时，政府应完善杜蒙杂交肉羊体系和杜蒙萨三元杂交配套体系生态养殖模式，通过实施杜蒙肉羊联合体项目，调整产业育种结构，实现少养精养，既保护生态环境，又提升养殖效益。

同时，政府要持续打造一支专业的服务团队，深入分析影响合作户收入的各个要素，从种羊、饲草料配套、金融支持、销售等方面为合作户提供全方位的技术支持和配套服务。杜蒙二元杂交是进一步发展更高效的萨杜蒙三元杂交的基础,所以杜蒙肉羊高效生产体系和杜蒙肉羊的繁育工作非常重要,它们为三元杂交乃至更高效生产体系的建设奠定了坚实基础。

8.6.3 加大基础设施建设,逐步完善养殖、屠宰、加工、流通一体化体系

为落实草原生态保护补助奖励政策,政府应积极引导农牧民科学利用草原,发展杜蒙肉羊的舍饲和半舍饲养殖模式,同时着力提升草原牧区的防灾减灾能力,支持牧区修复因灾受损的养殖设施、建设牲畜越冬所需棚(圈)等生产基础设施,并对牧区冬季调运储备饲草料给予补助,以改善牲畜越冬条件,提高牧区的防灾减灾应急保障能力。

在肉羊屠宰管理方面,政府应积极推进畜禽屠宰的标准化建设,落实杜蒙肉羊"集中屠宰、集中检疫"的制度。各地要根据养殖情况,合理确定牛羊屠宰场数量及规模,以提高肉羊屠宰加工能力和水平,同时鼓励屠宰加工企业建设冷藏加工设施,推动物流配送企业完善冷链配送体系,促进从运输活畜向运输冷鲜肉的转变。此外,各方应积极倡导健康消费理念,逐步提高冷鲜肉品的消费比重。

在此基础上,政府应加快建设标准化活畜交易市场,实施统一的标准化管理制度,规范活畜交易的各个环节,打造全国杜蒙肉羊的交易集散中心。

8.6.4 杜蒙肉羊产业融资方面的政策建议

1. 积极争取上级项目和投资

从杜蒙肉羊产业发展实际出发,财政、扶贫、农牧等相关部门要积极争取上级项目资金支持,整合现有各项投入,重点遴选一批技术含量高、发展前景好、对杜蒙肉羊养殖带动作用强的项目,以对产业的发展起到更好的引领示范作用。这需要政府的大力支持和推广,以及政府和龙头企业通过合作共同推动养殖规模和养殖条件的改善。

2. 拓宽融资抵押渠道

支持农牧户、牧民合作社、龙头企业以林权、草牧场承包经营权、土地承包经营权、农牧民住房财产权及其他实物进行抵押,构建银行和企业共赢的发展平台。

3. 广泛吸引社会资本进驻

充分发挥项目引导和金融杠杆作用,广泛吸引社会闲散资金投入杜蒙肉羊业

的发展，引导社会资本、金融资本参与种业发展，构建“政府引导和金融撬动为辅、民间注入为主”的资金投资模式，为解决资金困难开辟一条新路径。

4. 加大财政资金的奖补力度

建议设立专项财政资金，采取“补、奖、贴”的组合政策，以“先建后补、以奖代补、贷款贴息”等为重点，全力发展杜蒙肉羊产业。其中“补”指重点补贴种公羊和饲草料基地的建设。“奖”则对新建标准化规模场给予一定奖励。“贴”则指对肉羊养殖场（小区、户）的养殖贷款由财政全额贴息1～3年，以激发养殖积极性，加快杜蒙肉羊产业的发展步伐。

此外，将种业产业发展资金列入财政预算，建立长期稳定的支持机制。发挥财政资金的引导作用，统筹国家、自治区农牧林草发展资金和重大项目向种业振兴行动倾斜，统筹协调各部门加大对种质资源保护设施和种业基地能力建设等的支持力度。综合运用国家和自治区的金融、信贷、担保、基金等一揽子金融政策，全力支持种业振兴行动的实施。

8.6.5　建立牧企间完善的利益联结机制

积极探索建立企业和养殖户更加紧密的利益联结机制，通过股份合作、二次结算、利润返还等多种方式使企业与养殖户形成风险共担、利益共享的利益共同体。同时，为了建立公平、公正的价格体系，企业在收购杜蒙肉羊时要严格遵循质量标准和合同规范，不得随意更改羊的收购等级，并鼓励以质论价、优质优价。另外，养殖户也要树立食品安全意识，提高杜蒙肉羊的标准化饲养水平和肉羊质量，加快肉羊的出栏规模，多出羊、出好羊，为企业提供充足、优质且安全的羊源。

同时，龙头企业亦可通过订单回收、聘用为工、技术服务等模式，建立与示范区内农牧民的利益联结机制，引导农牧民参与项目运营管护，并通过运营管护进一步完善“联农带农”机制，以实现农牧民增收、地区产业发展、农牧民稳定就业和人居环境改善的多重目标。

8.6.6　强化杜蒙肉羊品牌培育和创建力度

鼓励企业、合作社等经营主体自主或联合打造优质杜蒙肉羊产品品牌，对获得驰名商标认定保护的经营主体，地方政府应协助为其申请自治区财政一次性奖励；对新获得国家地理标志证明商标、国家地理标志产品的经营主体，地方政府应协助为其申请市级财政一次性奖励；对获得国家无公害畜产品、绿色畜产品和有机食品三项认证的经营主体，地方政府应加大财政奖励支持力度。

同时，龙头企业必须加大对杜蒙羊肉品牌的宣传力度，提高品牌知名度和消费者的品牌忠诚度，积极争取将四子王旗杜蒙羊肉打造成自治区级区域公用品牌，从而更好地带动散户、小户参与杜蒙肉羊产业的规模化、高质量发展。

8.6.7 增加优质饲草供给，实现饲草业高质量发展

依托高产优质苜蓿项目、玉米生产者补贴项目、退耕还林还草、粮改饲等政策，引导牧民调整种植结构，增加优质牧草种植面积，并因地制宜推广农闲田种草和草田轮作，形成以紫花苜蓿、燕麦、冰草、羊草、无芒雀麦等禾本科牧草为主的草产业发展格局。

另外，地方政府应不断强化科技创新支撑，鼓励饲草料加工企业开发利用秸秆等农林废弃物，以当地生产的青玉米、草谷子、青莜麦及农作物秸秆等青贮和调制青干草为原料，通过高温高压技术将秸秆或牧草由生变熟转化为颗粒饲料，因地制宜开发草产品，为养殖户提供全营养、廉价且方便的颗粒饲料。

同时，为实现饲草业的高质量发展，龙头企业应依托京津风沙源工程项目，建设紫花苜蓿草种基地和优若藜草种基地，提升地区饲草种植面积，同时不断发展人工草地，开展粮改饲和种养结合型循环农业试点，推进草原改良和人工种草，以促进草畜平衡，并推动牧区草原畜牧业由传统游牧向现代畜牧业的转变。

在政策扶持方面，政府要把饲草业发展纳入循环经济发展的扶持范围，并在运用好国家牧草良种补贴资金的基础上，对饲草业生产加工规模企业、协会、专业合作组织及种草大户等给予适当扶持，同时加快建设规模化饲草业基地，选用适宜牧草良种，推广牧草丰产栽培技术，探索不同区域的牧草高产栽培模式，并建立标准化牧草丰产栽培示范区、核心区和辐射区，以扩大牧草面积并提高牧草品质。此外，政府还应充分利用科技特派员的优势，积极做好技术推广等服务体系建设工作，以推动饲草业取得高质量发展。

8.6.8 紧紧依靠龙头企业，发挥其引领和带动优势

杜蒙肉羊产业是四子王旗农畜产品生产基地优质高效转型的重要依托和载体，而龙头企业又是引领和带动杜蒙肉羊产业发展的重要力量。我们必须紧紧依靠龙头企业，充分发挥其资源、资金、技术、人才、市场、品牌等方面的优势，以更好地带动上游的农牧民和合作社以及下游的活畜交易、育肥、流通等市场主体融入整

个产业链，并构建紧密的利益联结机制。产业链中的企业与合作户应具有明确的功能定位，以实现优势互补和共同发展，降低整个产业链的运营和管理风险，提高农牧户的收益，并最终实现整个杜蒙肉羊产业的可持续发展，更好助力四子王旗农畜产品生产基地的高效转型升级。

因此，杜蒙肉羊产业链上的育种企业（如赛诺公司）和屠宰加工及深加工企业（如民贸公司）要充分发挥其在整个产业链中的引领和带动作用，通过吸引相关市场主体入驻，基于产业链的专业分工形成一体化农牧业经营组织联盟，并建立普惠的利益联结机制，引导和督促市场主体履行行业标准，提高产品质量，共同做大做强杜蒙肉羊产业，进一步赋能农畜产品生产基地的优质高效转型。

8.6.9　健全杜蒙肉羊全产业链人才培养机制

政府应大力实施人才驱动战略，激活乡村人才振兴“活水”，以人才智力为乡村产业振兴注入新动力。结合新型农牧民培训基地建设，政府应统筹在杜蒙肉羊科技研发、品种育种和教学资源方面的显著优势，培育新时代的新农牧民，不断推动一二三产业的深度融合，为实现杜蒙肉羊生产基地优质高效转型提供坚实基础。

同时，政府应采取“引进来、走出去”的人才培养机制，积极与区内外高等院校、科研院所合作，引进培养一批高层次、高技能专业人才，以增强种业的自主创新和研发能力，推动种业技术创新，同时选派优秀专业人才赴国内外种业发展先进的地区进行交流学习，以开阔视野并激发创新能力。对于获得国家和自治区奖项并作出突出贡献的科技人员，政府应给予奖励；对长期深入一线的技术推广人员，政府应在工资、职称、福利等方面给予适当倾斜。

此外，地方政府应出台具有可操作性的人才引导机制，鼓励引进人才进入生产一线为龙头企业服务，同时建立杜蒙肉羊良种行业专家库，定期进行交流研讨，并对入库的行业专家给予适当奖励。

8.7　本章小结

首先，本章深入分析了四子王旗杜蒙肉羊产业发展现状以及杜蒙肉羊生产基地建设存在的主要问题。其次，本章围绕高效科学的肉羊养殖模式、草地资源的合理开发与利用、科学利用方案、高效繁殖技术的配套应用，以及饲草料种植结构调整等多个生产环节，构建了杜蒙肉羊现代化草地畜牧业生产方式，并对预期的经济效益、生态效益和社会效益等进行了深度分析。最后，本章系统凝炼杜蒙肉羊生产基地转型升级的路径和建议，从而更好地助力地区乡村振兴和农牧业高质量发展，主要包括加强杜蒙肉羊良种保护和开发力度；加强杜蒙羊肉标准化生产模式和育种联合体的推广；加强基础设施建设，逐步完善养殖、屠宰、加工、流通一体化体系；加大杜蒙肉羊产业财政金融支持力度，积极争取上级项目和投资；建立牧企间完善的利益联结机制；强化杜蒙肉羊品牌培育和创建力度；增加优质饲草供给，实现饲草业高质量发展；紧紧依靠龙头企业，发挥其引领和带动优势；健全杜蒙肉羊全产业链人才培养机制。

第 9 章 畜产品供应链高质量发展的逻辑框架及实现路径

9.1 引言

党的二十大报告指出："高质量发展是全面建设社会主义现代化国家的首要任务[170]。"其中，畜牧业作为关系国计民生的重要产业，其高质量发展能够不断提升质量效益和竞争力，从而形成产出高效、产品安全、资源节约、环境友好、调控有效的高质量发展新格局，更好地满足人民群众多元化的畜禽产品消费需求[109]。2020年，国务院办公厅印发《国务院办公厅关于促进畜牧业高质量发展的意见》，对畜牧业高质量发展作出了顶层部署。2023 年 10 月，国务院印发《国务院关于推动内蒙古高质量发展奋力书写中国式现代化新篇章的意见》，提出要大力发展生态农牧业，加快推进农牧业现代化，提升国家重要农畜产品生产基地的综合生产能力。由此可见，畜牧业高质量发展既是我国经济发展的客观要求，也是改善生态环境、满足人民日益增长的美好生活需要的现实需求[171]。

畜产品供应链在提高资源整合能力、促进降本增效、实现供需匹配和产业升级方面具有显著作用，是畜牧业高质量发展的重要着力点[172]。为了兼顾经济效益、生态效益及社会效益，畜产品供应链应围绕绿色发展、经济增效和社会带动三个维度进行整体升级，形成更强创造力、更高附加值、更安全高效的畜产品绿色供应链，充分发挥其在畜牧业高质量发展中的引领作用。

然而，当前畜产品供应链发展还存在不少短板，如品种改良进程缓慢、粪污资源化利用率低、畜产品精深加工能力不强、产业链条延伸不充分、畜产品品牌建设滞后等[173-175]。因此，推动畜产品供应链高质量发展，补齐以上短板，对于实现畜牧业高质量发展具有重要意义。

本章综合考虑畜产品供应链的生态效益、经济效益和社会效益，深入探索绿色发展、经济增效、社会带动三个因素在促进畜产品供应链高质量发展中的内在机理，并构建畜产品供应链高质量发展的逻辑框架。在此基础上，结合畜牧业的特点，本章提出畜产品供应链高质量发展的实现路径，以期为我国相关领域的学术研究以及畜牧业高质量发展提供理论和实践参考。

9.2 畜产品供应链高质量发展的研究动态

畜产品供应链高质量发展应同时注重发展的量和质，从关注畜产品供应链经济规模和增长过程转向关注增长质量和增长效益；从关注畜产品供应链经济效益一个维度转向关注经济效益、生态效益、社会效益等多个维度；从单纯重视上游养殖环节发展转向关注一二三产业融合发展。由此可见，畜产品供应链高质量发展是更充分、更均衡的发展，可在更高水平上实现经济效益、生态效益和社会效益的协同。

与本研究相关的文献主要包括三个部分：一是畜产品供应链绿色发展，二是畜产品供应链经济增效，三是畜产品供应链社会带动。本节主要围绕这三方面进行文献梳理与评述。

9.2.1 畜产品供应链绿色发展研究

要推进畜产品供应链高质量发展就必须坚持绿色发展。张建军和赵启兰指出，供应链全链路、全渠道、全场景和全环节的绿色化能够提高经济发展效率，改善经济发展质量，实现经济高质量发展目标[11]；朱月红提出，协同构建绿色高效的新型产业发展链条是引领畜牧业向高质量发展方向转型的重要手段[144]。由此可见，畜产品供应链高质量发展需绿色赋能并使绿色成为高质量发展的内生动力。

畜产品供应链由饲草供应、种畜繁育、生产养殖、屠宰加工、流通消费等五个主要环节组成。当前关于畜产品供应链绿色发展的研究主要集中在上游环节，如Hou等人提出畜禽养殖粪污是制约畜产品供应链生产养殖环节绿色发展的因素[176]；贾云飞等人认为，我国生产养殖环节绿色发展面临着养殖模式固化、生产技术不高、产品结构与区域布局不优等问题[30]；于法稳等人提出要因地制宜地创新畜牧业发展方式，实现畜牧业发展方式的绿色转型[177]；苏伟等人提出要通过坚持种养结合等方式践行畜牧业绿色发展理念[178]；何湾表明绿色技术创新是畜牧业高质量发展的根本途径，能够提高畜牧业发展的质量和效率[179]。

由此可见，现有研究虽认识到畜产品供应链绿色发展的重要性，但主要聚焦于绿色养殖模式、生产技术、粪污资源化处理等畜产品供应链的上游环节，鲜有文献从全链条角度系统探究畜产品供应链的全面绿色化转型路径。

9.2.2 畜产品供应链经济增效研究

畜产品供应链经济增效是畜牧业发展的重要依托和归宿。理论研究普遍认为，紧密型利益联结机制在促进供应链经济增效方面作用显著，因此要加强供应链主体合作，创新利益联结机制。Zhang 等人的研究指出，绿色因素的介入显著改变了供应链上各主体的利益关系，揭示了原有利益联结机制的不可调和性及缺陷，进而使新的利益联结机制的建立面临更大的挑战[112]；钟真等人认为应鼓励产业链各主体通过合同、合作、合股等方式建立多层次、差异化的利益联结机制[180]；王乐君等人的研究表明，引导新型农业经营主体与小农户建立紧密型利益联结机制对于促进农户增收致富意义深远[74]；涂圣伟提出要鼓励农户以资金、土地、技术等入股工商企业或与工商企业联合组建新的企业主体，从而形成收益共享、风险共担的利益共同体[181]。

同时，相关学者的研究指出，健全的畜产品供应链在畜牧业经济发展中具有重要作用。例如，李金花提出延伸畜牧业产业链条能够助力构建高质量的畜牧产业体系[182]；江惠等人的研究发现，健全畜牧业产业链是实现牧民增收致富的重要途径，并提出要针对产业链中的薄弱环节加强全产业链建设[183]；海峰和高悦凯进一步指出，依托农业综合物流园区，可有效整合农业产业链，从而对发展和延伸农业产业链具有显著作用[89]；王莉等人也提出要促进产业纵向整合以延长产业链，大力发展畜牧业加工业，推动一二三产业的融合发展[184]。

由此可见，健全产业链有助于一二三产业的融合发展。贺有利和卫静静认为，牧区未来发展的关键在于一二三产业的相互促进与融合发展[185]；李明贤和刘宸璠提出，农村一二三产业的融合发展是农业产业化的高级阶段[186]；孙崑等人认为应积极发挥农民合作社在三产融合中的主力军作用，因为其对推进农业高质量发展、加快实现农业现代化具有重要意义[187]；郑甘甜等人提出产业融合是乡村振兴的必由之路，能够驱动科技创新，大幅提升绿色农产品的供给水平[188]。

由此可知，目前学术界虽从利益联结机制构建、产业链健全、产业融合等视角研究了畜产品供应链的经济增效问题，但少有文献综合考虑以上三者对畜产品供应链经济增效的综合影响及其相互作用机理。

9.2.3 畜产品供应链社会带动研究

畜产品供应链社会带动，即畜产品供应链在高质量发展过程中带来的社会效益。谭翔等人的研究指出，农业高质量发展的社会效益是指农业活动对促进农民充分就业、提高农民收入、推动农村民生发展贡献的总和[189]；杨学丽等人的研究表明，品牌建设是提升畜产品市场核心竞争力的重要手段，能够拉动产业发展和农民增收，对实现畜牧业经济发展和社会进步具有重要意义[190]；熊学振等人提出畜牧业生产要追求数量增长和质量提升协同发展，保障畜产品长期稳定供应，以满足人民日益增长的美好生活需要[191]；文明和永海认为，畜牧业的稳定发展关乎广大牧民的民生福祉以及经济社会的安全稳定，因此稳定和提升重要畜产品供给保障水平有助于推动畜牧业的高质量发展[175]。

综上所述，现有围绕畜产品供应链高质量发展的相关文献为本章的研究提供了重要理论支撑。但现有文献大多从单一视角和环节分析畜牧业的高质量发展，未从整个供应链视角对畜牧业全链条发展问题进行深入探索。同时，现有文献通常从经济效益角度来分析畜产品供应链的高质量发展，在统筹考虑经济效益、生态效益和社会效益的研究略显不足，因此现有研究成果的理论解释力和实践指导力仍有待提升。本章从整个供应链视角出发，综合考虑畜产品供应链的生态效益、经济效益和社会效益，构建了畜产品供应链高质量发展的逻辑框架，深度揭示了畜产品供应链高质量发展的机理，并进一步提出可行的实现路径，其研究成果对指导畜产品供应链高质量发展具有一定的理论和实践价值。

9.3 畜产品供应链高质量发展的逻辑框架

畜产品供应链高质量发展需全面覆盖饲草供应、种畜繁育、生产养殖、屠宰加工以及流通消费等各个环节，以提升包含生态效益、经济效益和社会效益在内的畜产品供应链的综合效益。

结合畜产品供应链高质量发展的要求以及畜产品的特点，围绕绿色发展、经济增效、社会带动三个维度，本章构建的畜产品供应链高质量发展的逻辑框架如

图 9－1所示。其中，绿色发展是畜产品供应链高质量发展的基础，经济增效是畜产品供应链高质量发展的核心，社会带动是畜产品供应链高质量发展的支撑。三者共同作用于畜产品供应链，并围绕高质量发展的终极目标，形成相互促进、相互作用的畜产品供应链高质量发展逻辑框架。

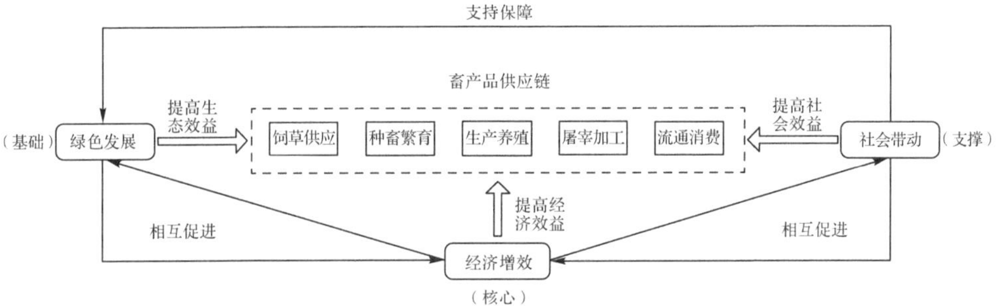

图 9－1　畜产品供应链高质量发展的逻辑框架

绿色发展与经济增效之间具有相互促进作用。绿色因素的介入能够促使畜产品供应链各经营主体在饲草供应、种畜繁育、生产养殖、屠宰加工、流通消费等环节上加强协作联动，这就要求供应链上下游建立更加紧密的利益联结机制，以此保障畜牧业产业化高效运行。利益联结机制越紧密，畜牧业的产业链条就会越稳定，产业化程度也会越高，进而促进了关联产业的融合发展，实现了经济增效。畜产品供应链经济增效提升了畜产品供应链上各利益相关方之间的专业化协作能力，促进了供应链上下游绿色资源整合与绿色技术创新，增强了畜产品供应链的绿色发展能力。此外，经济增效可以优化供应链中资本、劳动力、信息、技术和物资资源等要素的配置，消除了阻碍供应链绿色化运作的系统性障碍，确保了畜产品供应链绿色转型的顺利进行。

经济增效与社会带动之间具有相互促进作用。畜产品供应链的经济增效进一步提高了畜产品供应的可靠性和稳定性，保障了食品安全，并提供了大量劳动就业机会，吸纳更多的劳动力就业，使更多的产业附加值惠及广大牧民，改善了牧民的生活条件，提高了社会效益。反过来，牧民增收致富可进一步激发牧民生产的积极性与创造性，提高生产效率，增强畜产品供应链的整体竞争力，实现畜产品供应链经济增效。

畜产品供应链的社会带动有助于更好地支持和保障畜产品供应链的绿色发展。畜产品供应链社会带动能力的增强可更好地保障优质畜产品的有效供给，提高全产业链不同参与主体的经济效益，极大缓解供应链各参与主体因经济压力而对生态环境的过度开发和破坏程度，推动畜产品供应链的绿色发展和生态效益的持续改善。

9.3.1 畜产品供应链绿色发展

畜产品供应链绿色发展的关键是构建畜产品绿色供应链，从全链条角度系统提升畜牧业生态效益。畜产品绿色供应链是指将绿色因素融入畜产品供应链饲草供应、种畜繁育、生产养殖、屠宰加工、流通消费等各个环节，减少对环境的破坏，同时以较少的投入获得高效的产出，即实现畜产品供应链全环节、全链条的绿色化。

饲草供应环节是畜产品供应链的起点，其绿色化能够显著增强畜产品供应链主体提供优质、绿色畜产品的能力，为畜产品供应链绿色发展提供保障。饲草供应环节绿色化是指在确保草原可持续发展的前提下，依托不同地区的自然条件和资源禀赋，因地制宜地发展饲草产业，通过建立规模化种植、标准化生产、产业化经营、市场化交易、智能化发展的现代饲草产业体系，实现饲草数量的稳定增长、饲草质量的稳步提升以及饲草品种的多元发展。

种畜繁育环节绿色化的核心在于提高畜群品质。作为生产养殖环节的前端，优良种畜的培育对于畜产品供应链生态效益的提高至关重要。优良种畜的特质是天然、健康、绿色。种畜繁育环节绿色化有助于提高畜群生产性能，使畜群具备抗病能力强、生长速度快、产品质量优等优势，在实现牧民增产增收的同时保障绿色畜产品的供给。

生产养殖环节绿色化是指通过对畜群结构、养殖方式、养殖技术、基础设施、饲喂方案、疫病防控、粪污资源化利用等的标准化和规范化管理，实现生产养殖环节的绿色化转型。

屠宰加工环节的绿色化是指通过配备先进加工技术设施和污水处理设施等手段，提升屠宰加工过程的规模化、标准化、冷链化、安全化和智能化水平，进而提高畜产品精深加工能力和加工效率，减少加工过程产生的污水及废弃物，提升畜产品的绿色度。

流通消费环节作为畜产品供应链中连接消费者的最后环节，其绿色发展是引导绿色生产、促进绿色流通和消费、打造绿色供应链的有效手段。流通消费环节绿色化是指在流通消费过程中推广绿色理念、应用绿色技术、采取绿色措施，通过绿色化实践，降低畜产品生产与流通过程对环境的负面影响，促进畜产品生产方式朝着更环保、更可持续的方向迈进。

9.3.2 畜产品供应链经济增效

经济增效是畜产品供应链高质量发展的核心。推进畜产品供应链高质量发展必须要提升畜产品供应链各参与主体的经济效益。由于绿色发展是畜产品供应链高质量发展的基础，因此绿色因素的融入对经济增效提出了更高要求。影响畜产品供应链经济增效的主要因素包括利益联结机制构建、畜牧业产业链健全以及畜牧业产业融合等。

利益联结机制是绿色农牧业产业链发展的载体[192]。利益联结机制构建有助于提升畜产品供应链中牧民的组织化程度，推动畜牧业向规模化、组织化和市场化方向发展。这有利于深化各主体间的合作，提高畜产品供应链中弱势主体的信息分享水平和风险抵抗能力，促使上游养殖户积极参与下游的加工和销售环节，更多分享畜产品供应链上的增值收益，形成“利益共享、风险共担”的利益共同体，从而更好地实现经济增效。

从宏观角度来看，供应链的发展是在产业层面上展开的[193]。因此，健全畜牧业产业链的目标在于发展畜产品供应链。健全畜牧业产业链有助于将畜产品供应链上下游环节紧密联系在一起，为畜牧业的发展提供有效的组织载体，加速商流、物流、信息流和资金流的有效融合，实现生产端和消费端之间供需信息的双向传递，提高供应链的经济效益。

畜牧业产业融合发展可有效整合畜产品供应链各环节的资源和能力，实现优势互补，减少供给与需求之间的信息不对称，从而降低生产成本、提高市场响应速度和整个供应链的服务质量。同时，产业融合有助于推动畜产品供应链的一体化和标准化，其通过对养殖环节的质量控制、加工环节的标准化和质量检测以及销售环节的营销和服务，确保畜产品的安全卫生和品质稳定可靠。此外，产业融合还可实现畜产品供应链中资源的高效配置，避免资源的浪费和重复投入，促进畜牧业经济效益的持续提升。

利益联结机制构建、畜牧业产业链健全以及畜牧业产业融合共同服务于畜产品供应链经济增效这个目标。畜产品供应链经济增效的逻辑结构如图 9-2 所示。

畜产品供应链经济效益的提升需要畜产品供应链各参与主体的充分参与和通力合作，这就要求构建新的利益联结机制，引导龙头企业与牧户建立多样化的利益联结模式，并适度将利益向畜产品供应链上游倾斜，促使利益联结机制向合作共赢的紧密型方向发展。紧密型利益联结机制不再局限于要素和产品的简单交换，而是更注重市场主体之间的信息共享、技术创新以及社会化服务提供。因此,紧密型利益联结机制构建是稳定畜产品供应链并提升其经济效益,进而实现可持续发展的重要基础。这种机制有利于增强畜产品供应链的综合竞争力,吸引更多合作伙伴融入供应链,增强畜牧业产业链的韧性,逐步实现产业链的健全和完善。

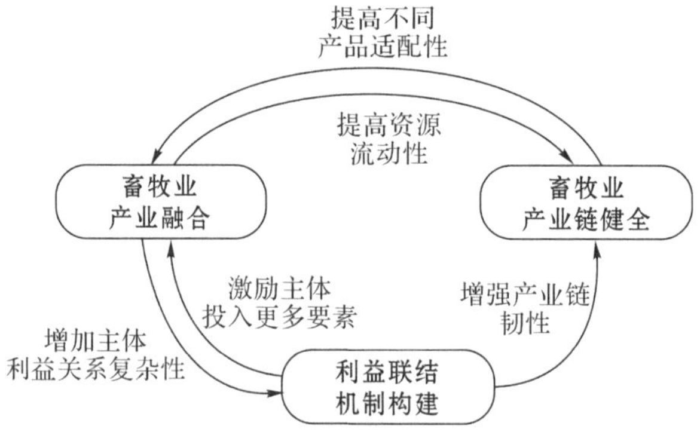

图 9-2 畜产品供应链经济增效的逻辑结构

同时,紧密型利益联结机制的实施可有效降低供应链主体在市场运作中面临的风险,使供应链各主体更多地分享协同合作带来的利益,激励它们投入更多产业要素,促进畜牧业产业的融合。此外,畜产品供应链中上下游市场主体利益联结机制的构建本身就是产业融合的重要体现,而紧密型利益联结机制的构建有利于加速三产融合,提升整个畜产品供应链的经济效益。相关研究表明,畜牧业产业融合使得经营主体与本产业以外更多的市场主体进行紧密合作,从而实现第一产业更高的附加收益[178]。同时,产业融合使得畜产品供应链各市场主体呈现多元化的发展趋势,各市场主体的利益关系变得更加复杂。

此外,畜牧业产业融合的深入使得更多资源流向畜牧业产业链中原本断裂、薄弱或缺失的环节,从而进一步完善了畜牧业产业链结构。另外,产业融合度的提升也有利于更好地挖掘畜产品供应链中新的经济增长点,更好地促进畜牧业产业链的健全。健全的产业链有利于提高不同产业的适配性,为畜牧业的三产融合创造条件,进而形成更紧密、更合理的利益联结机制,构建经济持续发展的良性循环。

9.3.3 畜产品供应链社会带动

实现畜产品供应链社会带动,本质上就是提高畜产品供应链的社会效益。畜产品供应链的社会功能主要包括保障畜产品供给和安全、提高畜产品品牌竞争力、提供就业岗位以及促进城乡一体化发展等。畜产品供应链通过实现供产销一体化、流通一体化、社会服务一体化更好地保障畜产品的供给，同时通过建立标准化的生产流程和严格的质量监控体系保障畜产品的质量和安全，增强消费者对畜产品品牌的信任和忠诚度，从而提高品牌竞争力。畜产品供应链核心企业亦可通过建立或维护与供应商、生产商、分销商和零售商等合作伙伴的良好关系促进信息共享与沟通协作，提高整个畜产品供应链的服务质量，从而进一步增强品牌竞争力。另外，畜产品供应链的良好运作能够提供稳定的就业岗位，为牧民创造就业条件，促进牧区经济的快速发展。畜产品供应链的稳定发展则可促进城乡不同生产要素的交流和互动，实现资源互补和城乡经济的协调发展，进而更好地促进区域经济增效。畜产品供应链社会带动的逻辑结构如图 9－3 所示。

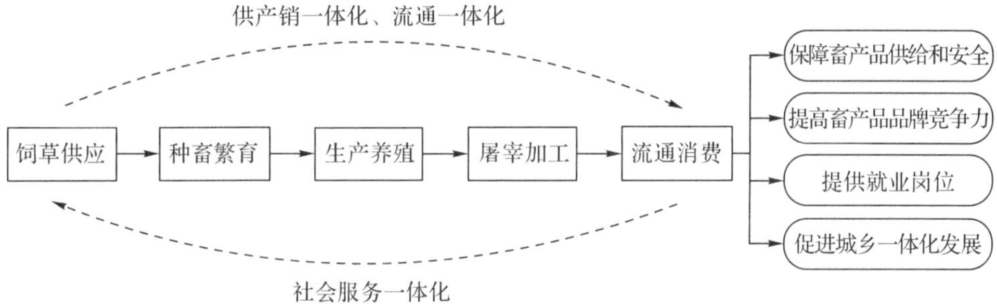

图 9－3　畜产品供应链社会带动的逻辑结构

9.4　畜产品供应链高质量发展的实现路径

基于高质量发展理论以及畜产品供应链的特征，结合畜产品供应链高质量发展的逻辑框架，本节提出畜产品供应链高质量发展的实现路径。

9.4.1　畜产品供应链绿色发展的实现路径

畜产品供应链绿色发展需要围绕饲草供应、种畜繁育、生产养殖、屠宰加工、流通消费等畜产品供应链各环节进行整体绿色化转型。

1. 推进饲草供应环节绿色发展

饲草供应环节的经营主体应加快饲草产业技术创新，构建"产学研推"紧密结合的饲草产业科技创新平台，通过科技手段提升优质饲草的供给能力，从源头上解决优质饲草缺口问题。同时，经营主体要做好饲草料应急保障，建立“旗县—苏木—嘎查”三级饲草料储备系统，避免恶劣天气、自然灾害等原因导致饲草供给不足而影响畜牧业健康发展。在此基础上，经营主体也要完善饲草供应社会化服务体系，加强专业化饲草配送体系建设，为牧民提供方便快捷的饲草供应服务。另外，地方政府要严格落实草原生态保护等相关政策，做到以草定畜，减轻草场载畜压力，同时依托大数据和智慧放牧等手段科学分析草场长势、产量以及草类结构，实行划区轮牧，合理利用草场资源，加强草场修复力度，促进草原生态持续改善。

2.推进种畜繁育环节绿色发展

作为生产养殖环节的前端，优良种畜的培育对于畜产品供应链生态效益的提高有着至关重要的作用。推进品种改良工程应从三个方面着手：首先，结合不同牲畜品种特点，多措并举推进牲畜品种改良，一是引进国外良种，通过杂交获得杂交优势种，二是利用野生畜种的优良生物学特性与生态适应性对圈养畜群进行提纯复壮，鼓励养殖者购买牲畜良种冻精和种公畜进行牲畜品种改良；其次，解决改良牲畜在北方寒冷地区适应性差、成活率低的关键问题，加强产学研密切合作，攻克种畜提质增效的技术壁垒，同时发挥种业龙头企业的推广带动作用，建立“核心育种场＋扩繁场＋核心群”一体化的良种繁育体系，实现种畜育繁推一体化纵向发展；最后，大力实施牲畜良种补贴政策，加强良种推广人才队伍建设，开展牲畜育繁技术培训，提高种畜繁育环节的规范化和绿色化水平。

3.推进生产养殖环节绿色发展

养殖企业应因地制宜地转变生产养殖方式，在农区推行种养结合循环发展模式，在牧区推行半舍饲、半放牧的生态养殖方式，并根据所处地区资源状况，优化畜群养殖结构，既要调整牲畜种类结构，提高生态环境承载力，又要适当增加适龄母畜比例，提高畜群周转率。生产企业还要加强粪污资源化利用，坚持政府引导、企业研发、牧民实施的粪污处理模式，严格落实养殖主体责任，建立牲畜粪污资源化利用长效机制。同时，政府要对粪污处理企业有机肥产品运输成本高的问题给予适当补贴。另外，针对粪污处理成本居高不下的难题，企业应从粪污处理技术方面寻求突破，加强与高校、研究所的合作，加大设施设备研发投入，改进粪污处理工艺，降低粪污处理的技术成本，同时应积极开拓有机肥市场、扩大市场规模、拓展利润空间。政府要倡导发挥新型养殖主体的带头示范作用，优先在养殖示范户、家庭牧场和合作社开展试点，更好地凸显转变养殖方式、调整畜群结构、粪污资源化利用所带来的经济效益与生态效益，实现生产养殖环节绿色化的全面转型。

4. 推进屠宰加工环节绿色发展

地方政府要引导屠宰加工企业向养殖集中区域转移，实现养殖屠宰匹配、产销衔接顺畅，并鼓励企业新建或改建大型屠宰项目，配套完善精细分割、冷链加工及配送体系，提高畜产品精深加工能力，淘汰落后产能，加快屠宰加工行业提档升级。同时，政府要加大对屠宰加工企业的税收优惠支持力度，鼓励企业开展绿色和有机认证。对于屠宰加工过程产生的废水，企业要严格按照排放标准进行处理，对病死畜按照无害化处理规范进行处理，避免对环境产生不良影响，更好地促进屠宰加工环节绿色发展。

5. 推进流通消费环节绿色发展

首先，政府要加强冷链物流设施配备建设，支持家庭牧场、牧民合作社等新型经营主体结合实际建设规模适度的产地冷库、预冷库以及具有冷藏功能的产地加工集配中心等冷链设施，提升产后预冷和储藏保鲜能力，补齐"最先一公里"冷链物流短板，延长畜产品货架期，提高畜产品错峰销售能力，同时提高新能源冷藏车在冷链流通中的比例，提升绿色冷链运输质量。其次，政府要加快冷链物流基地建设，引进冷链物流龙头企业，并支持其牵头建立冷链物流产业园，按规定给予企业专项资金支持。最后，政府要创新冷链物流运输模式，引导快递企业依托物流园区逐步建立起覆盖生产流通各环节的冷链寄递物流体系，提升冷链寄递效率，并在现有公路冷链专线、冷鲜航班等运输模式的基础上推进冷链多式联运，优化不同运输方式之间的衔接，降低冷链运输成本，逐步实现流通消费环节的绿色发展。

9.4.2　畜产品供应链经济增效的实现路径

1. 构建紧密型利益联结机制，实现畜产品供应链可持续发展

构建紧密型利益联结机制可更好地促进产业融合以及产业链完善，更好地实现整个畜产品供应链的经济增效。在推进紧密型利益联结机制建设的过程中，政府应重视培育和扶持一批具有较强市场竞争力和带动效应的龙头企业。龙头企业应加大研发投入，通过科技创新提升企业带动能力，同时要完善相关基础设施，增强农畜产品精深加工能力，建立与加工能力相配套的原料基地，壮大规模，牵头建立农牧业产业化联合体，通过与家庭牧场和专业合作社合作，进一步激发广大牧民参与产业发展的积极性，更好地发挥龙头企业的辐射带动作用。此外，政府也要优化营商环境，按照扶优扶强的原则，为龙头企业提供必要的政策支持，让龙头企业

成为带动牧民发展、引领畜产品供应链高质量发展的先行者。

2. 推动产业融合发展，实现畜产品供应链横向拓宽

产业融合是提升经济效益的重要路径。政府要从区域特色、资源禀赋、融合途径等方面进行顶层设计和统筹规划。由于畜牧业对自然资源的依赖性比较强，政府可以借助天然的地理优势，发展特色观光旅游业，以不同地区的独特文化为主题建设特色小镇、举办主题文化活动等，促进养殖业、加工业、观光旅游以及文化产业的融合发展，将更多的产品附加值留在当地，有效带动牧民增收。同时，精细化的产业链是产业融合的基础。政府应深耕产业链中各个环节，加强不同产业形态的适配性，推进产业深度融合，同时建立促进产业融合发展的社会化配套服务体系，搭建社会化服务共享平台和供应链服务生态圈，为畜产品供应链和产业融合发展提供全链条的信息、技术、设施、金融、政务及管理咨询等相关配套支撑服务，更好地促进三产全面深度融合。

3. 健全畜牧业产业链，实现畜产品供应链纵向延伸

健全的畜牧业产业链有利于发挥畜产品供应链的综合竞争优势，更好地凸显经济效益。为健全畜牧业产业链，政府要优化畜牧业产业布局，立足不同区域的差异化资源禀赋和环境承载力，突出区域特色，形成具有地区特色的畜牧业产业布局，并以市场需求为导向，扶持各产区优势畜种，形成规模适度的优势畜产品产业带，同时优化屠宰加工产能布局，引导屠宰加工企业向牲畜产区转移，促进“运畜”向“运肉”转变。此外，政府要聚焦畜牧业重点产业链，找准强链、补链、延链及固链环节，推动重点产业发展。例如，针对部分地区活畜育肥环节缺失的问题，政府应逐步引导建立牧户基础养殖、合作社初级育肥、企业高级育肥的分级育肥体系，解决育肥环节不足的问题，稳步提升畜产品供给能力，更好地健全和完善畜牧业产业链，实现畜产品供应链的纵向延伸。

9.4.3 畜产品供应链社会带动的实现路径

1. 实现畜产品量与质双增，保障畜产品供给与安全

首先，企业要站在供应链视角，全面提升畜牧业生产和流通效率，加强畜产品供应链产销环节衔接，提高畜产品供应的可靠性及稳定性，增强畜产品的有效供给能力。其次，企业要提高畜产品生产质量，加强畜产品源头品控，严格按照国家和行业标准执行检疫检验。最后，企业要建立畜产品供应链质量安全追溯体系，提高

科技支撑能力，加强大数据、云计算、物联网在质量追溯体系中的应用，提升精准追溯能力，保障消费者食品安全。

2.提升畜产品品牌竞争力，发挥品牌效应

地方政府应深入实施畜产品品牌建设行动，支持各地区立足特色资源禀赋，培育打造具有鲜明地域特色的区域公用品牌，同时推动企业品牌、产品品牌建设，实施“三位一体”发展战略，发挥品牌在畜产品供应链高质量发展中的带动和支撑作用。另外，地方政府也要在品牌建设中发挥引导和扶持作用，加大对品牌建设的扶持力度，同时强化市场监管，建立惩戒机制，为品牌培育与发展壮大营造良好的营商环境。

3.带动牧民就业增收，促进城乡一体发展

实现畜产品供应链上游牧民就业增收，推动城乡一体化发展，需要政府、企业和社会各方共同努力。政府应通过提供技术培训、金融支持、组织建设等方式，更好带动牧民就业，增强牧民实力，提高牧民养殖技术和管理水平，带动牧民增收。同时，政府要加大对牧区基础设施的投入和建设力度，为牧民提供更好的生产、就业和物资流通条件，保障畜产品、生产要素和生活资料在城乡的高效双向流通，更好地促进城乡一体化的深入发展，凸显畜产品供应链的社会带动功能。

9.5　本章小结

畜产品供应链作为畜牧业发展的重要载体，其高质量发展是支撑畜牧业高质量发展的重要途径。本章基于高质量发展理论，围绕绿色发展、经济增效、社会带动三个维度，构建了以绿色发展为基础、经济增效为核心、社会带动为支撑的互促共融的畜产品供应链高质量发展逻辑框架。此外，本章深入分析了绿色发展、经济增效以及社会带动包含的要素及其内在逻辑关系，提出了畜产品供应链高质量发展的实现路径，包括推动畜产品供应链全链条绿色转型，使绿色成为畜产品供应链高质量发展的内生动力；构建紧密型利益联结机制、推动产业融合发展、健全畜牧业产业链，实现畜产品供应链横向拓宽与纵向延伸；保障畜产品供给与安全、提升畜产品品牌竞争力、带动牧民就业增收，增强畜产品供应链社会带动能力。

第4篇

农畜产品跨境供应链管理

本篇共包含2章内容，分别是：第10章：中蒙农牧业跨境供应链协作理论框架及实现路径；第11章：农产品跨境物流企业转型升级及政策保障研究。

本篇基于中蒙农牧业贸易背景，结合中蒙农牧业跨境供应链运营实际，构建了中蒙农牧业跨境供应链协作理论框架，并分析了中蒙农牧业跨境供应链协作中存在的主要问题，提出了可行的实现路径。研究成果丰富了农畜产品跨境供应链协作理论，可为我国与其他国家间的农畜产品跨境供应链协作提供理论指导。

鉴于物流服务商是农畜产品跨境供应链协作的关键市场主体，直接影响跨境供应链协作的效益和质量，本篇进一步研究了农产品跨境物流企业转型升级的必要性、转型升级的方向以及转型升级的政策保障等，以更好地实现农产品跨境物流企业的转型升级。

第 10 章 中蒙农牧业跨境供应链协作理论框架及实现路径

10.1 引言

中国和蒙古国两国经济互补性强，经贸合作潜力巨大。中国提出的“一带一路”倡议与蒙古国的“发展之路”战略高度匹配，因此得到蒙古国的积极响应，这为两国经贸合作的深入发展带来了重要机遇[194]。蒙古国属于温带草原性气候，拥有辽阔的草牧场，具备发展草食畜牧业的自然禀赋。畜牧业作为蒙古国的传统产业和支柱产业，是国民经济的重要基础，且与中国相关产业及市场之间有着较强的互补关系。相比之下，农业在蒙古国国民经济中的占比较低，从业人口极少，耕地面积仅占国土面积的 0.24%，农业产值约占农牧业总产值的 25%[194]，特别是果蔬等农产品的供给存在较大缺口。而中国作为世界第二大经济体，人口基数庞大，市场需求旺盛，面对不断扩大的牛羊肉消费需求及国内牛羊肉产量不足的现状，中国对牛羊肉的进口需求日益增加[195]。同时，随着中国式现代化的逐步推进，高质量发展成为首要任务，中国的消费结构正在加速调整，居民对优质绿色农畜产品的需求日益强劲，蒙古国牛羊肉、毛、绒等畜产品品质较好，这些畜产品的进口有利于更好地满足我国对高品质肉类等畜产品的需求。在果蔬等农产品供给方面，中国产能较高，具有出口比较优势。2021 年，中国蔬菜种植面积达 2200 万公顷，产量达 7.75亿吨，瓜果种植面积达 213 万公顷，蔬菜进出口贸易顺差为 145.8 亿美元[196-197]，是全国农产品进出口贸易中顺差最大的品类。由此可见，中蒙两国在农牧业自然资源方面的差异使双方在农畜产品贸易方面具有较强的互补性和较高的依存度，这为两国农畜产品的跨境贸易奠定了坚实基础。

基于独特的地缘位置和资源禀赋，中蒙两国的农牧业合作前景广阔。因为农畜产品是两国比较优势相对明显的商品，所以农畜产品贸易在中蒙跨境贸易中具有重要作用，是中蒙跨境贸易的重要组成部分。农产品贸易总额由2005年的0.55亿美元增长至2022年的7.6亿美元[198]，年均增长率为16.7%。从贸易结构看，中国从蒙古国进口的畜产品占中国从蒙古国进口农产品总额的70%左右，此外还进口少量的油菜籽、亚麻籽、坚果和谷物等；而中国出口到蒙古国的农产品则主要是果蔬、粮食制品和谷物等。中蒙农畜产品贸易不仅有利于提高两国人民的生活水平、改善民生和增进福祉，而且对促进两国人文交流、维护边疆稳定和推动经济社会快速发展均有重要意义。

中蒙农畜产品贸易的发展有赖于中蒙农牧业跨境供应链的构建。供应链不仅是实现产业互联互通、供需稳定平衡和高效匹配乃至构建现代流通体系的重要依托[77]，而且是实现经济高质量发展的重要途径[11]。中蒙农牧业跨境供应链作为实现两国农畜产品贸易的重要载体，其构建要求各参与主体的充分协调合作，以更好地提高贸易效率和质量，促进两国贸易长期繁荣发展。因此，中蒙农牧业跨境供应链的关键在于协作。供应链协作是指在共同目标的指引下，供应链中多个市场主体通过建立长期稳定的关系，共同完成整个供应链的运作，从而获得比单独行动更大的利益[199]。构建稳定、安全、高效的中蒙农牧业跨境供应链协作体系，已成为中蒙两国农畜产品贸易升级发展的重要保障。在此过程中，围绕中蒙两国农牧业的特点，结合跨境供应链的内涵和供应链协作理论，厘清和揭示中蒙农牧业跨境供应链协作的机理、明晰协作路径是首要任务。这将有利于更好地促进中蒙农畜产品跨境贸易的长期协调和可持续发展。

10.2 跨境供应链协作文献回顾

道格拉斯(Douglas)等学者最早提出供应链协作的概念，他们强调了供应链中产销协同以及库存与分销的关系，并主张供应链上的所有参与主体应团结一致，以便更快、更好地响应客户需求[200]。鉴于供应链协调与供应链协作含义相近，学术界对此并没有形成统一的认识，不同学者基于不同情形采用不同的表述。本研究认为，供应链协调是基于结果的表达，即要形成一种供应链协调的状态；而供应链协作是基于过程的表达，更强调整个运作过程的协调。尽管表述不同，但两者的目标是一致的。因此，本章认为供应链协调与供应链协作在内涵上基本一致，并将在不同情形下采用相应的学术表达。与本章研究相关的文献主要包括跨境供应链协作和农畜产品供应链协作两个方面。本章将主要围绕这两个方面进行文献梳理。

10.2.1　跨境供应链协作

跨境供应链因其跨国性、文化和制度差异性、主体多样和复杂性等特点，使得跨境供应链协作面临较大挑战。例如，彭焘等人分析了“一带一路”背景下跨境供应链协作的要素和体系构成，并提出了跨境供应链协作的对策[201]；基于跨境供应链物流服务的复杂性，为更好地支撑跨境供应链的高效运营，跨境物流服务供应链应运而生。杨扬等人进一步研究了跨境物流服务供应链的协作问题，并设计了考虑通关水平的协作契约[202]。同时，基于跨境供应链的全球性和不确定性，林俊从法律视角，提出的促进跨境供应链安全与效率的路径为跨境供应链协作提供了法治保障[203]。由于信息技术在跨境供应链协作中起着重要作用，关志民等人重点研究了区块链等信息技术背景下跨境供应链的协作问题，并分析了信息技术对不同协调契约下跨境供应链协作效果的影响[204]。

随着跨境电商的快速发展，海外仓模式应运而生[205]。这一模式有利于更好地促进国内国际双循环，推动跨境电商全产业链的形成[206]。相关研究表明，跨境电商有助于推动传统产业转型升级的步伐，有利于在更高水平上构建跨境供应链[207]。因此，跨境电商供应链逐渐成为学者们研究的焦点。例如，吴竞鸿构建了由跨境电商企业与跨境物流企业组成的跨境供应链模型，并设计了物流服务成本共担契约来实现供应链协作[208]；杜志平等人则构建了由制造商、跨境电商平台和海外仓组成的三级跨境电商供应链模型，并设计了收益共享与数量折扣的组合契约来实现供应链协作[209]；周会军等人则研究了考虑质量风险和促销宣传情形下的跨境电商供应链协作问题，并设计了纳什谈判模型来实现供应链协作[210]。为更好地支撑跨境电商的发展，同时考虑基于跨境电商供应链运营的多功能性和复杂性，跨境电商服务供应链随之兴起，部分学者进一步对其运营及协作等问题进行了研究[211]。由此可见，在跨境供应链协作方面，国内外学者均进行了广泛探索，形成了较多可借鉴的理论研究成果，但现有研究缺乏针对特定国家跨境供应链协作的具体探讨，且学者关于跨境供应链协作的研究，忽视了供应链所支持的产品特点，而农畜产品又有着特殊性，因此对农牧业跨境供应链协作的研究还有待深入。

10.2.2　农畜产品供应链协作

在农畜产品供应链协作方面，国内外学者多采用博弈论模型，围绕渠道、供应链级数、权力结构、影响因素、消费者特征、信息对称性、需求条件等开展研究，形成了相对丰富的基于数理分析的理论研究成果。例如，为更好地保障上游农户的利益，覃燕红等人研究了不利天气条件下，基于农户公平关切的农产品供应链协作问题并设计了协调机制[212]；邱慧等人则研究了产出影响销售价格情形下的二级农产品供应链利益协调问题并设计了二部定价契约[92]；方新等人则研究了保鲜投入水平和货架服务水平影响市场需求条件下的二级生鲜农产品供应链协作问题[115]。在此基础上，部分学者进一步拓展了供应链的级数和渠道，研究了三级农产品供应链以及双渠道供应链的协作问题。例如，杨怀珍等人构建了三级农产品供应链，研究了考虑服务水平和促销努力影响需求的供应链协作问题[213]；赵帅等人研究了预售模式下的双渠道生鲜农产品供应链的协调契约设计问题[214]。鉴于物流服务商在农畜产品供应链协作中发挥的重要作用，部分学者研究了物流服务商参与下的农畜产品供应链协作。例如，陈柳鑫等人研究了温度影响保鲜水平情形下，由第三方物流组成的三级农产品供应链的利益协调问题，并设计了保鲜成本共担与补贴的协调契约[215]。以上基于纯数理分析而形成的理论研究成果的前置假设较多，与跨境供应链的现实情形存在一定差距，这就使得相关成果对农畜产品供应链协作的解释力和实践指导意义不足。同时，现有文献在具体的实证研究方面还存在短板，特别是缺乏针对中国跨境供应链实际问题的理论提炼和创新。

中蒙农牧业跨境供应链协作具有丰富的现实背景。立足跨境供应链协作理论，结合中蒙农畜产品贸易的特点，围绕中蒙农牧业跨境供应链参与主体的类型，深度揭示中蒙农牧业跨境供应链协作机理，并提出可行的实现路径，对指导中蒙农畜产品贸易的高质量发展具有重要的理论和实践价值。

10.3 中蒙农牧业跨境供应链协作理论框架

结合供应链协作理论以及中蒙农畜产品贸易的特点，本节围绕中蒙农牧业跨境供应链协作目标、基础条件、协作机制以及协作模式等四个方面，构建的中蒙农牧业跨境供应链协作三角形理论分析框架如图 10－1 所示。其中，协作目标是核心，协作的基础条件是前提，协作机制是关键，协作模式是手段。中蒙农牧业跨境供应链协作的基础条件是解决两国农牧业跨境供应链协作的必要性问题，协作机制是解决两国农牧业跨境供应链协作的内在作用机理问题，而协作模式是解决两国农牧业跨境供应链如何协作的问题。这三者共同服务于协作目标这个核心，从而形成相互制约、相互影响、互促共融的完整理论框架。

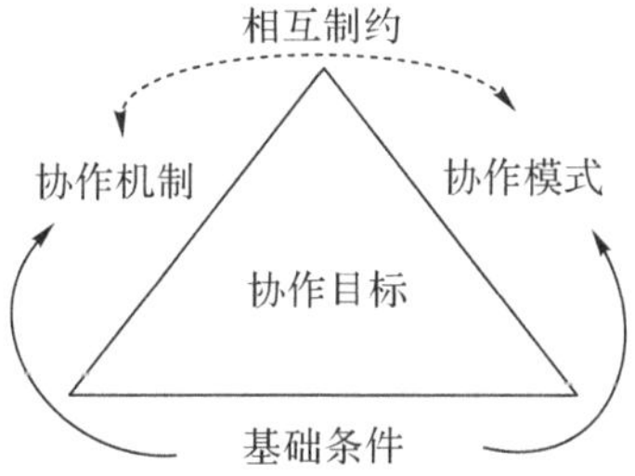

图 10-1　中蒙农牧业跨境供应链协作三角形理论分析框架

10.3.1　中蒙农牧业跨境供应链协作目标

在中蒙农畜产品贸易中，中国主要从蒙古国进口畜产品，如熟牛肉、熟羊肉、冷冻马肉、毛、绒以及活畜(主要是屠宰用绵羊和山羊)等，也有少量的农产品，如亚麻籽、油菜籽、坚果、面粉等。而中国向蒙古国出口的主要产品是水果、蔬菜和谷物等农产品。

中蒙农牧业跨境供应链协作包括中国向蒙古国出口果蔬等农产品供应链协作以及中国从蒙古国进口畜产品的供应链协作两种类型。这两种类型的跨境供应链协作目标是一致的，即在中蒙农畜产品跨境贸易政策的支持下，通过中蒙农牧业跨境供应链中核心企业的资源整合、流程优化、战略规划和价值提升等措施，高效连接供应链上的节点企业，促进物流、信息流、商流和资金流的高效协同，从而实现中蒙农牧业跨境供应链的供需匹配、信息共享、设施互联、政策互通、风险共担、利益共享，进而提高两国农畜产品贸易的规模和质量，更好地促进两国农牧业经济的高质量发展和民生的持续改善。

10.3.2　中蒙农牧业跨境供应链协作的基础条件

中蒙农牧业跨境供应链既包括中国向蒙古国出口果蔬等的农产品供应链，也包括中国从蒙古国进口肉类等的畜产品供应链。这两类跨境供应链均由上游的跨境供应加工环节、中间的跨境流通监管环节以及下游的境内销售环节构成。中蒙农牧业跨境供应链的协作是市场需求拉动的结果，要求上游供给的规模和质量与下游的市场需求相匹配。在此基础上，跨境流通网络的构建有助于满足跨境流通的需要，贸易政策的保障有助于提升通关便利化水平，市场主体的竞争有助于确保产品和服务的质量，信息化系统的赋能有助于提高整个农牧业跨境供应链的协作效率。因此,中蒙农牧业跨境供应链协作的基础条件主要包括供需匹配、流通网络构建、贸易政策保障、市场主体竞争以及信息化赋能等。中蒙农牧业跨境供应链如图 10-2 所示。

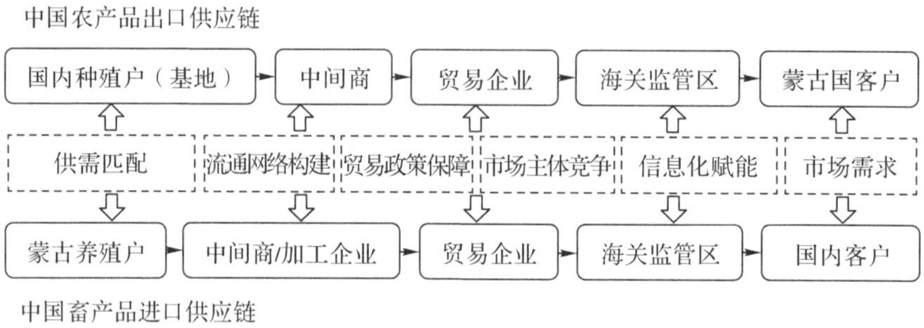

图 10-2 中蒙农牧业跨境供应链

中蒙农牧业跨境供应链协作需要以市场需求为基础,实现需求的高度匹配,这样才能更好地实现供应链协作。在供需匹配的基础上,完善的流通网络构建必不可少。没有布局完善的国内流通网络和科学的跨境流通体系的支撑,整个中蒙农牧业跨境供应链协作就无法真正落地,尤其是需要针对农畜产品的特点构建体系完整的跨境冷链物流网络。中蒙农牧业跨境供应链协作更需要贸易政策的保障。没有贸易政策的支持,潜在需求就无法被满足,从而无法形成真正的现实需求,供应链协作更无从谈起。同时,便利的贸易政策有利于进一步扩大需求,优化需求结构,实现更高层次的供需匹配。此外,中蒙农牧业跨境供应链协作也需要市场主体的充分参与和公平竞争。因为市场主体的规范运营和模式创新是供应链协作的关键。没有市场主体的参与,农牧业跨境供应链就无法形成;没有公平竞争的营商环境和市场主体的规范化运营,农畜产品的质量和客户服务水平就难以得到提升,农牧业供应链协作就不会高效;没有风险共担、利益共享的合作模式,农牧业供应链协作将不可持续。中蒙农牧业跨境供应链协作还需要信息化系统的赋能。跨境供应链协作涉及的市场主体数量较多、类型多样、流程复杂、风险较大且受政策影响频繁。因此,高效的信息系统至关重要。跨境供应链协作的关键是信息共享。信息能否得到实时处理已成为跨境供应链核心竞争力的关键,其对整个供应链效率的提升有很大影响。信息不对称是造成跨境供应链失调的重要原因。中蒙农牧业跨境供应链中间环节较多,上游较分散的供应主体与下游的需求市场距离较远,这就容易因信息不对称而产生较严重的牛鞭效应,进而影响整个供应链的协作效率。

10.3.3 中蒙农牧业跨境供应链协作机制

结合国内外相关文献以及农牧业跨境供应链的特点，本章构建的中蒙农牧业跨境供应链协作机制包括组织机制与行为机制两个方面。其中，组织机制包括委托代理机制、沟通机制和信任机制；行为机制包括整合机制、决策机制和反馈机制。组织机制是协作的前提和基础，而行为机制是协作的支撑和手段。组织机制和行为机制相互作用、相互制约，共同支撑中蒙农牧业跨境供应链的长期协作，如图 10－3所示。在组织机制中，委托代理机制是协作的前提，沟通机制是协作的基础，信任机制是协作的关键；在行为机制中，整合机制是协作的重要支撑，决策机制是协作的重要手段，反馈机制则是提升供应链协作绩效的重要依据。

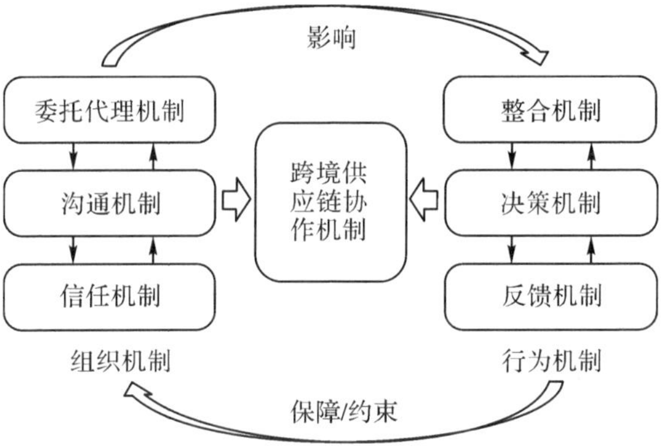

图 10－3　中蒙农牧业跨境供应链协作机制

1. 中蒙农牧业跨境供应链协作的组织机制

中蒙农牧业跨境供应链由上下游多个环节和多个市场主体组成，其本质是基于委托代理机制构建的。因此，一个完善的委托代理机制对保证整个供应链组织的稳定和健全至关重要。在此基础上，沟通机制的作用同样不可忽视，因为协作沟通程度是供应链协作水平高低的重要指标。沟通机制将供应链上的企业紧密联结在一起，是提高供应链运营绩效与伙伴间关系的重要途径[216]。然而，对于中蒙农牧业跨境供应链而言，其上游主要由分散的农牧户构成，组织化程度相对较低，信息化水平不足，加之“孤岛效应”的存在导致沟通成本和时效成本增加。同时，中蒙农畜产品跨境贸易也存在来源地分散、信息不对称、监管缺位、贸易壁垒多等问题。因此，中蒙农牧业跨境供应链协作机制更需要健全和完善的沟通机制以消除制度、价值观念、经营理念、商业环境、语言文化、信息技术差异以及信息不对称等方面的差异对整个跨境供应链协作的负面影响。

相关研究表明，沟通机制是信任机制的前因变量[217]。信任能够促进组织间协作行为的产生，而沟通机制的建立更有利于信任的形成和协作行为的产生。信任作为一种战略资源，能有效促进分工协作，信任机制的形成有利于降低中蒙农牧业跨境供应链各参与主体的交易成本，使各主体能够专注于核心业务，从而提升跨境供应链的整体竞争力。

2. 中蒙农牧业跨境供应链协作的行为机制

中蒙农牧业跨境供应链组织机制构建的目标是提高整个供应链的协作效益，增加各参与主体的利益，实现多赢，其强调各构成主体之间并非利益冲突的竞争对手，而是一个组织有序、结构严谨的协同体系，但这不可能自发实现，而需要通过行为机制来约束和保障其顺畅运行。如果供应链的参与主体无法在需求预测、信息共享、流程设计、业务重组和战略规划等方面进行有效整合，那么供应链的组织结构优势和绩效就无法得到充分发挥。因此，资源整合是发挥供应链优势的重要途径，特别是中蒙农牧业跨境供应链上游分散农牧户的资源整合需求更加迫切。这就需要依托中蒙农牧业跨境供应链的核心企业，围绕供应链参与主体的特点、类型和资源状况等，高效规划战略、整合资源、优化流程、创新模式和技术，以提高企业、产业和中蒙两国的协同发展能力，进而提高整个中蒙农牧业跨境供应链的运营效率。

在中蒙农牧业跨境供应链整合机制构建的基础上，为统一供应链上各参与主体的认识和行动，提高供应链效益，决策机制的制定就必不可少，其主要包括决策的方式（如集中决策和分散决策）、决策的目标、决策的主体、决策的顺序、决策的变量、决策的前置条件等。同时，衡量中蒙农牧业跨境供应链协作目标是否实现，需要通过反馈机制来验证。反馈机制应从中蒙农牧业跨境供应链各参与主体的供需匹配情况和利益分配情况、整个跨境供应链的协作绩效存在的问题等角度为供应链协作的完善和改进提供可靠依据。因此，反馈机制对供应链的决策机制和整合机制均有制约和影响。

10.3.4 中蒙农牧业跨境供应链协作模式

结合国内外关于跨境供应链协作模式的相关研究成果，本节在实地调研的基础上，系统归纳和凝炼出四种中蒙农牧业跨境供应链协作模式，分别为大型贸易企业主导的跨境供应链协作模式、平台企业主导的跨境供应链协作模式、品牌商主导的跨境供应链协作模式以及核心企业主导的全产业链协作模式。

1. 大型贸易企业主导的跨境供应链协作模式

大型贸易企业主导的跨境供应链协作模式(见图 10－4)是指在整个中蒙农牧业跨境供应链中,由从事中蒙农畜产品贸易的大型企业主导整个供应链的运营。蒙古国约 80%的果蔬等农产品来自中国。中蒙果蔬产品的出口贸易主要由位于二连浩特市的大型果蔬贸易企业二连浩特市昊罡果蔬粮油进出口园区有限责任公司(简称昊罡企业)来主导和运营。昊罡企业是二连浩特市一家具有果蔬类农产品出口资质且海关入驻监管的企业,同时是集仓储、加工、包装、报关、报检、运输于一体的新型贸易企业,其果蔬年均出口量达到 12 万吨。

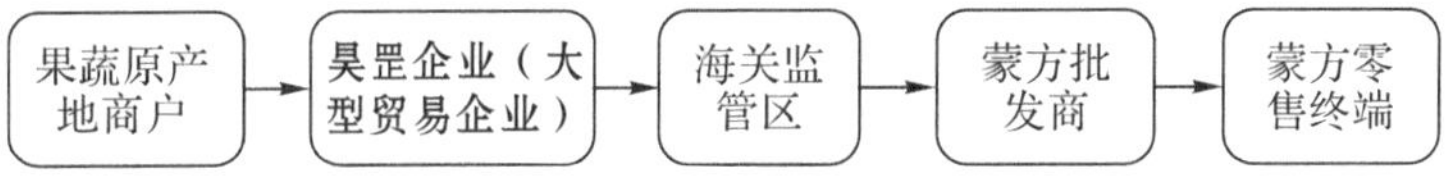

图 10－4　大型贸易企业主导的跨境供应链协作模式

昊罡企业从北京、山东、福建、浙江、山西等省市的种植和流通枢纽基地采购果蔬,这些基地均通过海关认定,且全程通过冷链的方式将果蔬运往其位于二连浩特市的仓储基地和海关监管区。公司与下游蒙古国的批发商有固定的合作关系,果蔬在海关监管区通过海关查验后,由蒙方车辆集中运往位于蒙古国乌兰巴托的大型批发市场,之后再通过分散的零售商、大型超市等零售终端向蒙古国的其他城市和零售网点辐射,从而满足蒙古国消费者对果蔬等农产品的需求。

为提高果蔬等农产品的出口通关效率,昊罡企业联合海关开辟了果蔬等农产品绿色通道,实现了快速查验放行,并联合海关对果蔬类产品的出口监管方式进行创新,如部分果蔬可在原产地(如山东、北京等)办理备案手续,实现监管前置,提高果蔬类产品的通关便利性。昊罡企业主导了整个果蔬跨境供应链上游的采购环节,中间的仓储、监管、流通环节,同时也整合了下游的销售环节,有效把控了整个果蔬跨境供应链的渠道和协作的主动权。

2. 平台企业主导的跨境供应链协作模式

平台企业主导的跨境供应链协作模式(见图 10－5)是指在整个中蒙农牧业跨境供应链中,由提供供应链集成服务的平台企业来主导整个供应链的运营。蒙古国出口中国的畜产品主要有蒙古国的冷冻马肉、熟制牛羊肉(如水煮型、卤制型以及成品丸子等)、皮革类、驼毛绒、羊毛绒等,这些畜产品大多通过位于二连浩特市的平台企业即汇通国际物流有限责任公司(简称汇通国际)来全程服务和运营。汇通国际作为第三方平台企业，本身不涉及畜产品跨境贸易业务，而是主要作为二连浩特公路口岸海关监管场所指定运营企业，为待清关货物提供装卸、配合查验、中转、仓配、冷链物流以及报关等一站式供应链集成服务，保障畜产品跨境供应链的高效运营。目前，该平台入驻企业200余家，涵盖贸易企业、报关企业、货代企业以及物流企业等。

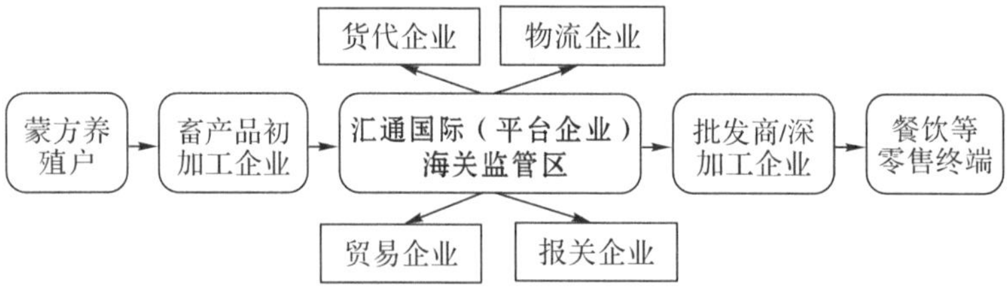

图 10－5　平台企业主导的跨境供应链协作模式

这种模式下的畜产品跨境供应链运营流程为：入驻汇通国际的贸易企业收购蒙方养殖户的活畜并进行屠宰和初加工，或者直接从蒙方的畜产品初加工企业收购符合出口标准的畜产品；之后通过跨境物流运往位于二连浩特公路口岸的汇通国际海关监管区，经海关查验及汇通国际提供一站式综合供应链集成服务后，贸易企业将这些畜产品销售给下游的批发商或深加工企业进而延伸至国内的餐饮、超市等零售终端，以满足消费者对高品质畜产品的需求。

汇通国际基于整个畜产品进口供应链的构成及特点，提供了生态化的供应链集成服务，实现了畜产品供应链与生态化服务的深度融合，为整个畜产品供应链的协作提供了服务支撑。

3. 品牌商主导的跨境供应链协作模式

品牌商主导的跨境供应链协作模式（见图10－6）是指在整个中蒙农牧业跨境供应链中，由具有一定品牌知名度、消费忠诚度和溢价增值能力的品牌商来主导整个供应链的运营。蒙古国出口中国的屠宰用绵羊和山羊主要通过位于二连浩特市从事活羊进口贸易的内蒙古英菲蒂克食品有限公司（简称英菲蒂克）来主导和运营。英菲蒂克是我国一家拥有活羊进口资质的企业，其在蒙古国境内和我国二连浩特配备的获得认证的国际标准动物检验检疫隔离场能够同步实现境内外隔离，确保进口活畜无疫病，保证食品安全。

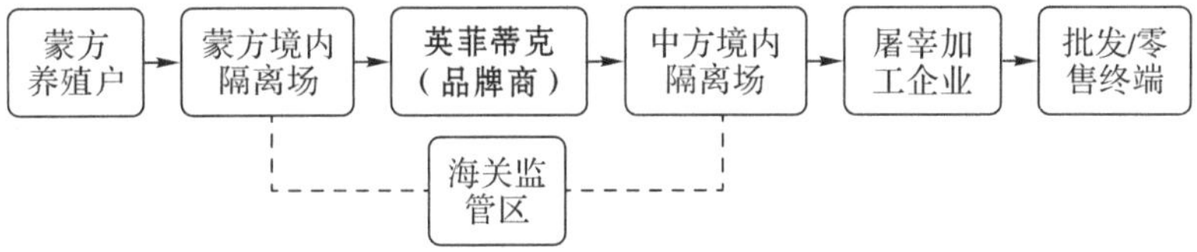

图 10-6　品牌商主导的跨境供应链协作模式

这种模式下的活畜跨境供应链运营包含 6 大环节：①活畜收购。英菲蒂克与蒙古国东戈壁省的合作社与牧户等进行合作并达成交易，由合作社与牧户自行将活畜运往英菲蒂克位于蒙古国扎门乌德市的隔离场。②境外隔离。英菲蒂克在蒙古国扎门乌德市建有占地 6 平方千米的检疫隔离场，可一次隔离活羊 30 万只，每批羊须隔离 30 天以上，以避免疫情传播。③海关报关。隔离到期的活羊经检验合格后进行报关并由企业自行运输至国内的隔离场。④境内隔离。活羊入关后，应在二连浩特市的隔离场进行境内隔离，此隔离场占地 10 万平方米，一次可隔离活羊 5000 只，隔离期为 12 小时至 14 天。⑤屠宰加工。境内隔离并检验合格后，活羊可分批次进入企业的屠宰场。⑥畜产品销售。屠宰加工后的胴体由企业委托第三方物流公司通过冰鲜和冷冻等冷链方式批量销往深圳、海南、上海等南方市场。

英菲蒂克于 2020 年顺利承接了“蒙古国友好捐赠我国 3 万只羊”的过境通关、屠宰加工、冷链物流等系列工作，得到两国相关部门和消费者的一致好评，积累了较好的品牌效应。作为品牌商，英菲蒂克主导了整个活畜进口供应链的运营、流通和协作，在满足客户需求的基础上为供应链的参与主体创造了价值。

4. 核心企业主导的全产业链协作模式

核心企业主导的全产业链协作模式（见图 10-7）是指在整个中蒙农牧业跨境供应链中，由规模实力较强、可实现全产业链运营的企业来主导整个供应链运营和协作的模式。位于二连浩特市的金秋食品有限公司（简称金秋食品）主要从事全产业链的活畜收购、畜产品初加工、畜产品进口贸易、畜产品深加工、畜产品流通及线上线下销售等业务。

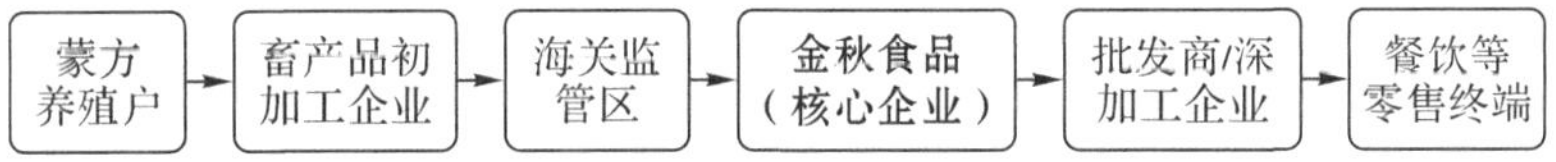

图 10-7　核心企业主导的全产业链协作模式

这种模式下的畜产品进口供应链运营流程为:金秋食品在蒙古国建立境外公司,负责蒙古国的活羊收购;收购的活羊由蒙古国牧民运输至金秋食品在蒙古国的加工厂,经过去骨并加工八成熟后,进入冷库进行冷冻储存;冷冻熟肉通过蒙古国当地具备运输资质的公司以冷链物流方式运输至国内;经海关查验合格后,一部分冷冻熟肉进入金秋食品位于二连浩特市的食品加工厂进行深加工,另一部分则经销到其他批发商或食品深加工企业,最终通过线下的餐饮店、超市或线上电商平台如抖音、快手等进行销售。同时,金秋食品与快递企业进行长期合作,保障线上销售的顺利进行。

金秋食品作为全产业链运营企业,是整个畜产品进口供应链的核心企业,较好地把控了整个供应链的活畜收购、初加工、流通、深加工以及销售等环节,降低了供应链的协作风险,保证了畜产品的优良品质。

10.4 中蒙农牧业跨境供应链协作中的问题分析

实地调研发现,中蒙农牧业跨境供应链协作也存在一些问题。在基础条件方面,农畜产品贸易需求有限、贸易政策存在障碍、市场主体运营不规范、信息化程度较低,以及流通网络不成体系等问题凸显。在协作机制方面,沟通和信任机制不完善,整合和反馈机制不健全等问题存在。在协作模式方面,尽管初步形成了四种协作模式,但每种模式在协作的基础条件和协作机制方面均存在一些共性问题,因此在协作目标的实现方面还存在不小的差距。同时,由于协作的基础条件、协作机制与协作模式相互作用、相互渗透、相互制约,因此,本章对这些问题进行了整合处理,以凸显协作理论体系的整体性。

10.4.1 中蒙农畜产品跨境贸易供需不足、渠道单一

1.蒙古国自身对农畜产品的供需不足

2022年,蒙古国山羊、绵羊和牛的总存栏量为6580万头(只)[218],除满足本国消费需求外,可供出口到中国的数量有限。虽然中国每年进口大量牛羊肉等畜产品,但从蒙古国进口的比例较低,不过这仍可在一定程度上满足国人对高品质牛羊肉的需求,也有助于稳定蒙古国经济,为我国营造良好的周边发展环境。2020年,蒙古国人口仅340万[219],经济总量较小且发展水平缓慢,这就导致其对果蔬等生鲜农产品的需求不足,特别是对高附加值果蔬的需求较低。另外,蒙古国的种植和

养殖技术相对落后，缺乏先进的农牧业管理技术方法和精细化生产能力，这些都限制了农牧业生产效率和质量的提升。近年来，过度放牧和气候变化导致的草原退化影响了畜牧业的可持续发展。此外，蒙古国种植和养殖基础设施的薄弱，以及现代化的饲养、水利和流通等基础设施的缺乏也限制了供给规模的进一步扩大。

2. 中蒙农畜产品贸易量的增长动力有限

蒙古国是一个多党制国家，因此中国投资者在固定资产投资上的风险较高，这在一定程度上影响了中蒙农畜产品贸易量的扩大。同时，相较于国内销售价格，蒙古国出口到中国的畜产品销售价格相对较高，这就导致国内商贩基于利益最大化将更多畜产品出口到中国，从而使得蒙古国国内市场供不应求，畜产品价格上涨，居民生活成本增加。另外，我国内蒙古中西部地区因常年干旱少雨，饲草缺乏，部分贸易商拟从蒙古国进口饲草，而蒙古国公民则担心此举会冲击当地畜牧业，造成牧草短缺和饲养成本上涨。多重因素的综合影响下，中蒙农畜产品贸易增长乏力。

3. 中蒙农畜产品跨境贸易渠道单一

蒙古国物流业等基础设施仍在发展完善中，全国铁路网络相对简单[194]。同时，蒙古国电子支付和结算体系尚不够便捷。国内物流、快递和配送企业规模相对较小，其辐射范围也较为局限，跨区域运营的能力还有待提高，这些因素在一定程度上制约了其跨境电商的进一步发展。另外，农畜产品跨境电商与传统进出口贸易不同，传统进出口贸易对接的是大型采购批发商，贸易企业只需要完成出口贸易交接即可；而农畜产品跨境电商更多需要对接海外中小零售商甚至直接面对消费者，从而产生大量小批量、低频次的需求。这就需要企业具有快速的订单响应能力、全面的海外仓布局以及完善的冷链物流服务体系等。受此影响，中蒙农畜产品跨境贸易的渠道相对单一，仍主要依赖传统的线下贸易模式。不过，值得关注的是，蒙古国经济发展部于 2022 年成立了电子商务厅，开始积极探索电子商务贸易在产品类型、规则、模式以及制度等方面的建设。

10.4.2 中蒙农牧业跨境供应链协作存在政策障碍

1. 长时间停摆活马贸易

活马跨境贸易是中蒙农畜产品跨境贸易的重要组成部分，主要通过中国的珠恩嘎达布其口岸(蒙方对应为毕其格图口岸)进口。但近几年由于政策制约，蒙古国的活马进口贸易发展延缓，这阻碍了双边贸易的进一步扩大。蒙古国的活马存栏量较大,2022年的存栏量为480万匹[218],足以满足中国对马肉、赛马、役用马及旅游马的需求。然而,中蒙双方贸易协定规定,中国只能从蒙古国进口去骨的冷冻马肉,无法进口马的下货及马骨等。马板肠在中国市场有较大的需求和较高的附加值,但由于无法进口只能在蒙古国作为生产废料处理,这就造成较大的资源浪费和经济效益的损失。

2. 活羊进口贸易中境外隔离时间相对较长

实地调研发现,目前在屠宰用活羊的进口贸易中存在境内和境外两次隔离,且境外隔离期长达30天。在整个境外隔离期内,企业需要大量购买当地饲草来饲喂活羊,这不仅增加了企业的饲喂成本和负担,还容易造成活畜掉膘,进而影响羊肉品质。

3. 中蒙两国尚缺乏统一的农畜产品质量标准和认证机制

在中蒙农畜产品跨境贸易中,两国缺乏统一的农畜产品质量标准和认证机制。这一现状导致双方对农畜产品质量和卫生标准的认定存在差异,一定程度上阻碍了农畜产品跨境贸易及跨境供应链协作的深入发展。另外,调研发现,中蒙边境部分口岸在农畜产品贸易,特别是落地加工贸易等相关政策的执行方面存在差距,相关减税降费等优惠政策在两国边境口岸的落地实施也较滞后。另外,标准的不一致也使得在一方进行备案的加工和贸易企业无法在另一方成功注册和备案。

4. 蒙古国对农畜产品贸易的支持力度有待提高

在中蒙贸易中,矿产品的贸易规模较大。因此,蒙古国对矿产品贸易的支持力度较大,而对农畜产品等非矿类产品贸易的支持力度则相对不足。实地调研发现,为更好地促进蒙古国畜产品的出口,在中蒙农畜产品跨境贸易方面,蒙古国对肉类、皮绒类等畜产品的出口贸易较为重视,而对果蔬等农产品的进口贸易的重视和支持程度仍有待提升。

10.4.3 中蒙农牧业跨境供应链的市场主体待培育和提升

中蒙农牧业跨境供应链的市场主体主要包括两国的种植户和养殖户、合作社、初加工和深加工企业、贸易企业、物流企业以及农畜产品批发商和零售商等。实地调研发现,目前参与中蒙农牧业跨境供应链的市场主体主要存在以下问题。

1. 部分企业生产加工的规范化水平有待提升

受利益驱使,从事中蒙畜产品跨境贸易的相关企业在畜产品的初加工环节存在不规范甚至掺假行为，这严重影响了畜产品的品质和品牌声誉，扰乱了市场秩序，不仅导致上游原料采购受限，还限制了农畜产品跨境贸易的进一步扩大，一定程度上动摇了中蒙农牧业跨境供应链的协作基础。另外，笔者通过访谈了解到，蒙古国部分肉类加工企业的加工技术和规范化程度较低，这就导致加工后的熟肉质量无法达到出口标准而被海关退回，从而增加了供应链的协作成本，影响了客户体验和整个供应链的快速响应能力。

2. 优质畜产品的品牌价值有待提高

蒙古国畜产品进口有利于更好地满足我国消费者对高品质肉类消费的需求。调研发现，在中蒙农牧业跨境供应链的参与主体中，我国自有加工企业的精加工能力、产业链延伸能力、品牌化培育能力和市场营销拓展能力均存在不足，特别是缺乏大型龙头企业的引领和带动，没有形成品牌化的运营管理理念，这就导致畜产品的附加值不高，高品质畜产品的品质优势难以转化为品牌优势、价格优势以及市场竞争优势，进而影响中蒙农牧业跨境供应链的整体效益。

3. 中蒙两国市场主体之间存在信息不对称和沟通障碍

中蒙农牧业跨境供应链的参与主体众多，两国参与主体之间的信息交流和沟通相对困难，在产品市场需求、产品规格、产品价格、产品标准以及产品质量等级等方面均存在程度不等的信息不对称问题，容易在交易环节产生纠纷和非增值的逆向物流活动，甚至产生信任危机。这在一定程度上限制了中蒙农牧业跨境供应链的顺畅运行和高效协作。

4. 市场主体存在融资难问题

目前，参与中蒙农牧业跨境供应链的企业存在流动资金压力和融资难等问题。虽然蒙古国政府联合中央银行通过订单抵押的方式为部分外贸企业提供少量贷款，但大部分外贸企业仍缺乏政府专项资金的支持。这就导致流动资金不足、投资受限、业务拓展受阻。中方企业也面临类似的融资渠道不畅、融资成本高等问题，这都是限制中蒙农牧业跨境供应链协作的重要因素。

5. 中蒙农牧业跨境物流组织化程度低

蒙古国国内从事中蒙农牧业跨境物流服务的第三方物流企业较少，规模不大，物流服务企业发展尚不成熟，能够提供具有个性化、一站式、全方位服务的冷链物流服务企业尤为稀缺。特别是冷链物流服务偏低的规模化和组织化程度导致冷链物流成本较高，附加值无法更好地体现在产品价格上，经济效益低下。这不仅无法更好地支撑中蒙农牧业跨境供应链的高质量运行，还影响了整个跨境物流作业的协同性和效率。此外，从事中蒙农牧业跨境物流服务的市场主体相互独立，中国的物流企业负责中国境内的物流作业，而蒙古国的物流企业则负责蒙古国境内的物流作业。这种分割导致整个跨境物流作业被分割成两部分，未能形成完整的跨境物流作业流程和体系，不利于中蒙农牧业跨境物流的整体优化。

10.4.4 中蒙农牧业跨境供应链协作的流通网络不健全

1. 蒙古国物流基础设施有待完善

当前，蒙古国的铁路运输线路数量相对有限，铁路设施较为陈旧，技术层面也存在老化现象，这在一定程度上对其运输能力形成了制约。与此同时，蒙古国境内的公路运输网络尚未达到完善的程度。例如，从扎门乌德到乌兰巴托的公路运输能力存在一定局限，时常会出现交通拥堵的状况，进而导致货物周转的速度有所减缓。另外，在中蒙边境口岸方面，蒙方口岸的冷库数量较少，普遍采用地窖来存储果蔬等农产品。这些在运输、仓储以及口岸基础设施方面存在的不足，使得跨境物流的运输效率偏低，农畜产品跨境运输所需时间较长，运输成本也相对较高，这在一定程度上影响了农畜产品的及时交付以及市场竞争力。

2. 蒙古国冷链物流设备存在缺口

在农畜产品的跨境流通环节，妥善的存储和保鲜工作至关重要，这是保障产品质量和食品安全的关键。蒙古国在冷链设备方面相对缺乏，冷链技术也较为薄弱，这在一定程度上限制了国内冷链流通的顺畅开展，使得产品在流通过程中容易出现受损变质的情况。此外，蒙古国边境口岸的冷链物流服务功能相对单一，特别是针对农畜产品的跨境物流增值性服务功能有待加强，这在一定程度上给中蒙农牧业跨境物流的便利化进程带来了一定的阻碍。

3. 中蒙边境口岸检验检疫设备配备不足

蒙古国的活畜及相关畜产品若要进入中国市场，必须经过严格的检验，只有达到通关标准后才能顺利通行。在实际操作过程中，当大规模畜产品通过海关时，检验设备有限以及部分检验设备短缺等问题导致部分化验项目的检验速度较为缓慢，有时需要委托天津、山东等地的实验室进行检验，这无疑延长了通关时间。另外，蒙古国部分城市口岸不具备实施畜产品检疫检验的条件，需要将相关产品运往乌兰巴托进行检验，这进一步影响了畜产品的通关便利性。

4. 中蒙农牧业跨境物流信息化程度有待提升

中蒙两国跨境物流企业在现代化、信息化、智能化水平方面普遍存在提升空间，这在一定程度上影响了双方在跨境仓储、配送和运输等环节的高效对接。特别是农畜产品跨境物流企业，其信息化程度、信息共享和多方实时交互能力有待增强。

5. 中蒙农牧业跨境物流网络协同性有待增强

中蒙两国地区间冷链物流基础设施存在一定差异，且两国的物流基础设施在衔接方面不够紧密、通畅。此外，中蒙两国不同物流设施设备的标准尚未完全统一，这使得两国之间以及两国不同区域之间的物流协同面临一定挑战。同时，中蒙两国跨境物流体系的搭建尚处于起步阶段，合作模式相对单一、合作主体类型不够丰富、合作周期较短、合作内容也有待拓展，双方彼此的信任程度仍需进一步提升。

10.5　中蒙农牧业跨境供应链协作的实现路径

基于跨境供应链协作理论以及中蒙农牧业跨境供应链协作存在的问题，结合中蒙农牧业跨境供应链协作理论框架，本节提出中蒙农牧业跨境供应链协作的实现路径。

10.5.1　适度扩大贸易农畜产品的种类和规模

在活畜贸易方面，中蒙两国主要开展了屠宰用绵羊和山羊贸易，且仅有二连浩特等部分口岸具备活畜贸易许可资质。因此，我们建议增加可贸易的活畜种类，如活牛、活马及骆驼等。例如，可在中国西部的策克口岸（对应蒙古国的西伯库伦口岸）开通活羊和活牛贸易，以满足蒙古国西部地区活畜的出口需求。另外，对于活马而言，鉴于其不属于偶蹄类动物且疫病传播风险相对较低，两国应在充分论证和确保疫病可控的基础上有条件地发展活马贸易。

在畜产品贸易方面，除现有的牛羊肉、冷冻马肉等畜产品贸易外，两国可重点考虑骆驼奶的贸易问题。蒙古国的骆驼存栏量较大，2022 年其存栏量为 50 万峰[218]。蒙古国国内消费者对骆驼奶的需求量不足，而骆驼奶属于营养价值丰富的高端乳制品，在中国市场有较大需求。因此，两国要重视中蒙骆驼奶贸易的潜力及可行性的研究。

同时，农畜产品生产过程中所需的生产资料贸易也是一个需要重点关注的领域，如农机具、饲料、种子等。目前，这类贸易的规模和种类仍有待提升。

总之，中蒙两国政府需加大力度协调双方可贸易的农畜产品种类和规模，增加蒙古国绿色有机健康畜产品的进口，为中蒙农牧业跨境供应链协作提供坚实基础。只有当两国农畜产品跨境贸易量达到一定规模时，彼此之间协作的选项、模式和空间才会更大，进而推进两国农畜产品贸易的高质量发展。

10.5.2 重视边民互市贸易，扩大边民互市贸易规模

边民互市贸易是中蒙农畜产品贸易的重要组成部分。边民互市贸易是指边境地区边民在中国陆路边境 20 千米以内经政府批准的开放点或指定的集市上，在不超过规定金额或数量范围内进行的商品交换活动。二连浩特市对边民通过互市贸易进口的生活用品，每人每日价值在人民币 8000 元以下的免征进口关税和进口环节税。边民互市贸易具有兴边强边和稳边固边的重要作用，是提高边民生活水平、带动边民发展致富的重要途径，本质上是国家赋予坚守在边境线上边民的一种税收减让优惠政策。目前，国家在二连浩特市批准了边民互市贸易落地加工政策，重点发展羊绒、油菜籽、亚麻籽、肉类等的落地加工，引导边民从蒙古国采购上述产品，在二连浩特市进行深加工后进入市场流通销售，从而形成相对完整的产业链，带动边民发展。因此，大力发展边民互市贸易、扩大边民互市贸易规模、壮大落地加工产业，有利于扩大中蒙农畜产品贸易量，提高边民生活水平，让边民安居乐业，更好地筑牢祖国北疆安全稳定的屏障，实现中蒙农牧业跨境供应链的协作目标。

10.5.3 加大草原保护及养殖技术创新力度，提高优质畜产品供给能力

当前，蒙古国牧民的养殖方式仍以传统的放牧养殖为主。通过对蒙古国食品农牧业与轻工业部负责人访谈，笔者了解到，预期未来约 90％的牧民仍保留传统的放牧养殖方式，约 10％的牧民会采取品种改良和精细化的舍饲养殖方式。

草原是保障传统放牧养殖方式可持续发展的基础条件，政府必须加大草原保护与恢复力度，实施合理放牧政策，防止过度放牧，提高草原的整体生产能力和可持续发展能力，从而更好地助力草原畜牧业的高质量发展。同时，为促进品种改良和精细化的舍饲养殖方式的快速发展，蒙古国也要适度引进先进的品种、品种改良技术、畜牧业精细化管理技术、疫病防控技术、标准化的养殖场所建设体系和方法等，同时改善畜牧业基础设施条件，包括饲养设施、水资源管理设施以及粪污资源化利用设施等，以提高畜牧业生产效率和产品质量。在此基础上，政府要通过对相

关牧民的技术培训和实地指导，提升从业人员的专业知识和技能水平，提高优质畜产品的持续供给能力。

10.5.4 加强农畜产品跨境电商合作，积极涉足中蒙俄农畜产品跨境贸易

跨境电商是拓宽农畜产品跨境贸易的重要渠道，中蒙两国应深入调研农畜产品贸易需求，精细化分市场需求，在农畜产品传统贸易的基础上，持续探索农畜产品跨境电商的产品种类、标准、可行性及运营模式等。为此，中蒙两国政府及相关企业应加强农畜产品跨境电商的对接、交流与合作，特别是要借鉴和利用好中国农畜产品电商及跨境电商运营的经验和良好条件。双方可以考虑在中国知名企业的跨境电商平台上合作开发、搭建中蒙农畜产品交易的专属平台，并共同建造农畜产品海外仓等物流基础设施，以更好地支撑农畜产品跨境电商的快速发展。

同时，在中蒙农畜产品贸易的基础上，我国贸易企业应积极拓展中蒙俄农畜产品跨境贸易。中蒙俄经济走廊建设作为国家“一带一路”倡议的重要组成部分，连接着中国和俄罗斯这两个世贸组织成员国，两国在世界农畜产品贸易市场上占有重要地位。俄罗斯经济体量较大，对农畜产品的需求较旺盛，且中俄两国的农畜产品贸易结构差别较大、互补性强。因此，中蒙农畜产品贸易企业需进一步拓展视野，在中蒙农畜产品贸易的基础上，顺应国家提出的中蒙俄经济走廊战略，大力开展中蒙俄贸易，以开拓国际市场，扩大贸易规模，在更高层次上、更大范围内实现农牧业跨境供应链的高效协作。

10.5.5 优化贸易政策，制定统一的农畜产品标准和认证机制

目前，中蒙两国针对农畜产品的出口标准不完全一致。因此，为加强农畜产品质量控制和食品安全管理，提高农畜产品质量、市场竞争力和通关效率，制定统一的农畜产品标准和认证机制势在必行。这将有效推动中蒙两国关于农畜产品质量与卫生标准的对接与认可。

中蒙两国政府应增强双边农畜产品贸易政策的延续性，加强农牧业政策沟通与合作，改善营商环境，为从事中蒙农畜产品跨境贸易的相关企业提供必要的税收优惠、财政补贴和金融支持等。另外，两国政府也要通过严格的政策制度安排约束企业的市场行为，制定严肃的退出机制，保障供应链各参与主体的利益，促进中蒙农牧业跨境供应链的持续健康发展。

针对中蒙俄经济走廊中的重要节点扎门乌德和二连浩特等口岸，政府应逐步

实行全天24小时通关服务，以提高农畜产品的通关便利性。另外，政府也可根据各口岸的过货种类、规模、时间分布以及贸易企业需求等适当延长部分口岸的开放时间，进一步提高口岸的过货能力，实现中蒙农畜产品贸易的畅通。

此外，中国应加强对蒙古国动物疫病的监测和评估，精准划定疫区。针对活羊贸易境外隔离期相对较长的问题，中国要针对性地开展研究和系统评估，在确保疫病可防可控和食品安全的基础上，尽量缩短境外隔离期限，以提高活羊贸易的便利化水平。

10.5.6 重视品牌化战略，实现中蒙农牧业跨境供应链的价值提升

从事中蒙农畜产品跨境贸易的企业要重视品牌化战略，加强市场调研和品牌建设，推动产业链精细化延伸和市场拓展，持续提升农畜产品的精深加工和附加值，提高市场竞争力和可持续发展能力。

特别是对于中蒙农牧业跨境供应链的核心企业及全产业链运营企业来讲，要延长中蒙农牧业跨境产业链，具备全环节把控中蒙农牧业跨境供应链的能力，这就要求双方不仅要对接进出口贸易商，更要尽可能地把产品和服务直接延伸至终端零售商甚至消费者，这样才能更好地把控产品及服务质量、降低供给风险、凸显品牌效应，更好地实现产品和服务的溢价增值，进而提升中蒙农牧业跨境供应链的价值。

10.5.7 完善中蒙农牧业跨境物流通道和物流网络

中蒙农牧业跨境物流通道是支撑中蒙农畜产品贸易和跨境供应链协作的重要基础，也是中蒙农畜产品跨境贸易安全、高效、可持续运营的重要保障。为此，两国政府要规划和完善中蒙农牧业跨境物流大通道，加大对跨境物流运输设施的投资和改善力度，包括铁路、公路、口岸基础设施等，构建以铁路、公路和边境口岸为主体的中蒙跨境基础设施联通网络。特别是在铁路通道方面，要在内蒙古西部策克口岸、甘其毛都口岸以及东部珠恩嘎达布其口岸等中蒙边境口岸规划建设铁路通道，形成东部、中部以及西部全覆盖的铁路网络，从而打造时效性更强、经济性和安全性更好的跨境物流通道。

内蒙古处于中蒙农畜产品贸易的最前沿，承接了大量的中蒙农畜产品贸易业务。因此，两国必须以内蒙古为支点，搭建中蒙农牧业跨境物流网络，更好激发整个中蒙农牧业跨境物流的活力。2019年，内蒙古的乌兰察布·二连浩特陆港型国

家物流枢纽成功入选国家物流枢纽首批建设名单，2020 年、2022 年和 2023 年，内蒙古西部的巴彦淖尔市、中部的呼和浩特市和东部的通辽市分别获批国家骨干冷链物流基地建设名单，呼和浩特市还入选 2023 年全国供应链创新与应用示范城市。依托以上四大枢纽节点，中蒙两国正在围绕"通道＋枢纽＋网络"的构建思路，探索中蒙农牧业跨境物流骨干网络的搭建方案。

同时，中蒙两国要加强策克口岸、甘其毛都口岸、二连浩特口岸以及珠恩嘎达布其等口岸的基础设施建设，完善农牧业跨境物流仓储设备以及配套的检验检疫设备，从而更好地支撑跨境物流网络的安全和高效运转。此外，建立高效的末端物流网络也十分重要，包括仓储分拨中心、配送站点、冷库等。双方可通过整合不同种类农畜产品进出口贸易需求和相关仓配资源，实现物流环节的需求共享与供需对接，从而提高冷链资源利用率和农畜产品送达速度，保障农畜产品品质和食品安全。

鉴于物流通道和物流基础设施建设的投资规模较大，在口岸等物流基础设施以及冷库等仓储设施建设方面，中蒙双方企业应通力合作，以更好地满足双方未来高效运营和管理的需求。

10.5.8　培育大型物流服务企业，构建中蒙农牧业跨境供应链信息平台

首先，中蒙两国政府要围绕中蒙农牧业跨境物流网络构建的需要，以中蒙农牧业跨境物流服务企业现状为基础，综合考虑两国农牧业跨境物流的需求、经济环境、政策环境和企业的经营现状、成本、利润现状、竞合现状、市场占有率等，分析研究中蒙农牧业跨境物流服务企业的市场培育方案。其次，中蒙农牧业跨境物流的作业需要两国相关物流企业的参与。为此，中蒙两国应出台相关政策，鼓励企业兼并重组、做大做强，不断提高中蒙农牧业跨境物流市场集中度，提升物流服务质量，在满足农牧业跨境物流需求的基础上，更好地引领和创造需求。再次，在高效整合两国农牧业跨境物流资源的基础上，两国政府应逐步向提供供应链一体化服务的供应链服务集成商转变，以更好地提高中蒙农畜产品贸易的质量和规模。最后，鉴于中蒙农牧业跨境供应链参与主体众多，且存在信息不对称、不透明等问题，特别是两国市场主体之间存在沟通受阻、衔接不畅等问题，供应链服务集成商亟须构建中蒙农牧业跨境供应链信息平台，以打造一个共赢共生的供应链平台生态系统[220]。该信息平台应具备物流信息交互、市场供求信息匹配、政策信息实时发布与共享、跨境交易及结算等功能。这一供应链信息平台的构建，可更好地实现市场

供求信息、产品规格、产品标准、产品价格和产品质量等级等方面的信息共享，提高农畜产品流通过程中的信息透明度和物流效率，提升供应链的可视化水平，从而实现不同主体（包括企业、政府、金融机构、平台服务商、客户等）之间的充分交互和高效沟通，促进中蒙农牧业跨境供应链的协同发展。

10.6 本章小结

中蒙两国在农牧业自然资源方面各具优势，农畜产品贸易互补性强、依存度高，这为两国农牧业跨境贸易奠定了重要基础。中蒙农牧业跨境供应链是促进中蒙农牧业贸易的重要支撑，其协作机理的明晰与协作路径的确定有利于更好地促进中蒙农牧业跨境贸易的长期协调和可持续发展。本章结合供应链协作理论以及中蒙农牧业跨境贸易的特点，围绕中蒙农牧业跨境供应链协作目标、基础条件、协作机制、协作模式等四个方面，构建了中蒙农牧业跨境供应链协作三角形理论分析框架。其中，中蒙农牧业跨境供应链协作目标是核心，基础条件是前提，协作机制是关键，协作模式是手段。中蒙农牧业跨境供应链协作的目标是通过中蒙农牧业跨境供应链中核心企业的资源整合、流程优化、战略规划和价值提升等举措，实现中蒙农牧业供应链的供需协作、信息共享、设施互联、政策互通、风险共担和利益共享，进而实现中蒙农牧业跨境供应链协作绩效改善和可持续发展的目标。中蒙农牧业跨境供应链协作的基础条件包括供需匹配、流通网络构建、贸易政策保障、市场主体参与以及信息化赋能等方面。中蒙农牧业跨境供应链协作机制包括组织机制与行为机制两个方面，其中组织机制是协作的前提和基础，行为机制是协作的支撑和手段，两者相互作用、相互约束，共同支撑中蒙农牧业跨境供应链的长期协作。中蒙农牧业跨境供应链协作模式主要包括大型贸易企业主导的跨境供应链协作模式、平台企业主导的跨境供应链协作模式、品牌商主导的跨境供应链协作模式以及核心企业主导的全产业链协作模式。

结合中蒙农牧业贸易实际，本章围绕中蒙农牧业跨境贸易的供需状况、政策体系、市场主体、流通网络等方面，系统梳理了中蒙农牧业跨境供应链协作存在的主要问题，并进一步提出了适度扩大农畜产品贸易的种类和规模等八个方面的协作路径。这些路径的实施可使中蒙农牧业跨境供应链体系更加高效、便捷、可持续，更好地实现协作目标，从而有效促进中蒙农牧业跨境贸易的高质量发展。

在以上研究成果的基础上，我们应立足中蒙农牧业跨境供应链协作三角形理论分析框架，围绕不同种类农畜产品跨境供应链的协作目标、基础条件、协作机制以及协作模式的实现等设计科学的量表，构建系统的评价体系。同时，我们应围绕中蒙农牧业跨境供应链的参与主体进行深入的微观调研，剖析不同市场主体之间的协作现状及困境，通过数理模型构建，探索中蒙农牧业跨境供应链协作三角形理论分析框架中不同因素之间的定量影响关系和作用机理，从而深入揭示制约不同种类农畜产品跨境供应链协作的关键因素和影响程度，进一步丰富和完善中蒙农牧业跨境供应链协作的理论体系。

第 11 章

农产品跨境物流企业转型升级及政策保障研究

11.1 引言

在我国经济高质量发展的背景下，消费者对优质农产品的需求逐渐提高，国内农产品物流特别是农产品冷链物流得到快速发展。2021 年，国务院办公厅出台《“十四五”冷链物流发展规划》，指出到 2025 年要初步形成衔接产地销地、覆盖城市乡村、联通国内国际的冷链物流网络。2022 年，国务院办公厅印发《“十四五”现代物流发展规划》，提出强化物流数字化科技赋能，推动绿色物流和国际物流网络化发展，统筹加强国家物流枢纽和国内国际物流大通道建设。与此同时，各地政府及相关部门也陆续出台了符合地方实际的农产品物流发展规划和相关政策。在政策环境持续优化和物流技术升级的驱动下，我国农产品物流规模不断扩大。数据显示，2023 年我国农产品物流总额达到 5.3 万亿元，同比增长 4.1%[221]。

随着国际化进程的加速和“一带一路”倡议的深入实施，我国对外贸易快速发展。2023 年，我国货物进出口总额约为 41.76 万亿元，跨境电商进出口规模为 2.38万亿元[222]。同年，中欧班列开行 1.7 万列、发送集装箱 190 万标箱，同比分别增长 6% 和 18%；西部陆海新通道班列全年集装箱发送 86 万标箱，同比增长 14%[223]。农产品贸易作为我国对外贸易的重要组成部分，其进出口总额 2023 年为 3330.3 亿美元，其中出口额达到 989.3 亿美元，同比增长 0.9%[224]。农产品跨境贸易的蓬勃发展，极大地拉动了农产品跨境物流需求的快速上涨。

然而，农产品跨境物流的有效运作需要农产品跨境物流企业的参与。当前，我国农产品跨境物流企业普遍存在规模体量较小、标准化体系不健全、跨境物流运营成本高、作业效率低下等问题。虽然我国国内物流基础设施相对完善，但跨境物流专用设施建设仍然薄弱。同时，由于相关金融服务的配套支持不足，跨境农产品物流企业的资金周转和风险管理能力也受到影响。另外，宏观经济环境的不确定性（如贸易摩擦等）也会对我国农产品跨境物流企业的竞争力造成影响。在这些因素的综合影响下，现有物流服务供给难以充分满足日益增长的农产品跨境物流需求，加快企业转型升级势在必行。

11.2　农产品跨境物流企业面临的困境

农产品跨境物流企业是实施农产品跨境物流业务的重要主体，其当前面临的困境严重阻碍了农产品跨境物流企业和农产品跨境贸易的可持续发展。

11.2.1　农产品跨境物流运输成本高且周期长

跨境物流主要通过海运、空运、陆运等方式运输货物。海运成本较低但周期长；空运虽耗时短但成本高；陆运成本虽相对较低但受路况和跨境物流基础设施的制约较大。整体来看，农产品跨境物流陆路运输的比重最高，但运输周期较长、中转环节较多、时效性和效率较低。这就导致农产品在跨境物流过程中损耗严重，进而增加了跨境物流成本，不仅制约了农产品跨境贸易的快速发展，还因高昂的跨境物流成本会直接抬高了农产品价格，削弱了国际市场竞争力，影响贸易规模和市场份额的持续扩大[225]。

11.2.2　农产品跨境冷链物流发展程度低

农产品对新鲜度要求较高，因此冷链物流设施设备是影响农产品跨境物流交易成败的关键。目前，我国跨境冷链物流体系相对不完善[226]，存在设施设备不足的问题，尤其是现代化大型冷库和运输车辆缺乏，难以满足跨境物流需求[227]。在冷链物流技术方面，我国与发达国家存在一定差距[228]。同时，与部分国家的跨境冷链物流合作的不足，以及国际合作园区和共建共享机制的缺乏，都限制了冷链物流设施的互联互通，导致冷链物流各环节衔接不畅。另外，在跨境冷链物流网络覆盖方面，我国的跨境冷链物流主要集中在沿海城市和少数节点城市，内陆地区和偏远地区的覆盖率相对薄弱，在区域分布、产销地布局、温区功能等方面存在结构性失衡。

11.2.3 农产品跨境物流企业海外本土物流能力弱

相较发达国家而言，我国物流企业的跨境物流起步较晚，全球运输网络覆盖和物流资产的投入与积累还不足，特别是缺乏足够的海外冷链仓储设施和冷藏运输工具。因此，我国具有全球竞争力的跨国物流企业数量也不多。在收货地物流配送环节，多由海外买家负责，他们更倾向于选择本土物流服务商。同时，我国跨境物流企业在海外经营时，由于对当地经济环境、消费习惯和文化思想差异了解不充分，易受环境等不确定因素的影响[229]。在海外仓跨国经营中，这些限制导致企业本土化运营能力薄弱，从而出现农产品滞销。由于海外本土物流能力不足，许多潜在市场和消费群体无法得到有效覆盖，这就限制了我国农产品海外市场的拓展[230]。

11.2.4 农产品跨境物流企业综合物流服务能力不足

目前，我国农产品跨境物流企业服务较为单一，综合物流服务体系尚不健全[231]。在运输方面，多式联运能够大幅提升农产品的运输效率，但我国的多式联运发展仍处于起步阶段。在跨境物流网络构建方面，基础设施配套不够完善[232]，国际枢纽建设尚不完善，没有形成完整的网络体系。在物流信息服务方面，整体信息化水平不高，缺乏统一的物流信息平台，存在信息孤岛现象[233]。同时，农产品跨境冷链物流信息化覆盖不完整，相较于运输、仓储、配送等环节，缺少对于农产品生产、销售等环节的信息化监管，这就导致农产品在冷链流通中会出现信息化管理和安全监控断链的情况[234]。

11.2.5 农产品跨境物流相关标准建设薄弱

首先，与农产品跨境物流成本和服务质量密切相关的检验检疫标准、农产品农药残留限量标准的不统一使得农产品在跨境物流中需要进行重复检验，这延长了跨境物流周期，产生了较大的农产品损耗，增加了跨境物流成本[225]。其次，在农产品跨境物流运输中，不同国家对运输车辆的过境标准要求也不相同。以中蒙跨境运输为例，我国允许蒙方车辆进入我国口岸监管区，但是蒙方不允许中方车辆进入。这就使得农产品在跨境运输中需在口岸进行换装，从而造成一定损耗，影响农产品质量。最后，我国农产品跨境冷链物流行业标准体系的不完善，统一的技术标准和认证体系的相对缺乏，使得全环节冷链的可控性仍有发展空间，因此农产品的质量安全有待提升。

综上所述，农产品跨境物流企业存在的运输成本高且周期长，跨境冷链物流发展程度低，海外本土物流能力弱，综合物流服务能力不足以及相关标准建设薄弱等问题，制约了服务质量的提升和跨境贸易的高质量发展。因此，农产品跨境物流企业需要适应市场环境的变化进行转型升级，增强国际竞争优势，更好地支撑我国农产品跨境贸易的高质量发展。

11.3　农产品跨境物流企业转型升级的方向

为提高农产品跨境物流服务质量，促进农产品跨境贸易的可持续发展，并满足国内国际双循环和经济高质量发展的要求，农产品跨境物流企业应围绕数字智能化、绿色可持续化、产业联盟化、跨境物流网络化、价值链优化等方向进行转型(见图 11－1)。

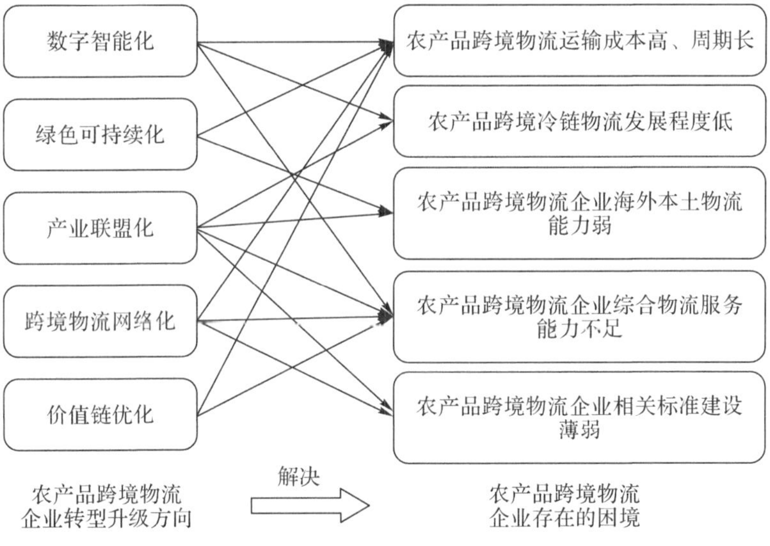

图 11－1　农产品跨境物流企业转型升级方向

通过数字智能化转型，农产品跨境物流企业可以将智能技术和设备应用到农产品跨境物流环节，从而有效降低物流成本、缩短物流周期、增强冷链物流实力、提高综合服务能力。在绿色可持续化转型中，农产品跨境物流企业可通过优化物流包装材料和投入清洁能源运输车辆，在保护环境的同时降低物流成本。通过产业联盟化转型，农产品跨境物流企业间可形成联盟，有效弥补海外本土物流能力不足，促进农产品跨境物流标准化体系建设，更好地提高农产品跨境物流的综合服务能力。跨境物流网络是提升跨境物流综合服务能力的重要载体，要求企业朝着网络布局节点化的方向转型。同时，为实现整个农产品跨境供应链的价值增值，农产品跨境物流企业也须围绕整个供应链优化农产品物流服务中的非增值环节，向价值链优化方向转型。

11.3.1 数字智能化

数字智能化在农产品跨境物流中的应用不仅可增强跨境物流的综合服务能力，还可提高跨境物流效率，节约跨境物流成本。同时，数字化的应用也为农产品跨境物流提供了智能追踪和监控等增值服务，保证了农产品在跨境过程中的质量安全。

首先，在农产品智能运输中，通过利用 GIS(geographic infromation system，地理信息系统)、GPS(global positioning system，全球定位系统)等物流信息技术对车辆进行定位和路径优化，以最快速度和最短时间运输农产品[236]，有效降低农产品跨境的运输时间和成本。通过数字技术对车辆进行管理并打造智慧运输配送体系，可大幅提升生鲜农产品物流配送效率和质量[237]。当农产品到达海外仓后，通过自动化仓储设备和技术进行装卸，海外仓的运行效率和农产品保鲜水平得到了提高[238]。其次，依托区块链技术记录农产品跨境交易信息，做到信息公开透明，这不仅提高了农产品溯源的可靠性，还有效保障了农产品的质量和安全[239]。再次，农产品跨境物流企业可便捷地获取农产品跨境物流、仓储以及订单信息，充分掌握物流各节点的运行情况和农产品库存情况[240]，降低货物滞留风险。最后，在冷库技术应用中，先进的温度和湿度控制系统及制冷技术，可提高农产品的质量保障能力，降低农产品在仓储环节的损耗，增强农产品跨境冷链物流的竞争力。

11.3.2 绿色可持续化

在农产品跨境物流中，绿色可持续化主要体现在农产品的包装和运输上。传统农产品跨境物流多使用泡沫箱、塑料等不易降解的包装材料，这既导致物流成本上升，又造成环境污染。因此，在农产品包装方面，企业应落实物流包装的标准化，为全链条标准化创造条件，在实现包装基本功能的基础上尽量减少包装用量[241]。这不仅有利于保护环境，而且能提升物流效率。同时，研发并使用环保材料和工具，可减少资源浪费和环境污染。在绿色化包装的基础上，企业应充分考虑农产品特性，注重包装与生态环境的协调[242]。另外，在农产品跨境运输中，企业应加大清洁能源车辆的使用力度，增加绿色技术创新投入，采用低能耗、清洁能源运输车辆进行农产品运输[243]。由于农产品跨境运输通常需要冷链环境，而制冷过程会产生大量温室气体，因此，企业要加大绿色制冷技术的研发，并基于绿色发展理念，对生鲜农产品冷链运输路径进行科学规划，采用多式联运方式来实现节能减排目标[244]。

11.3.3　产业联盟化

农产品跨境物流具有跨区域的特点，这一特性往往使单个物流企业面临资源能力有限的挑战。因此，联合不同区域内的物流企业构建物流联盟成为一种有效策略。联盟内各企业可有效整合农产品物流市场的各类信息，打破农产品生产端、物流端和销售端之间的信息壁垒，实现联盟主体之间的互联互通、优势互补、利益共享和风险共担，避免因信息不对称而导致的农产品损耗，从而降低农产品跨境物流成本。同时，联盟合作可增强农产品跨境物流企业在海外的运营能力和综合物流服务能力，提高物流运作效率和服务质量，实现农产品从生产端到销售端的统一管理。联盟内建立的标准化制度以及严密的全程监控与跟踪机制，保证了操作规范的统一，有效解决了农产品跨境物流标准不统一以及质量安全问题。另外，农产品冷链物流联盟的构建有助于提升冷库资源利用率，提高冷链物流发展水平，避免分散管理造成的冷链物流成本增加和资源浪费[245]。

11.3.4　跨境物流网络化

农产品跨境物流网络是发挥规模经济效益的重要基础，也是提升物流企业综合服务能力、实现物流标准化的关键保障。跨境物流网络化可连接不同国家的产业需求，推动农产品跨境物流业与相关产业的融合发展，进而实现双方的转型升级。同时，构建一体化的跨境物流网络能够提高跨境物流服务质量和效率[246]。科学规划跨境物流网络的最佳路径，可进一步降低跨境物流成本[247]。另外，通过构建跨境物流网络，跨境物流企业可以更好地拓展国际物流业务，优化农产品跨境物流体系及跨境物流解决方案[248]，从而增强农产品跨境物流企业的综合服务能力。基础设施建设是构建跨境物流网络的重要内容。投资跨境物流基础设施，构建清关、仓储、分拨中转、运输配送及流通加工等综合物流服务能力并形成跨境物流网络，有助于实现农产品跨境物流的标准化，推动沿边地区农产品对外贸易的高质量发展[249]。

11.3.5 价值链优化

农产品跨境物流企业价值链须融入全球价值链的重构进程中，以实现价值增值。物流产业价值链的基本环节包括运输、仓储、装卸搬运、包装、流通加工、信息处理和配送。其中，信息流是价值创造的关键环节。通过与跨境电商平台的合作，农产品跨境物流企业可实现信息沟通协同、资源共享协同、利益互信协同，并对农产品跨境物流中的非增值作业进行整合[250]，从而提高农产品流通效率[251]，缩短农产品流通时间，降低农产品物流成本，最终实现价值增值，增强企业的综合服务能力。另外，农产品跨境物流企业可有效连接农业生产、加工、储运、流通等全价值链环节，并实现价值链的跨国延伸，从而实现物流业务的跨境增值[252]。

综上所述，农产品跨境物流企业的数字智能化、绿色可持续化、产业联盟化、跨境物流网络化以及价值链优化转型，可有效提高农产品跨境物流效率、降低跨境物流成本、提升跨境物流综合服务能力，推动农产品跨境物流的绿色发展，增强我国农产品跨境物流企业的综合竞争力，促进农产品跨境贸易的高质量发展。

11.4 农产品跨境物流企业转型升级的政策保障

鉴于农产品跨境物流业务涉及区域广、主体多、流程复杂、环节众多、风险较大且受政策影响强，政府的政策支持对于农产品跨境物流企业的转型升级至关重要。这不仅有助于减少贸易冲突，而且能促进跨境物流业务的规范化和标准化，为农产品跨境物流企业的转型升级提供坚实的政策保障。

11.4.1 加强农产品国际贸易合作

加强农产品国际贸易合作能够有效优化资源配置，更好地应对气候变化、自然灾害等全球性挑战，保障农产品供应链的稳定性和可持续性，同时降低单一供应链带来的风险。2024 年，我国政府工作报告指出，要继续深入推进“一带一路”建设，深化多双边和区域经济合作。作为我国重要的出口产品，农产品的国际贸易合作可以促进农业和物流产业的融合发展，为农产品跨境物流企业更好地开拓业务创造良好的政策环境。同时，与国际市场接轨有助于提升农产品贸易量、促进技术交流和提高产品质量，推动我国农产品物流技术的发展，并在一定程度上加快农产品跨境物流企业数字化转型的速度。另外,加强农产品国际贸易合作还有利于不同国家和地区的物流企业形成联盟,促进农产品跨境物流企业的产业联盟化转型。

11.4.2　提高农产品国际贸易便利化水平

提高农产品贸易自由化和便利化水平,可有效减少贸易摩擦,提高贸易效率和效益。简化通关手续和降低贸易壁垒,降低了农产品跨境物流成本,提高了农产品通关速度,使农产品更容易进入国际市场,从而扩大了农产品跨境贸易规模。2016 年 7 月 5 日,我国正式加入《TIR 公约》(《国际公路运输公约》)。当货物通关时,海关仅需核对 TIR 证书信息,检查运载单元的海关关封,无须进行开箱检查,从而减少了货物在口岸的等待时间,降低了物流成本。另外,推进农产品与周边国家的检验检疫交流,促进与相关国家签署互认的农产品检验检疫协定,不仅有助于减少农产品在不同国家进行合规测试和认证的重复成本,缩短农产品跨境流程时间,降低农产品在途损失,还有助于确保农产品的质量安全,减少因标准不同而产生的农产品质量问题。

11.4.3　推动农产品跨境电商发展

农产品跨境电商可打破地域限制,为农产品提供全球性的销售渠道,使农产品直接面向国际市场,从而提高农产品的国际知名度。通过跨境电商平台,农产品可以实现在线展示、在线交易和在线支付,交易流程得以简化,销售效率大幅提高,同时增加了农产品跨境物流的规模。推动农产品跨境电商发展,增强其与跨境物流之间的协同,并构建跨境电商与跨境物流之间的产业联盟,可以打破电商平台与物流企业之间的信息流通壁垒,促进农产品跨境物流企业的价值链优化和产业联盟化转型。因此,政府应推动农产品跨境电商等新业态的健康发展,开拓国际合作新局面,鼓励特色农产品电商平台全球化经营,加快在重点市场布局海外仓,完善全球跨境物流服务网络。

11.4.4　强化农产品物流基础设施建设

跨境物流基础设施的建设,为更多国内企业提供了“走出去”和扩大海外投资的机遇,进而促进了跨境物流业务的增长。完善的物流基础设施能够显著提高农产品在跨境物流环节的流通效率,缩短流通时间,降低物流成本。先进的冷链物流设施可有效控制农产品在跨境运输和仓储过程中的温度和湿度,保证农产品的质量安全，有效提升农产品的国际市场竞争力。因此，推动农产品跨境物流基础设施建设，完善跨境冷链物流设施网络，特别是边境口岸的物流基础设施建设，有利于提升农产品跨境物流的时效性，推动农产品跨境物流企业朝着跨境物流网络化方向转型，并拓宽农产品跨境物流企业的辐射范围和综合服务能力。

11.4.5 推动农产品跨境物流技术创新

在农产品跨境物流环节中，运用先进技术可以优化运输路径、提高装载效率，从而大幅提升物流效益、降低物流成本、增强企业竞争力。智能冷链、物联网、区块链等创新技术的使用可以保证农产品的质量和安全，提高农产品跨境供应链的灵活性和响应速度，有效应对农产品跨境市场需求的不确定性。此外，农产品跨境物流技术创新能够有效降低物流环节中的能源消耗，减少碳排放和环境污染，推动农产品跨境物流企业的绿色化转型。为了将数字科技更好地应用于农产品跨境物流中，政府应推进冷链物流全流程创新和数字化改造，提高智能化水平，并推动大数据、物联网、5G、区块链、人工智能等技术在冷链物流领域的广泛应用，促进农产品跨境物流企业向数字智能化方向转型。

11.5 农产品跨境物流企业转型升级的研究领域

为顺利实现农产品跨境物流企业在数字智能化、绿色可持续化、产业联盟化、跨境物流网络化以及价值链优化等方向的转型升级，在相关政策的保障下，我们还需围绕农产品跨境智慧物流、农产品跨境绿色物流、农产品跨境冷链物流、农产品跨境物流增值服务、农产品跨境供应链风险管理以及农产品跨境物流企业典型案例等进行持续深入研究，以更好地支撑农产品跨境物流企业的转型升级。

11.5.1 农产品跨境智慧物流

跨境物流与互联网技术融合打造的智慧物流，正在成为引领物流行业发展的重要力量。跨境物流与智慧物流的融合，提升了跨境物流的信息共享水平，有效缓解了农产品跨境物流市场需求与物流企业间的信息障碍。利用区块链技术搭建的农产品跨境物流溯源系统，在对农产品跨境物流环节进行监控和追踪过程中，保证了农产品的可追溯性，提高了农产品的质量安全，并实现了对跨境物流的精细化管理，有效降低了跨境物流过程中的风险。尽管智慧物流发展取得了积极成效，但依然存在行业标准制定进展缓慢、专业技术人才缺乏、相关基础设施建设落后等问题。同时，高昂的智慧物流设施的投入成本，使得部分中小物流企业难以承担较高的成本费用。因此，寻求农产品跨境物流企业在引入智慧物流技术的成本和经济产出效益之间的平衡，成为一个需要重点研究的问题。

11.5.2 农产品跨境绿色物流

物流行业是能源密集型产业，其温室气体排放显著。据测算，物流过程中的货物运输、配送、装卸搬运、仓储以及辅助物流活动等环节是碳排放的主要来源[253]。随着国家"双碳"目标的明确，物流行业绿色低碳发展空间巨大。然而，部分农产品跨境物流企业对绿色发展理念的认识尚不充分，对绿色物流的投资意愿较低，加之绿色物流的回报周期较长，使得大多数追求短期效益的企业不愿发展绿色物流。此外，现有的政策法律法规与跨境物流绿色发展的需求尚不匹配，农产品绿色运输、包装、仓储等方面缺乏法律约束，绿色物流中问题发生的责任主体归属尚不明确。同时，绿色物流领域的人才队伍薄弱，人才培养力度不够，缺乏具备碳排放和能源计量等专业技能的人才。另外，绿色物流还存在技术落后、与国际市场要求不匹配等问题，这些都亟待加强农产品跨境绿色物流的系统性研究。

11.5.3 农产品跨境冷链物流

农产品跨境贸易是农民增收的重要渠道，对于促进乡村振兴具有重要作用。然而，由于农产品保质期短并且在运输途中易损坏，农产品跨境物流在运输时间、运输条件和运输成本方面均面临较高要求。为减少农产品产后损失，我国正在大力推动冷链物流发展及相关研究工作。在农产品运输及存储过程中，制冷虽不可或缺，但也会产生大量二氧化碳。因此，考虑到环境的可持续性和经济效益，政府要将低碳与冷链物流相结合，深入探究新型环保制冷技术等方式，以实现经济效益与生态效益的均衡[254]。另外，在跨境冷链物流过程中，大数据、区块链、物联网等新兴技术的应用已逐渐深入，但如何将各种技术集成应用于冷链物流中以提高农产品跨境物流企业的综合绩效，还有待深入研究。

11.5.4 农产品跨境物流增值服务

传统物流主要局限于一般功能性物流服务。与传统物流服务不同，物流增值服务是在单一运输、仓储、配送等基础服务上衍生出的额外服务。如今，智能技术的应用已成为农产品跨境物流服务增值的主要源泉。物流服务商为卖家提供的服务不仅仅是表面的基础运输服务,而是越来越精细化的增值服务。目前,农产品跨境物流企业不仅提供仓储、运输等传统物流基本服务,还包括货物报关、清关、保险理赔、仓单质押等一体化的增值服务。由于农产品跨境物流增值服务种类繁多,且不同场景下的服务种类差异较大,如何在满足客户需求的基础上,设计出一套系统性的解决方案,以实现客户价值和跨境物流企业效益的最大化,是值得持续探索的重要课题。

11.5.5 农产品跨境供应链风险管理

随着国际贸易的快速发展,农产品跨境供应链的规模不断扩大。政策变化、价格波动等外部因素,以及信息不畅通、利益冲突等内部因素,均会对农产品跨境供应链的脆弱性产生显著的正向影响[255]。受不同国家政策差异、文化差异、国际形势和汇率变化等因素的系统影响,农产品跨境供应链可能会出现信息传递延误、服务响应延迟、管理绩效下降等问题,进而影响跨境物流服务质量。因此,农产品跨境物流企业必须从整个供应链的视角出发,审视农产品跨境供应链的风险。企业需要具备快速识别、控制和抵御风险的能力,以确保跨境供应链的稳定运行。而农产品跨境供应链的风险管理是一项系统工程,涉及众多因素和决策主体,需要基于不同国际环境和市场情形进行有针对性的研究。

11.5.6 农产品跨境物流企业典型案例研究

以往关于农产品跨境物流企业的研究大多基于纯理论视角,集中探讨农产品跨境物流企业存在的问题及解决方法,而针对特定案例的研究则相对较少。对农产品跨境物流企业的典型案例进行系统剖析,可深入提炼优秀企业在物流管理、供应链优化、质量控制、风险管理等方面的高效经验,以及在运营、管理、战略等方面的最佳实践。同时,研究成功案例还能帮助跨境物流企业学习如何有效识别、评估并控制跨境物流风险和挑战,探索出有效的解决方案,从而减少企业在跨境物流实践中的试错成本。另外,案例研究也可系统梳理和总结不同国际市场的需求、偏好以及各国在农产品跨境贸易及跨境物流方面的政策法规,确保农产品跨境物流企业合规高效经营,为国内企业更好地开拓国际市场保驾护航,进而提升中国农产品跨境物流企业的整体竞争力。因此,系统深入地研究涉及不同国家或地区农产品跨境物流业务企业的典型案例具有重要意义和价值。

11.6 本章小结

农产品跨境物流企业需围绕数字智能化、绿色可持续化、产业联盟化、跨境物流网络化以及价值链优化等方向开展转型工作,以解决当前面临的困境。同时,政府应在农产品国际贸易合作、农产品国际贸易便利化、农产品跨境电商发展、农产品物流基础设施建设以及农产品跨境物流技术创新等方面提供政策保障,从而更好地支撑农产品跨境物流企业的转型升级。

为顺利实现农产品跨境物流企业的转型升级,在相关政策的支持下,学术界和产业界还应围绕农产品跨境智慧物流、农产品跨境绿色物流、农产品跨境冷链物流、农产品跨境物流增值服务以及农产品跨境供应链风险管理等进行持续深入的研究,特别是要结合农产品跨境物流企业的典型案例进行深入剖析,提炼出典型模式、成功经验和有效做法,为不同类型农产品跨境物流企业的转型升级提供理论和实践指导。

参考文献

[1] KUMAR V，CHIBUZO E N，GARZA - REYES J A，et al. The Impact of Supply Chain Integration on Performance：Evidence from the UK Food Sector[J]. Procedia Manufacturing，2017,11:814 - 821.

[2] 于亢亢. 农产品供应链信息整合与质量认证的关系:纵向一体化的中介作用和环境不确定性的调节作用[J]. 南开管理评论，2020,23(1):87 - 97.

[3] KANG M，YANG M G，PARK Y，et al. Supply chain integration and its impact on sustainability[J]. Industrial Management & Data Systems，2018，118(9):1749 - 1765.

[4] WONG C，WONG C W Y，Boon - itt S. Effects of green supply chain integration and green innovation on environmental and cost performance[J]. International Journal of Production Research，2020,58(15):4589 - 4609.

[5] 周兴建,袁佳音,黎继子. 众包供应链一体化运营模式与管理成熟度[J]. 中国流通经济,2020,34(11):57 - 67.

[6] 赵晓飞,鲁楠. 农产品供应链整合对公司绩效的影响:基于全渠道模式的研究视角[J]. 北京工商大学学报(社会科学版),2021,36(5):51 - 63.

[7] 祁峰,冯梦龙. 完善农产品供应链促进农村经济发展研究[J]. 理论探讨,2020(4):101 - 107.

[8] 李武强,孙荣庭,刘德智. 丝绸之路经济带背景下的农产品供应链一体化模式[J]. 中国流通经济,2017,31(11):23 - 33.

[9] 丁俊发. 改革开放 40 年中国物流业发展与展望[J]. 中国流通经济,2018,32(4):3 - 17.

[10] 青岛现代物流供应链管理研究发展中心. 中国供应链体系建设理论研究报告蓝皮书[R]. 青岛:青岛现代物流供应链管理研究发展中心,2018.

[11] 张建军,赵启兰. 现代供应链体系视域下的我国经济高质量发展机理研究[J]. 当代经济管理,2019,41(8):15 - 20.

[12] 中华人民共和国商务部市场体系建设司. 商务部关于推进农商互联助力乡村

振兴的通知[EB/OL].(2018-05-22)[2024-07-16]. http://www.mofcom.gov.cn/article/b/fwzl/201805/20180502747618.shtml.

[13] 陈威如,王诗一.平台转型:企业再创巅峰的自我革命[M].北京:中信出版社,2016.

[14] 彭剑锋,宋跃三,吴满鑫.供应链改变中国[M].北京:中信出版集团,2017.

[15] 张建军,赵启兰.基于"互联网+"的供应链平台生态圈商业模式创新[J].中国流通经济,2018,32(6):37-44.

[16] 崔忠付.加强农商互联实现产销互链[J].中国食品工业,2019(9):44-47.

[17] 金阳.新形势下推进农商互联工作的思考[J].服务外包,2020(7):72-73.

[18] 吴晶晶,陈仪微,许安心,等.乡村振兴背景下农商互联的形成、运行与培育[J].商业经济研究,2022(5):134-137.

[19] 丁宝成,孔令凤.农商互联背景下的农产品供应链绩效评价[J].制造业自动化,2023,45(1):85-90.

[20] 余波,尚晓凤.农商互联过程中服务能力的提升研究[J].西南科技大学学报(哲学社会科学版),2022,39(2):71-76.

[21] 王磊. 新零售驱动的"互联网+"农超对接模式探讨[J]. 商业经济研究, 2021(4):125-128.

[22] 周涛, 吕圆圆, 周亚萍. "农超对接"双渠道生鲜农产品供应链协调研究:基于不同主体保鲜努力视角[J]. 管理现代化, 2022,42(1):8-16.

[23] 张建军,刘桂艳,赵启兰.畜产品供应链一体化理论框架、实践路径及运作模式:基于企业、产业和城市的三维视角[J].供应链管理,2023,4(3):36-46.

[24] 张建军.3PL参与下考虑绿色度和生鲜度的农畜产品供应链决策优化及利益协调[J].供应链管理,2022,3(1):32-45.

[25] 文明,乌兰.牧区现代化进程中需要处理好的几个关系[J].北方经济,2021(8):9-12.

[26] 刘尧飞,沈杰.双循环格局下的供应链价值链绿色化转型研究[J].青海社会科学,2020(6):47-53.

[27] 胡曾曾,于法稳,赵志龙.畜禽养殖废弃物资源化利用研究进展[J].生态经济,2019,35(8):186-193.

[28] 张清源,赵建.黑龙江省畜牧业生产形势与发展对策研究[J].家畜生态学报,2020,41(9):77-81.

[29] 郭强，张勇，圣涛. 关于传统农区草食畜牧业发展模式的实践与探索[J]. 中国畜牧业，2021(22)：51－53.

[30] 贾云飞，郑伟程，何泽军，等. 我国畜牧业绿色发展：现状、制约与战略应对[J]. 中国畜牧杂志，2023，59(1)：323－329.

[31] 塔娜，图雅. 内蒙古草原牧区推进畜牧业供给侧改革研究：以典型牧区正蓝旗为例[J]. 畜牧与饲料科学，2019，40(10)：31－36.

[32] 张颖. 草原绿色畜产品加工业发展问题研究：以蒙羊为例[J]. 现代商贸工业，2021，42(8)：166－168.

[33] 刘欣雨，朱瑶，刘雅洁，等. 我国农产品加工业发展现状及对策[J]. 中国农业科技导报，2022，24(10)：6－13.

[34] 刘桂艳，永梅，张建军. 我国草原畜产品流通渠道整合与模式创新[J]. 黑龙江畜牧兽医，2021(14)：8－14.

[35] 李美羽，王成敏."互联网＋"背景下鲜活农产品流通渠道模式优化研究[J]. 北京交通大学学报(社会科学版)，2019，18(1)：102－114.

[36] 袁学国，邹平，朱军，等. 我国冷链物流业发展态势、问题与对策[J]. 中国农业科技导报，2015，17(1)：7－14.

[37] 赵淑雯."互联网＋"背景下生鲜农畜产品物流效率提升途径研究[J]. 黑龙江畜牧兽医，2017(24)：18－22.

[38] 罗来根，余敏燕，程兆兆. 基于云技术的江西省农畜产品冷链物流创新发展研究[J]. 黑龙江畜牧兽医，2021(12)：22－27.

[39] 吕利平，马占峰. 基于绿色供应链管理的农产品流通模式优化[J]. 商业经济研究，2020(5)：116－119.

[40] BEAMON B M. Designing the green supply chain[J]. Logistics Information Management，1999，12(4)：332－342.

[41] SRIVASTAVA S K. Green supply－chain management：A state-of-the-art literature review[J]. International Journal of Management Reviews，2007，9(1)：53－80.

[42] 但斌，刘飞. 绿色供应链及其体系结构研究[J]. 中国机械工程，2000，11(11)：1232－1234.

[43] THUN J，MÜLLER A. An empirical analysis of green supply chain management in the German automotive industry[J]. Business Strategy and the

Environment, 2010,19(2):119-132.

[44] 李林秋. 环境领导力、绿色供应链管理与企业持续竞争优势[J]. 财会通讯,2020(3):72-76.

[45] 杨燕芬. 农产品绿色供应链的新型流通模式构建[J]. 商业经济研究,2017(8):144-146.

[46] 关常欢,吕金阳. 畜产品绿色供应链驱动因素分析[J]. 饲料博览,2018(4):38-43.

[47] 高鹏,孙智君. "互联网+"背景下的农产品绿色供应链优化管理研究[J]. 农业经济,2021(3):141-142.

[48] ZHU Q, SARKIS J, LAI K. Green supply chain management: pressures, practices and performance within the Chinese automobile industry[J]. Journal of Cleaner Production, 2007,15(11):1041-1052.

[49] 张璇,马志军,田东红,等. 企业绿色供应链管理实践的影响因素研究:基于元分析方法的探索[J]. 中国人口·资源与环境,2017,27(12):183-195.

[50] TSENG M, ISLAM M S, Karia N, et al. A literature review on green supply chain management: Trends and future challenges[J]. Resources, Conservation and Recycling, 2019,141:145-162.

[51] 吴绒,白世贞,吴雪艳. 农产品绿色供应链协同演化机理研究[J]. 科技管理研究,2016,36(3):235-239.

[52] 毛涛. 我国绿色供应链管理试点及其完善:基于碳达峰与碳中和视角的分析[J]. 环境保护,2022,50(Z1):31-34.

[53] 宝鲁. 内蒙古绿色发展:探索与展望[M]. 呼和浩特:内蒙古大学出版社,2020.

[54] ELTAYEB T K, ZAILANI S, RAMAYAH T. Green supply chain initiatives among certified companies in Malaysia and environmental sustainability: Investigating the outcomes[J]. Resources, Conservation and Recycling, 2011,55(5):495-506.

[55] BAUMANN H, BOONS F, BRAGD A. Mapping the green product development field: engineering, policy and business perspectives[J]. Journal of Cleaner Production, 2002,10(5):409-425.

[56] 周艳菊,胡凤英,周正龙. 零售商主导下促进绿色产品需求的联合研发契约协

调研究[J]. 管理工程学报,2020,34(02):194-204.
[57] 邵必林,胡灵琳. 绿色供应链参与行为演化博弈分析:基于系统动力学视角[J]. 科研管理,2021,42(11):171-181.
[58] 江怡洒,冯泰文. 绿色供应链整合:研究述评与展望[J]. 外国经济与管理,2022,44(6):135-152.
[59] 姜骞,王晟. 绿色供应链核心企业网络能力的维度结构:基于"关系-过程-知识"多重视角的实证研究[J]. 技术经济,2016,35(7):19-26.
[60] 黄泰岩,片飞. 习近平关于产业链供应链现代化理论的逻辑体系[J]. 经济学家,2022(5):5-13.
[61] 塔娜,图雅. 草原牧区绿色发展现状及对策研究:以典型牧区内蒙古正蓝旗为例[J]. 黑龙江畜牧兽医,2017(20):64-68.
[62] 姜长云. 新时代创新完善农户利益联结机制研究[J]. 社会科学战线,2019(7):44-53.
[63] 兰岚. 农产品供应链中农民专业合作社利益协调机制研究[J]. 农业经济,2019(10):20-21.
[64] 高聚林,姚凤桐,吴国林,等. 牧区产业现代化的实现路径[J]. 内蒙古农业大学学报(社会科学版),2019,21(1):1-7.
[65] 杨先芬,胡继连,蒋庆功,等. 农业产业化利益分配机制研究[J]. 农业经济问题,1998(11):36-38.
[66] 郭芸芸,杨久栋,陈威. 企农利益联结机制如何改善农业企业发展绩效?:基于农业企业调查数据的实证检验[J]. 农村经济,2023(4):126-136.
[67] 兰勇,周艺珮,蒋黾. 家庭农场与农业企业利益联结机制综合评价研究[J]. 农业现代化研究,2021,42(5):805-814.
[68] 邵琰,张天柱,白小静,等. 乡村振兴背景下农民专业合作社利益联结机制构建:以常熟市为例[J]. 农村经济与科技,2019,30(7):56-58.
[69] 何薇,朱朝枝. 多元利益视角下福建农民创业园利益联结的影响因素研究[J]. 福建农业学报,2018,33(9):1003-1007.
[70] 葛鹏飞,吕萍,杨洵. 产业链视角下牧户参与合作经济组织意愿的实证研究:基于对4省牧区牧户的问卷调查[J]. 草业科学,2015,32(12):2146-2154.
[71] 葛鹏飞,党亚男,吕萍,等. 草原畜牧业产业链利益联结机制影响因素研究:基于草原牧区四省区的调查[J]. 草业科学,2017,34(12):2591-2602.

[72] 文明,吉雅,布仁吉日嘎拉.新型草原畜牧业经营主体发展现状及对策研究:以内蒙古牧区培育新型畜牧业经营主体为例[J].黑龙江畜牧兽医,2016(14):1-5.

[73] 钱淼,马龙波.合作社为枢纽的农企利益联结机制研究:以山东省院东头镇茶产业为例[J].林业经济,2018,40(1):87-91.

[74] 工乐君,寇广增,王斯烈.构建新型农业经营主体与小农户利益联结机制[J].中国农业大学学报(社会科学版),2019,36(2):89-97.

[75] 阮荣平,曹冰雪,周佩,等.新型农业经营主体辐射带动能力及影响因素分析:基于全国 2615 家新型农业经营主体的调查数据[J].中国农村经济,2017(11):17-32.

[76] 许佳彬,王洋,李翠霞.环境规制政策情境下农户认知对农业绿色生产意愿的影响:来自黑龙江省 698 个种植户数据的验证[J].中国农业大学学报,2021,26(2):164-176.

[77] 张建军,孙大尉,赵启兰.基于供应链视域构建“双循环”新发展格局的理论框架及实践路径[J].商业经济与管理,2021(8):5-15.

[78] 杜运伟,景杰.乡村振兴战略下农户绿色生产态度与行为研究[J].云南民族大学学报(哲学社会科学版),2019,36(1):95-103.

[79] HUTTUNEN S, PELTOMAA J. Agri-environmental policies and “good farming” in cultivation practices at Finnish farms[J]. Journal of Rural Studies,2016,44:217-226.

[80] 李欣蕊,齐振宏,邬兰娅,等.养猪户与种植户合作意愿实证分析:基于养猪业生态产业链视角[J].科技管理研究,2015,35(15):227-232.

[81] 方莹,荣新艳.饲料企业的绿色经营与可持续发展探析[J].中国饲料,2022(8):82-85.

[82] 杨晨遥,孙锦杨,杨浩.资本禀赋、价值认知与农牧户融入现代农业生产体系行为:基于川西高原 938 户农牧户的调查[J].农村经济,2022(1):127-135.

[83] 张康洁,于法稳,尹昌斌.产业组织模式对稻农绿色生产行为的影响机制分析[J].农村经济,2021(12):72-80.

[84] 石敏,李大胜,吴圣金.资本下乡中农户的合作行为、合作意愿及契约选择意愿研究[J].贵州财经大学学报,2021(2):100-110.

[85] 田露,张越杰.中国肉牛产业链组织效率及其影响因素分析:基于 14 个省份

233 份调查问卷的分析[J]. 农业经济问题,2010,31(6):87 - 91.

[86] 李孝忠,孙瑜,周慧秋. 市场认知、外部性约束与大豆生产者决策困境:逻辑推演与实证检验:来自黑龙江省 9 市(县)16 村 427 户的调查数据[J]. 农业技术经济,2009(6):70 - 78.

[87] 钟颖琦,黄祖辉,吴林海. 农户加入合作社意愿与行为的差异分析[J]. 西北农林科技大学学报(社会科学版),2016,16(6):66 - 74.

[88] ZHANG J, SONG Z. Decision Optimization of Four - Level Supply Chain with the Participation of Two - Echelon Logistics Service Providers under Different Power Structures[J]. Mathematical Problems in Engineering, 2021,2021(1):5518840.

[89] 海峰,高悦凯. 以农业综合物流园区为服务平台的农业产业链发展模式研究[J]. 黑龙江社会科学,2015(5):49 - 55.

[90] 姜天瑞,张一豪,刘永悦,等. 农产品供应链中农民合作社的助农增收效应:以黑龙江省 240 个农户为例[J]. 江苏农业科学,2017,45(3):258 - 262.

[91] MUNERAH S, KOAY K Y, THAMBIAH S. Factors influencing non-green consumers' purchase intention: A partial least squares structural equation modelling (PLS-SEM) approach[J]. Journal of Cleaner Production, 2021,280:124 - 192.

[92] 邱慧,李雷,杨怀珍. 考虑产出率影响销售价格的农产品供应链利益协调模型[J]. 系统科学学报,2022,30(2):81 - 85.

[93] MA X, WANG S, Islam S M N, et al. Coordinating a three - echelon fresh agricultural products supply chain considering freshness-keeping effort with asymmetric information[J]. Applied Mathematical Modelling, 2019, 67: 337 - 356.

[94] 邓彬. 博弈论视角下农产品供应链管理利益协调机制反思[J]. 贵州社会科学,2015(6):159 - 163.

[95] 罗峦,王亚鲁. 基于参与者利益的农产品供应链可追溯推广驱动因素[J]. 江苏农业科学,2020,48(6):295 - 299.

[96] 高强,穆丽娟. "合作社主导型农产品供应链"利益分配研究[J]. 西部论坛,2015,25(1):8 - 15.

[97] YAN B, WU J, JIN Z, et al. Decision-making of fresh agricultural product

supply chain considering the manufacturer's fairness concerns[J]. 4OR-Q J Oper Res 18, 2020,18(1):91-122.
[98] MOON I, JEONG Y J, SAHA S. Investment and coordination decisions in a supply chain of fresh agricultural products[J]. Operational Research, 2020,20(4):2307-2331.
[99] 熊峰,方剑宇,袁俊,等.盟员行为偏好下生鲜农产品供应链生鲜努力激励机制与协调研究[J].中国管理科学,2019,27(4):115-126.
[100] 周艳菊,郑铎,叶欣.考虑扶贫偏好的三级农产品供应链决策及协调[J].控制与决策,2020,35(11):2589-2598.
[101] ZHOU L, ZHOU G, QI F, et al. Research on coordination mechanism for fresh agri-food supply chain with option contracts[J]. Kybernetes, 2019, 48:1134-1156.
[102] 杨亚,范体军,张磊.新鲜度信息不对称下生鲜农产品供应链协调[J].中国管理科学,2016,24(9):147-155.
[103] MASON A N, VILLALOBOS J R. Coordination of perishable crop production using auction mechanisms[J]. Agricultural Systems, 2015, 138:18-30.
[104] 冯春,高文达,李启洋,等.双渠道农产品供应链网络协调与利益分配[J].江苏农业科学,2018,46(22):364-368.
[105] YAN B, FAN J, WU J. Channel choice and coordination of fresh agricultural product supply chain[J]. RAIRO-Operations Research,2021,55(2):679-699.
[106] 冯颖,余云龙,张炎治,等.随机产出与随机需求下 TPL 介入的农产品供应链协调[J].管理工程学报,2017,31(4):156-163.
[107] QIU F, HU Q, XU B. Fresh agricultural products supply chain coordination and volume loss reduction based on strategic consumer[J]. International Journal of Environmental Research and Public Health, 2020,17(21):7915.
[108] AUST G, BUSCHER U. Vertical cooperative advertising and pricing decisions in a manufacturer-retailer supply chain: a game-theoretic approach[J]. European Journal of Operational Research, 2012,223(2):473-482.
[109] 中华人民共和国国务院办公厅.国务院办公厅关于促进畜牧业高质量发展的意见[J].中华人民共和国国务院公报,2020(29):20-24.

［110］中华人民共和国农业农村部. 农业农村部关于印发《"十四五"全国畜牧兽医行业发展规划》的通知［J］. 中华人民共和国农业农村部公报，2022(01)：61－75.

［111］张建军，王敏. 畜产品供应链高质量发展的逻辑框架及实现路径［J］. 交通与港航，2024，11(2)：30－36.

［112］ZHANG J，WANG Y，ZHANG X，et al. Influence mechanism of green supply chain interest linkage of grassland livestock products：a study from the perspective of pastoral modernization［J］. Sustainability，2023，15(15)：11830.

［113］刘健. 基于乡村振兴背景下畜牧业的发展对策：评《乡村振兴战略·畜牧业兴旺》［J］. 中国饲料，2022(19)：151.

［114］张贺，田露，张越杰. 肉牛产业链利益分配格局及成因分析［J］. 中国畜牧杂志，2018，54(8)：142－145.

［115］方新，袁奉娇，蔡继荣. 生鲜农产品供应链的保鲜投入和货架服务优化决策及其协调契约研究［J］. 中国管理科学，2023，31(6)：142－152.

［116］李晓蓉，欧阳澳雯. 考虑时间和温度的在线生鲜农产品供应链定价与协调研究［J］. 工业工程与管理，2024.

［117］花均南，丁显博. 随机需求下绿色农产品三级供应链协调［J］. 工业工程，2020，23(3)：51－58.

［118］朴惠淑，扈秀静. 绿色和保鲜消费导向的生鲜农产品供应链协调［J］. 工业工程，2020，23(4)：1－10.

［119］罗明，周国华. 基于微分博弈的生鲜农产品三级供应链温度控制投入研究［J］. 运筹与管理，2024，33(1)：64－68.

［120］吕广美，胡祥培，吉清凯. 零售竞争下农产品供应链的定价与区块链采用博弈模型［J］. 工程管理科技前沿，2024(3).

［121］冯颖，顾佳美. 考虑 TPL 主导优先权的生鲜农产品供应链协调［J］. 系统工程，2016，34(11)：112－118.

［122］陈琪，姚慧丽，李晓萍. 考虑绿色度的双渠道农产品供应链决策协调研究［J］. 江苏科技大学学报(自然科学版)，2022，36(2)：86－93.

［123］刘丽，韩同银，金浩. 成本分担机制下考虑品牌商誉的三级绿色供应链微分博弈［J］. 控制与决策，2024，39(2)：659－668.

［124］陈柳鑫，黄磊，马利军. 运费成本共担下 TPL 参与的农产品供应链收益共享

契约研究[J]. 管理工程学报,2021,35(6):218-225.

[125] 杨怀珍,卢高达. 电子商务模式下生鲜农产品三级供应链协调[J]. 系统科学学报,2018,26(1):126-130.

[126] 张克勇,李春霞,姚建明,等. 政府补贴下具风险规避的绿色供应链决策及协调[J]. 山东大学学报(理学版),2019,54(11):35-51.

[127] 周敏,付霞. 双渠道绿色供应链定价策略:考虑政府补贴与消费者双重偏好[J]. 商业经济研究,2024(5):104-107.

[128] SONG H, GAO X. Green supply chain game model and analysis under revenue- sharing contract[J]. Journal of Cleaner Production, 2018,170:183-192.

[129] GIRI B C, Chakraborty A, Maiti T. Pricing and return product collection decisions in a closed-loop supply chain with dual-channel in both forward and reverse logistics[J]. Journal of Manufacturing Systems, 2017,42:104-123.

[130] 林强,宋佳琦,付文慧. 考虑公平偏好的零售商主导型供应链均衡决策研究[J]. 中国管理科学,2021,29(6):149-159.

[131] 屠文娟,钟辉,徐兰. 基于供应链视角的农民专业合作社利益分配机制研究[J]. 江苏大学学报(社会科学版),2019,21(4):67-76.

[132] YAN B, CHEN X, CAI C, et al. Supply chain coordination of fresh agricultural products based on consumer behavior[J]. Computers & Operations Research, 2020,123:105038.

[133] YANG J, LIU H, YU X, et al. Emergency coordination model of fresh agricultural products' three-level supply chain with asymmetric information[J]. Mathematical Problems in Engineering, 2016(3):1-9.

[134] 马雪丽,王淑云,金辉,等. 考虑保鲜努力与数量/质量弹性的农产品三级供应链协调优化[J]. 中国管理科学,2018,26(2):175-185.

[135] 江世英,李随成. 考虑产品绿色度的绿色供应链博弈模型及收益共享契约[J]. 中国管理科学,2015,23(6):169-176.

[136] 曹裕,寻静雅,李青松. 基于不同政府补贴策略的供应链绿色努力决策比较研究[J]. 运筹与管理,2020,29(5):108-118.

[137] 蹇洁,郭雨,姜林,等. 基于多目标优化的绿色供应链博弈模型及利润共享契

约[J]. 计算机集成制造系统,2021,27(3):943 - 953.

[138] 曹裕,李青松,胡韩莉. 不同政府补贴策略对供应链绿色决策的影响研究[J]. 管理学报,2019,16(2):297 - 305.

[139] 林志炳,吴清. 基于随机参照价格的BODS全渠道绿色供应链定价和渠道策略研究[J]. 中国管理科学,2024,32(2):65 - 74.

[140] 梁喜,胡鑫. 考虑区块链和产品回收的绿色供应链定价决策[J]. 计算机集成制造系统,2023,29(11):3851 - 3868.

[141] 潘金涛,王道平,田雨. 政府补贴下考虑公平关切的双渠道绿色供应链定价决策研究[J]. 系统科学与数学,2023,43(12):3243 - 3262.

[142] WIREDU J, YANG Q, SAMPENE A K, et al. The effect of green supply chain management practices on corporate environmental performance: Does supply chain competitive advantage matter? [J]. Business Strategy and the Environment, 2024,33(3):2578 - 2599.

[143] GALDOS - URBIZU L, ZUBELTZU - JAKA E, ERAUSKIN - TOLOSA A, et al. The impact of green supply chain management on corporate environmental performance and the moderating roles: A meta-analysis[J]. Business Strategy & Development, 2024,7(1):e351.

[144] 朱月红. 乡村振兴背景下生态畜牧业绿色发展路径研究[J]. 中国饲料,2023(16):166 - 169.

[145] 张建军,王雅莉,句芳,等. 牧区现代化视域下草原畜产品绿色供应链的形成机理及优化路径[J]. 供应链管理,2023,4(8):66 - 78.

[146] 徐旭初,杨威. 社区团购农产品供应链的风险识别与风险网络结构分析:以淘菜菜为例[J]. 中国流通经济,2024,38(3):56 - 66.

[147] 程欣炜,岳中刚. 基于电商大数据的农产品短期经营风险预测研究:以家庭经营梨果种植户为样本[J]. 商业经济与管理,2022(9):16 - 29.

[148] 徐爽,蔡鸿明,赵林畅,等. 一种用于农产品供应链风险预测评估的贝叶斯决策树算法模型[J]. 西南大学学报(自然科学版),2024,46(3):189 - 200.

[149] 何静,杨翼. 物联网环境下的乳制品供应链质量安全风险管理研究[J]. 中国乳品工业,2019,47(2):43 - 47.

[150] 魏玲丽,魏晋. 农民合作社纵向一体化保障农产品质量的机理、实践及风险防控[J]. 农业经济与管理,2023(4):88 - 98.

[151] 高新宇,孟佳娃.基于PDCA的乳品行业绿色供应链合作伙伴风险管控[J].经济研究导刊,2020(22):9-11,16.
[152] 杨晓叶.绿色供应链金融风险评估研究:基于Logit模型与BP神经网络的比较研究[J].工业技术经济,2020,39(12):46-53.
[153] 张学森,汪刘凯,李慧宗,等.绿色供应链脆弱性风险传播机制研究[J].财贸研究,2017,28(3):104-109.
[154] 李维红,熊琳,高雅琴,等.畜产品中可能存在的质量安全风险隐患及应对措施[J].黑龙江畜牧兽医,2017(10):52-53.
[155] 宝鲁.内蒙古建设国家重要农畜产品生产基地的形势与举措[J].北方经济,2021(4):7-9.
[156] 潘永华.调整草地畜牧业生产方式保护生态环境[J].畜牧兽医科技信息,2020(12):198.
[157] 赵辉宏.草地畜牧业生产方式调整和生态环境治理对策[J].中国畜禽种业,2021,17(9):31-32.
[158] 祁婧.打赢种业翻身仗,建设国家农畜产品生产基地[J].北方经济,2021(7):14.
[159] 乌仁格日乐.畜牧业生产方式转变的经济学研究:基于内蒙古自治区牧区调查数据[J].内蒙古财经大学学报,2017,15(05):19-23.
[160] 许媛媛.高质量建设绿色农畜产品生产基地保障国家粮食安全[N].通辽日报,2021-12-24(1).
[161] 郭洪申.贯彻落实全会精神深培厚植绿色优势促进农畜产品生产基地优质高效转型[N].内蒙古日报(汉),2021-01-09(2).
[162] 张祝祥,沙咏梅,代丹丹.内蒙古推动农畜产品生产基地优质高效转型的思路和建议[J].实践(思想理论版),2021(10):31-32.
[163] 吴强,安玉莲,孙世民.畜产品供应链中超市质量协同控制影响因素及其作用机理分析:以鸡肉为例[J].中国农业资源与区划,2020,41(4):283-291.
[164] 刘桂艳.基于电子商务的内蒙古畜产品供应链物流体系优化研究[J].黑龙江畜牧兽医,2019(24):12-15.
[165] 陈喜辉,王刚毅,孙玉婷.畜产品供应链品牌体系创建与运营的分析[J].中国畜牧杂志,2015,51(14):21-26.
[166] 张抒宇.草地畜牧业生产方式调整和生态环境治理[J].农民致富之友,2019

(4):154.
[167] 李青丰.草地畜牧业生产方式调整:草业发展的机遇与挑战[J].草原与草业,2013,25(3):11-15.
[168] 冶俊.草地畜牧业生产方式调整措施研究[J].乡村科技,2017(33):29-30.
[169] 牛军安.草地畜牧业生产方式调整和生态环境治理对策[J].畜牧兽医科学(电子版),2019(15):76-77.
[170] 何立峰.高质量发展是全面建设社会主义现代化国家的首要任务[J].宏观经济管理,2022(12):1-4.
[171] 王洋,董悦昕.双碳目标下黑龙江省畜牧业高质量发展的理论逻辑、现实基础与实现路径[J].黑龙江畜牧兽医,2023(18):17-23.
[172] 中华人民共和国国务院办公厅.国务院办公厅关于积极推进供应链创新与应用的指导意见[J].中国对外经济贸易文告,2017(68):14-18.
[173] 宋燕平,范祥祺,王欣.中国畜牧业高质量发展的技术优化[J].华中农业大学学报(自然科学版),2022,41(3):87-95.
[174] 王蕾,李文科.高质量发展背景下我国畜牧业提质增效制约因素分析及对策探讨[J].黑龙江畜牧兽医,2021(22):1-5.
[175] 文明,永海.内蒙古畜牧业高质量发展现状、面临的挑战及对策研究[J].内蒙古社会科学,2022,43(02):205-213.
[176] HOU Y, OENEMA O, ZHANG F. Integrating crop and livestock production systems: towards agricultural green development[J]. Frontiers of Agricultural Science and Engineering, 2021,8:1.
[177] 于法稳,黄鑫,王广梁.畜牧业高质量发展:理论阐释与实现路径[J].中国农村经济,2021(4):85-99.
[178] 苏伟,徐闯,杨学丽,等.我国生态畜牧业发展对策研究[J].黑龙江畜兽医,2021(12):16-21.
[179] 何湾.辽宁省畜牧业绿色技术创新发展研究[J].农业经济,2022(10):19-20.
[180] 钟真,涂圣伟,张照新.紧密型农业产业化利益联结机制的构建[J].改革,2021(4):107-120.
[181] 涂圣伟.工商资本参与乡村振兴的利益联结机制建设研究[J].经济纵横,2019(3):23-30.

[182] 李金花.生态畜牧业在中国式现代化中的可持续发展路径[J].饲料研究，2023,46(8):158-161.

[183] 江惠，王明利，励汀郁，等.新疆草原畜牧业转型升级：发展现状、现实困境与实现路径[J].华中农业大学学报，2023,42(5):42-52.

[184] 王莉，田国强，张斌.中国畜牧业产业体系的内涵、发展及问题[J].中国畜牧杂志，2017,53(12):130-134.

[185] 贺有利，卫静静.我国牧区一二三产业融合发展的探讨：兼论我国牧区"绿色化、工业化、服务化"的融合发展[J].草业科学，2018,35(12):3028-3033.

[186] 李明贤，刘宸璠.农村一二三产业融合利益联结机制带动农民增收研究：以农民专业合作社带动型产业融合为例[J].湖南社会科学，2019(3):106-113.

[187] 孙崑，方柯钰，童杉杉，等.农民专业合作社在推进三产融合中的利益联结机制研究：基于3家国家级示范社的调研[J].浙江农业学报，2019,31(10):1724-1733.

[188] 郑甘甜，陈胜，张开华.农村产业融合发展：成效、困境与对策思路[J].农业经济，2022(6):9-11.

[189] 谭翔，隋博文，欧晓明，等.农业龙头企业践行高质量发展应关注的重要问题：基于单案例的扎根研究[J].管理案例研究与评论，2021,14(2):134-148.

[190] 杨学丽，郝文艺，董大朋，等.黑龙江省畜产品消费对策研究：基于政策助力、产业协调、数字赋能与品牌拉动的多重动力视角[J].黑龙江畜牧兽医，2022(20):11-15.

[191] 熊学振，杨春，马晓萍.我国畜牧业发展现状与高质量发展策略选择[J].中国农业科技导报，2022,24(3):1-10.

[192] 葛若凡."双碳"目标下绿色农业产业链发展的内在机理与实施策略[J].农业经济，2023(10):20-22.

[193] 宋华.中国供应链韧性建设与高质量发展：内涵、机制与路径[J].供应链管理，2023,4(9):5-24.

[194] 商务部国际贸易经济合作研究院.对外投资合作国别(地区)指南—蒙古国(2020年版)[EB/OL].(2021-08-19)[2023-07-15].http://www.swjmpt.com/html/wlian/detail.html? n=101.

[195] 申凯红,潘彪,刘丽佳. 中蒙牛羊肉贸易的发展机遇与制约因素[J]. 中国畜牧业,2018(20):38-41.

[196] 国家统计局农村社会经济调查司. 中国农村统计年鉴 2022[M]. 北京:中国统计出版社,2022.

[197] 农业农村部国际合作司,农业农村部农业贸易促进中心. 中国农产品贸易发展报告(2022)[M]. 北京:中国农业出版社,2022.

[198] 新华社. 中蒙博览会成为中蒙经贸往来和人文交流重要平台[EB/OL]. (2023-09-11)[2023-09-12]. http://www.news.cn/world/2023-09/11/c_1129856361.htm.

[199] SIMATUPANG T M, SRIDHARAN R. The collaboration index: a measure for supply chain collaboration[J]. International Journal of Physical Distribution & Logistics Management, 2005,35(1):44-62.

[200] THOMAS D J, GRIFFIN P M. Coordinated supply chain management[J]. European Journal of Operational Research, 1996,94(1):1-15.

[201] 彭焘,史恩义."一带一路"背景下跨境供应链协同模式优化[J]. 商业经济研究,2021(2):130-133.

[202] 杨扬,刘语瑶. 考虑通关水平的跨境物流服务供应链契约协调机制研究[J]. 工业工程,2023,26(1):52-62.

[203] 林俊. 新全球化环境下促进跨境供应链安全与效率的法律路径[J]. 中国流通经济,2022,36(12):68-80.

[204] 关志民,谢丹,于天阳,等. 区块链技术背景下跨国供应链决策与协调研究[J]. 工业技术经济,2021,40(8):98-108.

[205] CARO F, MARTÍNEZ-DE-ALBÉNIZ V. Fast fashion: business model overview and research opportunities[J]. Retail Supply Chain Management: Quantitative Models and Empirical Studies, 2015,223:237-264.

[206] 赵峤含,张夏恒,潘勇. 跨境电商促进"双循环"的作用机制与发展路径[J]. 中国流通经济,2022,36(3):93-104.

[207] 张夏恒,赵峤含. 墨守成规还是化蝶重生:跨境电商对传统产业转型的影响[J]. 中国流通经济,2022,36(5):42-54.

[208] 吴竞鸿. 基于物流服务及营销努力的跨境出口电商供应链协调研究[J]. 南京航空航天大学学报(社会科学版),2021,23(4):45-52.

[209] 杜志平，区钰贤.跨境电商供应链定价策略与协调决策机制研究：基于组合契约模型的分析[J].价格理论与实践，2020(12)：119－122.

[210] 周会军，严伟，徐朗.质量风险控制和促销宣传下跨境电商供应链的决策与协调[J].上海海事大学学报，2017，38(03)：67－71.

[211] 庞燕.跨境电商服务供应链与服务集成商能力的提升[J].中国流通经济，2019，33(09)：64－72.

[212] 覃燕红，王少杰.不利天气影响下考虑农户公平关切的农产品供应链协调机制研究[J].系统科学与数学，2023，43(03)：595－609.

[213] 杨怀珍，傅贵琳，李雷.考虑服务水平和促销努力的农产品三级供应链最优决策与协调[J].工业工程，2023，26(03)：47－57.

[214] 赵帅，李文立，曹晓宁，等.预售模式下的生鲜农产品双渠道供应链协调机制[J].管理工程学报，2021，35(4)：162－177.

[215] 陈柳鑫，黄磊.温度影响 TPL 保鲜水平的农产品供应链协调契约[J].系统工程学报，2023，38(03)：344－356.

[216] JAP S D. Perspectives on joint competitive advantages in buyer-supplier relationships[J]. International Journal of Research in Marketing，2001，18(1)：19－35.

[217] YBARRA C E，TURK T A. The evolution of trust in information technology alliances[J]. Journal of High Technology Management Research，2009，20(1)：62－74.

[218] 中华人民共和国商务部. 2022 年蒙古国国民经济运行情况[EB/OL].(2023－12－02)[2023－07－19]. http://mn.mofcom.gov.cn/article/jmxw/202302/20230203382052.shtml.

[219] 中华人民共和国商务部. 2020 年蒙古国国民经济运行情况[EB/OL].(2021－02－09)[2023－07－18]. http://www.mofcom.gov.cn/article/i/dxfw/cj/202102/20210203038 002.shtml.

[220] 张建军，赵启兰.新零售驱动下流通供应链商业模式转型升级研究[J].商业经济与管理，2018(11)：5－15.

[221] 中国物流与采购网.物流恢复向好质效提升：2023 年物流运行情况分析[EB/OL].(2024－02－07)[2024－06－26]. http://www.chinawuliu.com.cn/xsyj/202402/07/6264 57.shtml.

[222] 中国政府网. 国务院新闻办就 2023 年全年进出口情况举行发布会[EB/OL].(2024-01-12)[2024-06-26]. https://www.gov.cn/zhengce/202401/content_6925703.htm.

[223] 光明网. 2023 年中欧班列开行 1.7 万列铁路保障国家重大战略成效显著[EB/OL].(2024-01-10)[2024-06-26]. https://economy.gmw.cn/2024-01/10/content_370804 16.htm.

[224] 中国农业农村信息网. 2023 年 1—12 月我国农产品进出口情况[EB/OL].(2024-01-23)[2024-06-26]. http://www.agri.cn/sj/jcyj/202401/t20240123_8603758.htm.

[225] 陈婷，花均南. 我国跨境电商农产品多元化物流模式分析[J]. 商业经济研究，2020(10):106-109.

[226] 杜凤蕊. 广西-东盟农产品跨境电商冷链物流发展分析[J]. 对外经贸实务，2019(10):90-93.

[227] 赵霞，陈新玲. 中蒙畜产品跨境物流服务网络构建的创新路径[J]. 对外经贸实务，2020(4):89-92.

[228] 从超. 我国鲜活农产品跨境电商物流流通能力提升的技术瓶颈及其克服[J]. 农业经济，2021(1):128-130.

[229] 黄利荣，田钧. 电商平台跨境物流风险管理探讨[J]. 商业经济研究，2023(21):105-107.

[230] 虞晓露. 丝绸之路下中欧海外仓建设面临的瓶颈及建议[J]. 对外经贸实务，2020(12):93-96.

[231] 李旭东，安立仁. 跨境电商物流企业综合服务体系及其实证研究[J]. 中国流通经济，2015，29(11):49-57.

[232] 赵雁峰，李继业. 基于 RCEP 的中老铁路跨境物流发展机遇研究[J]. 铁道运输与经济，2022，44(11):95-99.

[233] 蒋诗云，吴敬. "一带一路"倡议下中老铁路跨境物流通道发展对策探讨[J]. 铁道运输与经济，2022，44(11):106-111.

[234] 韩佳伟，李佳铖，任青山，等. 农产品智慧物流发展研究[J]. 中国工程科学，2021，23(4):30-36.

[235] 尹舸. "中俄蒙经济走廊"建设背景下中俄农产品贸易问题探究[J]. 价格月刊，2021(02):59-63.

[236] SHI J. Research on optimization of cross-border e-commerce logistics distribution network in the context of artificial intelligence[J]. Mobile Information Systems, 2022,2022(1):3022280.

[237] 姚行洲,赵红梅,闪茜.基于“新零售”的新型生鲜农产品物流配送模式研究[J].商业经济研究,2020(15):125-127.

[238] 朱雪丽,阴丽娜.智慧物流背景下我国生鲜农产品供应链发展研究[J].保鲜与加工,2020,20(06):199-204.

[239] CHU L. Optimization method of fresh agricultural products cross-border e-commerce supply chain based on blockchain technology[J]. Pakistan Journal of Agricultural Sciences, 2023,60(2):415-423.

[240] 许永继.“一带一路”倡议下中俄跨境电商发展面临的风险及路径选择[J].学术交流,2020(2):132-141.

[241] 张萍.安徽农产品绿色物流存在的问题及对策建议[J].宏观经济管理,2017(S1):309.

[242] 魏光兴,宋燕龄.农产品供应链绿色发展困境及对策研究[J].农业经济,2024(4):130-132.

[243] 杨博,王征兵.乡村振兴与我国农产品绿色物流耦合关系的空间差异性及收敛性研究[J].农业经济与管理,2023(4):1-12.

[244] 王延娜.绿色发展理念下河南省农产品冷链物流发展研究[J].农业经济,2022(10):143-144.

[245] 何妍.基于绿色消费的生鲜农产品冷链物流体系构建研究[J].农业经济,2018(12):126-128.

[246] 董千里.基于“一带一路”跨境物流网络构建的产业联动发展:集成场理论的顶层设计思路[J].中国流通经济,2015,29(10):34-41.

[247] ABULA K, ABULA B, HU Q, et al. Research on the high-quality development path of the cross-border agricultural product supply chain between China and central asia[J]. Agronomy, 2022,10(12):2558.

[248] HU N. Hopfield artificial neural network-based optimization method for selecting nodes of fresh agricultural products international logistics network[J]. Pakistan Journal of Agricultural Sciences, 2023,60(2):456-466.

[249] 杨慧瀛,郭佳,廉永生.沿边地区自由贸易试验区跨境物流网络构建[J].

商业经济研究，2021(12):91－94.

[250] ZHAO X J. A new mode of cross-border e-business export logistics based on value chain[J]. Open Journal of Business and Management，2019,7(3):1112－1119.

[251] 邵秀丽.新时期跨境电商赋能农产品走出去的价值与对策[J].农业经济，2021(07):119－121.

[252] 陈明泉.基于价值链管理理论的农产品物流园区发展研究[J].价格月刊，2017(06):73－76.

[253] 央视网.潜力足、空间大中国物流行业绿色低碳发展“前程似锦”[EB/OL].(2023－12－03)[2024－06－26]. https://news.cctv.com/2023/12/03/ARTIPk9MVuPn5dRiMJ9O7 P0Z231203.shtml.

[254] 张德权，徐毓谦，宁静红，等.二氧化碳制冷技术在农产品冷链物流保鲜中的应用研究进展[J].农业工程学报，2023,39(6):12－22.

[255] 隋博文，谭翔.跨境农产品供应链脆弱性的影响因素：基于中国—东盟的实证分析[J].中国流通经济，2019,33(6):66－73.